はじめての
相続税・贈与税

税理士 浅見 透 著

日本法令

はしがき

本書は、次の３つの思いを込めて書きました。

１．相続税申告の依頼者に相続税の基礎知識を網羅的に伝えたい

税理士として、相続税の申告業務を依頼された場合は、依頼者に相続税の税額計算の概要、特例や税額控除などをできるだけわかりやすく説明しています。それは、相続税の仕組みを理解したうえで、最適な遺産分割協議をして、依頼者にとって最も有利な相続税申告をしてもらいたいからです。

従来より、依頼者には、本書の巻末に付録として掲載した冊子「相続手続の流れと必要書類」を渡し、相続税の概要や相続手続に必要な資料等について説明してきました。

しかし、この冊子だけでは、詳細まで十分に説明しきれません。そのため、依頼者に相続税申告と相続手続について、さらに詳細に、より具体的に、かつ、網羅的に説明するための解説書として本書を書きました。

２．相続税申告実務を体系化した入門マニュアルを作りたい

相続税の申告実務は、相続税法の知識だけでなく、民法の知識、戸籍の知識、不動産に関する知識等、幅広い知識が必要となります。

また、相続に伴う不動産や金融資産等の相続財産の名義変更手続、年金や健康保険等の社会保険の手続の知識も不可欠となります。

そして、相続税の申告実務は、相続に関する知識はもとより、相続全体を見渡しながら行う必要があります。そのため、亡くなられた方の生前の生活ぶりや家族構成をも考慮して、現預金の在り高や名義財産の有無等を調査する必要があります。

そこで、30年以上にわたる相続税申告の実務経験を生かして、相続税申告業務に必要不可欠な基本事項を、体系的に、かつ、わかりやすく、簡潔にまとめ、はじめて相続税申告を行う場合の入門マニュアルとして、本書を書きました。

3. 相続税法と関連法令等に関する最新の情報を伝えたい

　生前贈与に対する課税方法は、令和6年1月1日から大きく改正されました。暦年課税では、相続財産に加算される生前贈与財産が相続開始以前3年以内から7年以内に延長され、相続時精算課税では、相続税に加算されない基礎控除額が創設されました。いずれも、今後の生前贈与のあり方に大きな影響を与える改正です。そのため、改正の経緯や趣旨を含め、また、改正後の各制度の長所と短所についても詳細に解説しました。

　一方、令和6年4月1日以後、相続登記申請が義務化されました。令和6年4月1日以後に相続または遺贈により取得した不動産は3年以内に、それ以前に取得した不動産は令和9年3月31日までに登記申請をしないと罰則の対象とされることになりました。

　また、この相続登記申請の義務化に先立ち、平成29年5月29日には、相続手続に必要な戸籍等の内容を要約した証明書を法務局が無料で交付する「法定相続情報証明制度」が創設されました。さらに、令和6年3月1日には、全国の戸籍謄本等が最寄りの市区町村役場で取得することができる「戸籍等の広域交付制度」が創設されました。

　これらの相続税法や関連法令等の最新の情報をわかりやすく伝えるとともに、新たに創設された制度については、申請書等を例示して、すぐに活用してもらえるように、本書を書きました。

　本書は、多くの方々の支えにより出版することができました。

　まず、本書を書くにあたりたくさんのご指導をいただいた日本法令出版課の大澤有里様、多くの質問に答えていただいた山岡美樹税理士、条文や文章のチェックを辛抱強くしていただいた籠谷千春税理士、誤字脱字等のチェックをしてくれた浅見会計のスタッフたち、この方々の協力なくしては、本書の出版はできなかったと思います。また、日頃から仕事をご一緒させていただいている春日秀一郎弁護士、國塚道和弁護士、早上卓也司法書士、坂本彰太郎司法書士、山崎剛社会保険労務士には、たくさんのアドバイスをいただきました。ほんとうにありがとうございました。心より、感謝をいたします。

令和7年3月

浅見　透

目　次

第1章　相続と相続分

1. 相続税法と民法　　10
2. 相続権と法定相続人　　11
3. 法定相続分　　13
4. 相続の承認と放棄　　14
5. 親族の範囲　　17
6. 親族関係図　　22
7. 法定相続人と相続分の具体例　　24

第2章　遺言と分割協議

1. 遺言と遺言の方式　　30
2. 自筆証書遺言　　34
3. 公正証書遺言　　37
4. 秘密証書遺言　　40
5. 遺産分割協議　　42
6. 遺留分　　47

第3章　贈与税の概要と課税財産

1. 贈与の意義　　50
2. 相続税と贈与税の課税対象　　51
3. 贈与税の納税義務者　　53
4. 贈与税の納税地と申告納付　　57

5 贈与税の課税財産　61

6 贈与税の非課税財産　62

7 扶養義務者間の贈与の取扱い　63

第4章　暦年課税の贈与税

1 贈与税の暦年課税制度の概要　68

2 課税価格と税額計算　69

3 2種類の贈与税率　70

4 贈与税額の計算例　73

5 特殊な贈与契約の取扱い　77

6 暦年課税制度の特例　80

第5章　相続時精算課税の贈与税

1 相続時精算課税の概要　90

2 相続時精算課税の選択　91

3 贈与税額算出の計算例　94

4 特定贈与者の相続税額計算　99

5 住宅取得等資金の贈与の特例　102

6 暦年課税と相続時精算課税　104

第6章　相続税申告の流れ

1 相続開始から納骨までの流れ　110

2 相続税申告までの流れ　113

3 所得税等の準確定申告　115

4 財産目録の作成と遺産分割　119

5 相続税の申告と納付　121

目　次

第7章　相続税の概要と課税価格

1 相続税の意義と税額計算の概要　126
2 相続税の納税義務者　127
3 相続税の納税地と申告納付　132
4 相続税の課税財産　134
5 相続税の非課税財産　138
6 債務控除・葬式費用　140
7 生前贈与加算　143

第8章　相続税の税額控除と納付税額

1 遺産に係る基礎控除と相続税の総額の計算　148
2 各人の算出税額の計算　154
3 各人の納付すべき相続税額の計算の流れ　156
4 相続税額の加算　157
5 暦年課税分の贈与税額控除　158
6 配偶者に対する相続税額の軽減　159
7 未成年者控除と障害者控除　162
8 相次相続控除と外国税額控除　164

第9章　相続税申告書作成演習

1 相続税額計算の流れ　170
2 相続税申告書の記載方法　172
3 被相続人とその親族の状況　175
4 遺産分割の内容と相続税評価額　177
5 相続税の課税価格の計算　180
6 相続税の総額の計算　183

5

7 各人の納付税額の計算　184

8 相続税申告書の記載例　186

第10章　相続財産の諸手続

1 戸籍と住民票の意義と種類　206

2 相続人を確定する書類　211

3 相続手続に必要な書類　214

4 不動産の相続登記　220

5 金融資産等の相続手続　223

6 公的医療保険制度の手続　226

7 公的年金制度の手続　229

8 その他の財産の相続手続等　233

第11章　財産評価の原則と名義財産

1 財産評価の原則　236

2 個人の所有財産の判定　238

3 名義財産の判定　240

4 名義財産の具体例　243

5 現金の評価　246

6 預貯金の評価　248

7 預貯金等の通帳等の分析方法　252

第12章　不動産の基礎と家屋の評価

1 不動産の所有権　258

2 公図・登記事項証明書等　260

3 都市計画法と建築基準法　269

4 家屋の評価　271

5 居住用区分所有財産の評価　274

第13章　土地の評価

1 土地の評価単位　284

2 土地の時価とは　289

3 倍率方式の評価方法　292

4 路線価方式の評価方法　294

5 路線価評価額（自用地）　300

6 路線価評価額（権利関係のある宅地等）　305

7 小規模宅地等の減額特例　312

第14章　株式の評価

1 株式の種類と評価方法　318

2 取引相場のない株式の評価（配当還元方式）　320

3 取引相場のない株式の評価（原則的評価方式）　323

4 類似業種比準価額の計算　326

5 純資産価額の計算　330

6 取引相場のない株式の計算例　332

第15章　みなし財産の評価

1 みなし財産の種類　358

2 生命保険契約の基礎知識　359

3 年金保険契約の基礎知識　362

4 みなし相続・遺贈財産　365

5 みなし贈与財産　372

6 みなし贈与・遺贈財産　374

【付録】冊子　相続手続の流れと必要書類　378

● 凡　例 ●

法律名	略
相続法	相法
相続税法施行令	相令
相続税法基本通達	相基通
財産評価基本通達	評価通達、評基通
所得税法基本通達	所基通
家事事件手続法	家事法
租税特別措置法	措法
租税特別措置法施行令	措令
法人税法	法法
法人税法施行令	法令
災害被害者に対する租税の減免、徴収猶予等に関する法律	災免法
災害被害者に対する租税の減免、徴収猶予等に関する法律の施行に関する政令	災免令
不動産登記法	不登法
建築基準法	建基法

【条・項・号の略について】

　条…算用数字

　項…丸付き数字

　号…漢数字

　（例）法人税法第22条第3項第2号　→　法法22③二

第 1 章

相続と相続分

　相続税法は、民法の規定を前提として、相続税と贈与税の税額計算等について規定しています。そのため、相続税法を理解するためには、民法の相続や親族に関する規定の知識が必要になります。

　そこで、本章では、民法の規定のうち、相続人と相続権、相続の承認と放棄、親族の範囲を中心として解説します。

　また、民法が規定する相続人とその相続分については、具体例を示して、様々なケースにおける相続人とその相続分について解説をします。

1 相続税法と民法　10

2 相続権と法定相続人　11

3 法定相続分　13

4 相続の承認と放棄　14

5 親族の範囲　17

6 親族関係図　22

7 法定相続人と相続分の具体例　24

1 相続税法と民法

1．相続税法と民法

　相続税法は、相続税と贈与税の2つの税目について規定しています。相続税は、相続または遺贈による財産の移転に対して課税します。また、贈与税は、生前贈与による財産の移転に対して課税します。相続税と贈与税は、どちらも原則として個人間の無償による財産の移転に対して課税する租税です。

　ただし、相続、遺贈および贈与についての法律的な取扱いは、民法で規定しています。そのため、相続税、贈与税の税額計算をするためには、まず、民法の相続、遺贈および贈与に関する規定を理解する必要があります。

　以下、本章で相続、第2章で遺贈、第3章で贈与に関する民法の基本事項を解説します。

2．相続の開始 (民法882)

　「相続は、死亡によって開始する。」と、民法は規定しています。人には寿命がありますから、財産の多い少ないにかかわらず、誰でも、必ず、相続が開始します。死亡した人を、被相続人といいます。

3．相続の一般的効力 (民法896)

　相続人は、相続開始の時から、被相続人の財産に属した一切の権利および義務を包括的に承継します。

　したがって、相続人は、被相続人の死亡という事実だけを原因として、被相続人の所有していた土地、建物、現預金、家財その他の財産のすべてを無条件に承継します。また、積極的な財産だけではなく、被相続人の負担すべき借入金、カードローン、税金や未払金その他の債務のすべても、無条件で引き継ぐことになります。

第1章　相続と相続分

　ただし、被相続人の一身に専属した地位や資格は、相続人に承継されません。一身に専属した地位や資格とは、被相続人自身だけが行使できるもの、たとえば、会社の代表取締役などの役職とか被相続人が取得した国家資格などです。

② 相続権と法定相続人

1．配偶者の相続権 <small>(民法890)</small>

　被相続人の配偶者は、常に、相続人になります。

　配偶者とは、夫にとっての妻、妻にとっての夫をいい、戸籍上の婚姻関係のある者をいいます。配偶者は、被相続人と血のつながりのある血族ではありませんが、被相続人が自ら選んだ生涯のパートナーであるため、必ず、相続人になります。

2．第1順位の相続権

（1）第1順位の相続人 <small>(民法887①)</small>

　被相続人の子は、第1順位の相続人になります。

　親の財産が相続により、親から子へ、子から孫へと、順に下の世代へと承継されていくことは自然な流れです。そのため、第一順位の相続人は、子になります。

（2）子の代襲相続 <small>(民法887②③)</small>

　第一順位の相続人である被相続人の子が、以下の代襲事由（だいしゅうじゆう）に該当する場合には、子の子（被相続人の孫）が、子の相続権を代襲して相続人となります。また、この代襲者が、代襲事由に該当する場合には、代襲者の子（被相続人のひ孫）がその相続権を代襲します。被相続人の直系卑属であれば、同様に相続権が順次、代襲相続されていきます。

11

① **相続開始以前の死亡**（民法887）

相続人が、被相続人の相続開始以前に死亡していること

② **欠格事由による相続権の喪失**（民法891）

相続人が故意に被相続人等を死亡させたなどにより刑に処せられたこと等の欠格事由により相続権を失ったこと

③ **廃除による相続権の喪失**（民法892）

被相続人が、相続人から虐待等を受けるなどしたため、家庭裁判所に請求してその相続人を廃除して相続権を排除したこと

（3）胎児の権利能力（民法886）

相続の開始時に胎児がいる場合には、胎児は既に生まれたものとみなします。したがって、相続の開始時に、被相続人の子が胎児であっても、胎児は第1順位の相続人となります。ただし、死産であった場合を除きます。

3．第2順位の相続権（民法889①一）

（1）直系尊属の相続権

直系尊属は、第2順位の相続人になります。そのため、第1順位の相続人がいない場合に相続人となります。

（2）親等の異なる直系尊属がいる場合

親等の異なる直系尊属がいる場合には、親等の近い直系尊属が先に相続人になります。

たとえば、相続開始時に、第1順位の相続人がなく、1親等の直系尊属である父母が相続開始以前に死亡していて、2親等である祖父母がいる場合には、祖父母が第2順位の相続人になります。なお、直系尊属の場合は、近い親等の尊属が相続人になるのであって、直系卑属の場合のような相続権の代襲という概念ではありません。

第1章　相続と相続分

4．第3順位の相続権 （民法889①二）

（1）兄弟姉妹の相続権

　被相続人の兄弟姉妹は、第3順位の相続人になります。そのため、第1順位の相続人および第2順位の相続人がいない場合に、相続人となります。

（2）兄弟姉妹の相続権の代襲者

　被相続人の兄弟姉妹が、代襲事由のいずれかに該当する場合には、兄弟姉妹の子（被相続人の甥または姪）が、その相続権を代襲します。ただし、その者の子（甥または姪の子）は、被相続人との親等が遠いため、その相続権を代襲することはできません。

③　法定相続分

1．法定相続分 （民法900）

（1）配偶者と子が相続人の場合

　配偶者と子の相続分は、各2分の1とします。また、子が複数人いる場合には、各自の相続分は等分とします。

（2）配偶者と直系尊属が相続人である場合

　配偶者の相続分は、3分の2とし、直系尊属の相続分は、3分の1とします。また、直系尊属が複数人いる場合には、各自の相続分は等分とします。

（3）配偶者と兄弟姉妹が相続人である場合

　配偶者の相続分は、4分の3とし、兄弟姉妹の相続分は、4分の1とします。ただし、半血兄弟姉妹（父母の一方のみを同じくする兄弟

13

姉妹）の相続分は、全血兄弟姉妹（父母の双方を同じくする兄弟姉妹）の相続分の2分の1とします。

2．代襲相続人の相続分 （民法901）

相続権を代襲した代襲相続人の相続分は、その代襲相続人の直系尊属が受けるべきであった相続分と同じになります。ただし、代襲相続人が数人あるときは、その各自の相続分は等分とします。

3．相続人と相続分のまとめ

区　　分	第1順位 （子・代襲者）	第2順位 （直系尊属）	第3順位 （兄弟姉妹・代襲者）
配偶者の相続分	$\frac{1}{2}$	$\frac{2}{3}$	$\frac{3}{4}$
各順位の相続分	$\frac{1}{2}$	$\frac{1}{3}$	$\frac{1}{4}$
（相続分合計）	$\frac{2}{2}$	$\frac{3}{3}$	$\frac{4}{4}$

※　子およびその代襲者、直系尊属が複数人の場合は等分とします。
※　兄弟姉妹が複数人の場合は等分とします。ただし、半血兄弟姉妹は全血兄弟姉妹の2分の1とします。

4　相続の承認と放棄

1．相続の承認または放棄をすべき期間 （民法915）

相続人は、相続開始の時から、被相続人の財産に属した一切の権利および義務を包括的に承継します。被相続人の現預金や土地建物等の積極財産が、借入金やカードローンなどの債務よりも多いのであれば、相続人は単純承認により積極財産を相続して債務を返済し、残りの財産を取得することができます。

しかし、被相続人の相続開始時の積極財産よりも債務が多い、つまり、被相続人が債務超過の状態で相続が開始することもあります。そ

第1章　相続と相続分

の場合には、相続を単純承認すると、相続人は、被相続人の債務を相続人自身の財産で返済しなければならなくなり、不利益を被ることになります。そのため、相続人には、相続の開始を知った時から3か月以内に家庭裁判所に申述することにより、相続を限定承認する権利、または、相続を放棄する権利が与えられています。

2．単純承認

（1）単純承認の効力 （民法920）

相続人が、単純承認をしたときは、相続開始の時から、無限に被相続人の権利義務を承継することになります。

（2）法定単純承認 （民法921）

下記①から③のいずれかに該当するときは、相続人は、単純承認をしたものとみなされます。

① 相続人が、相続財産の全部または一部を処分したとき。ただし、その財産の保存行為および一定の期間を超えない賃貸をすることは処分したことにはなりません。

② 相続人が、相続の開始があったことを知った時から3か月以内に、限定承認または相続の放棄をしなかったとき。

③ 相続人が、限定承認または相続の放棄をした後であっても、相続財産の全部もしくは一部を隠匿し、個人的にこれを消費し、または悪意でこれを相続財産の目録の中に記載しなかったとき。ただし、その相続人が相続の放棄をしたことによって相続人となった者が、相続の単純承認をしたときを除きます。

15

３．限定承認

（１）限定承認 （民法922）

　限定承認とは、相続人が、相続により取得した財産の価額を限度として、被相続人の債務等を引き継ぐ相続の承認方法をいいます。つまり、被相続人から一定の財産のみを承継し、その財産の時価相当額までの債務は承継しますが、それを超える債務等は承継しないという相続の承認方法です。

（２）限定承認の手続 （民法923、924）

　相続人が限定承認をするためには、相続の開始があったことを知った時から３か月以内に、相続財産の目録を作成して家庭裁判所に提出し、共同相続人全員の合意により、共同して、限定承認をする旨を申述しなければなりません。ただし、相続を放棄した相続人の同意は必要ありません。

（３）限定承認の具体例

　被相続人が、時価１億円の居住用の土地建物を所有し、かつ、１億1,000万円の借入金を有した状態で相続が開始したとします。このような場合に、共同相続人全員が共同して、この時価１億円の土地建物を相続し１億円の借入金を引き継ぐ旨を家庭裁判所に申述することにより、限定承認をすることができます。

４．相続の放棄

（１）相続の放棄 （民法938）

　相続の放棄をしようとする者は、相続の開始があったことを知った時から３か月以内に、その旨を家庭裁判所に申述しなければなりません。

第1章　相続と相続分

（2）相続放棄の効力 （民法939）

　相続の放棄をした者は、その相続に関しては、はじめから相続人とならなかったものとみなされます。また、相続を放棄した者の子は、代襲相続人になることはできません。また、一度相続の放棄をした者は、それを取り消すことはできません。

5　親族の範囲

1．親族の範囲 （民法725）

　親族とは、6親等内の血族、配偶者および3親等内の姻族をいいます。

2．血　族

（1）自然血族と法定血族

　血族には、自然血族と法定血族があります。自然血族は、血縁のある者同士をいい、直系血族と傍系血族があります。法定血族は、養子縁組をした養親と養子のように法律上親子としての関係が生じた者同士をいいます。

（2）直系血族

①　直系血族

　直系血族とは、親子としての血縁関係のある者同士をいいます。本人よりも前の世代の父母、祖父母等は、尊属の直系血族です。また、本人よりも後の世代の子、孫、曾孫等は、卑属の直系血族です。

②　実　子

　実子とは、父母と血縁のある子をいいます。戸籍上の婚姻関係にある夫婦間に生まれた実子を嫡出子、それ以外の実子を非嫡出子といいます。

17

③ **認　知**（民法772、779～789）

　認知とは、戸籍上の婚姻関係にない男女から生まれた子について、原則として、父親が自分の子であることを認めて戸籍上の親子関係を生じさせることをいいます。母親と子は、分娩の事実により親子関係が明らかであるため認知の必要がありません。なお、認知の効力は、出生にさかのぼって生じます。ただし、成人の子の認知にはその子の承諾が必要です。

（3）傍系血族

① 傍系血族

　傍系血族とは、兄弟姉妹、尊属の直系血族の兄弟姉妹およびこれらの者の卑属の直系血族をいいます。つまり、直系血族以外の血族です。

② 全血または半血兄弟姉妹

　兄弟姉妹のうち、父母の双方を同じくする兄弟姉妹を全血兄弟姉妹といいます。また、父母のうちいずれか一方のみを同じくする兄弟姉妹を半血兄弟姉妹といいます。

（4）法定血族

① 法定血族（民法727、809）

　法定血族とは、生物としての血縁関係はありませんが、民法に規定する養子縁組により親族関係が生じた者同士をいいます。養子は、養子縁組の日から、養親の嫡出子としての身分を取得し、養親の血族とも親族関係も取得します。また、養子縁組には、普通養子縁組と特別養子縁組があります。

② 普通養子縁組（民法792～801）

　普通養子縁組後も、実父母と養子の自然血族としての親族関係は失われませんので、養子は、実父母と養父母の2組の親を持つこと（二重身分）になります。また、養子縁組の回数に制限はありませんから、複数の養親と縁組をすることができます。養子の戸籍は、直近の養親の戸籍に入籍しますが、婚姻した場合には新しい養子夫婦の戸籍が編製されます。

第1章　相続と相続分

この法定血族の身分は、死亡、離縁または養子縁組の取消しにより消滅します。

③　**特別養子縁組**（民法817の2～817の11）

家庭裁判所は、実父母による監護等が困難である等の一定の場合に、その子と一定の養父母との特別養子縁組を成立させることができます。この特別養子縁組の場合には、その子と実父母との自然血族としての親族関係は失われます。

④　**養子の氏**（民法810）

嫡出子は原則として、父母の氏（姓または名字）を称します（民法790）。養子は、養親の氏を称します。ただし、婚姻の場合には、夫または妻のいずれの氏を称するかは、夫婦の判断にゆだねられているため（民法750）、養子は、養親の氏ではなく、婚姻相手の氏を称することができます。

（5）血族のまとめ

血族	自然血族（血縁関係）	直系血族（親子の関係）	尊属（前の世代）	父母、祖父母など	
			卑属（後の世代）	実子	嫡出子
					非嫡出子
				孫・ひ孫など	
		傍系血族（兄弟姉妹の関係）	尊属（前の世代）	伯叔父母など	
			同　世　代	兄弟姉妹など	
			卑属（後の世代）	甥姪、甥姪の子など	
	法定血族	普通養子縁組	実親・養親の嫡出子	普通縁組の養子	
		特別養子縁組	養親の嫡出子	特別縁組の養子	

3．配偶者

配偶者は、戸籍上の婚姻関係にある者をいいます。法律上は、配偶者は、自己と同列として取り扱います。配偶者の身分は、婚姻により取得され、離婚または婚姻の取消しにより消滅します。

4．姻　族

姻族とは、配偶者の血族および本人の血族の配偶者をいいます。いずれも婚姻により生じます。姻族の身分は、婚姻により取得され、離婚または婚姻の取消しにより消滅します。

5．親　等

①　親　等

親等とは、親族のうち、本人からの親族関係の近さを表すものです。1親等、2親等などの表現をし、数字が小さいほど近く、大きいほど遠くなります。

②　親等の計算（民法726）

直系血族の親等は、本人からその直系血族の世代数が親等になります。そのため、父母は1親等、孫は2親等になります。

傍系血族の親等は、本人から同一の祖先までの世代数に、その祖先からその傍系血族までの世代数を合計した世代数が親等になります。そのため、兄弟姉妹は、本人から父母までが1世代上がり、父母から兄弟姉妹が1世代下がるため2親等になります。

また、甥、姪は、兄弟姉妹からさらに1世代下がりますから、3親等になります。

③ 直系血族の親等

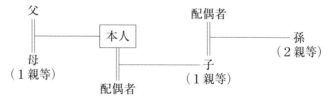

④ 傍系血族の親等

👀 実務の着眼点（非嫡出子の法定相続分）

　実子とは、父母と血縁のある子をいいます。戸籍上の婚姻関係にある夫婦間に生まれた実子を嫡出子、それ以外の実子を非嫡出子といいます。民法の改正前は、非嫡出子の相続分は嫡出子2分の1でしたが、改正により平成25年9月5日以後に開始した相続については、嫡出子と非嫡出子の相続分は同一となりました。ただし、兄弟姉妹のうち、全血兄弟姉妹（父母の双方を同じくする兄弟姉妹）の相続分は、半血兄弟姉妹（父母のうちいずれか一方のみを同じくする兄弟姉妹）の法定相続分2分の1のままで、民法の改正は行われませんでした。

6 親族関係図

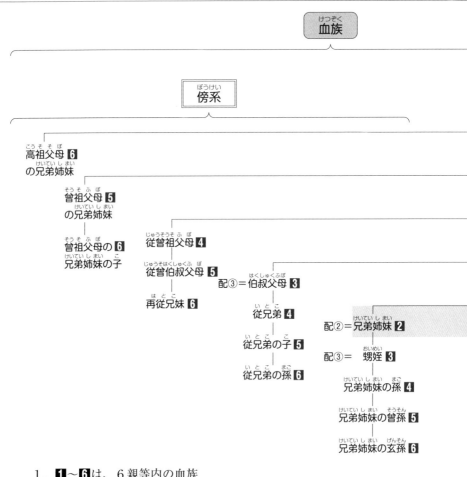

1. **1**〜**6**は、6親等内の血族
2. ①〜③は、3親等内の姻族
3. ▨▨▨ は、取引相場のない株式の評価における「中心的な同族株主」の判定基礎になる同族株主（第14章で解説）

※ ＝は、戸籍法上の婚姻関係を表します。
※ ―は、血族関係（自然血族および法定血族）を表します。

第 1 章　相続と相続分

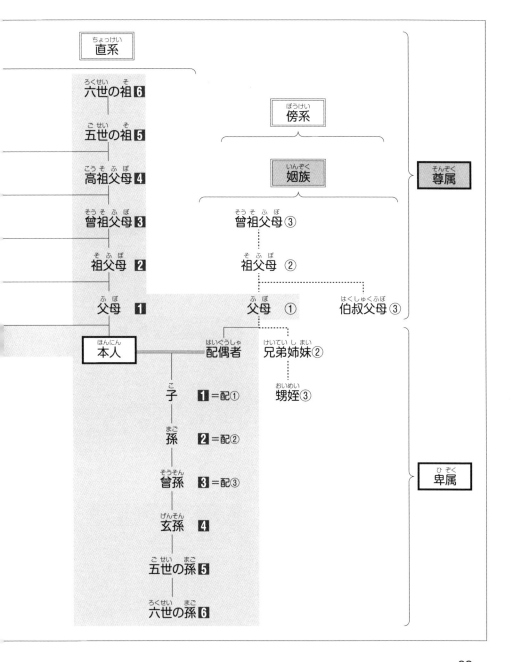

7 法定相続人と相続分の具体例

(1) 配偶者のみ

相続人	相続分
配偶者乙	$\dfrac{1}{1}$

(2) 第1順位の相続人

① 第1順位

相続人	相続分
配偶者乙	$\dfrac{1}{2}$
子A	$\dfrac{1}{2}$

② 第1順位が複数

相続人	相続分
配偶者乙	$\dfrac{1}{2}$
子A	$\dfrac{1}{2} \times \dfrac{1}{3} = \dfrac{1}{6}$
子B	$\dfrac{1}{2} \times \dfrac{1}{3} = \dfrac{1}{6}$
子C	$\dfrac{1}{2} \times \dfrac{1}{3} = \dfrac{1}{6}$

(3) 第2順位の相続人

① 第2順位

相続人	相続分
配偶者乙	$\dfrac{2}{3}$
母	$\dfrac{1}{3}$

第1章　相続と相続分

② 第2順位が複数

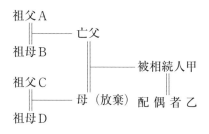

相続人	相続分
配偶者乙	$\frac{2}{3}$
祖父A	$\frac{1}{3} \times \frac{1}{4} = \frac{1}{12}$
祖母B	$\frac{1}{3} \times \frac{1}{4} = \frac{1}{12}$
祖父C	$\frac{1}{3} \times \frac{1}{4} = \frac{1}{12}$
祖母D	$\frac{1}{3} \times \frac{1}{4} = \frac{1}{12}$

※　直系尊属には、代襲相続の概念がなく、被相続人の親等の近い者が相続人となります。

（4）　第3順位の相続人

① 第3順位

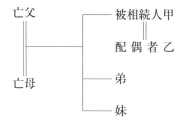

相続人	相続分
配偶者乙	$\frac{3}{4}$
弟	$\frac{1}{4} \times \frac{1}{2} = \frac{1}{8}$
妹	$\frac{1}{4} \times \frac{1}{2} = \frac{1}{8}$

② 半血兄弟姉妹

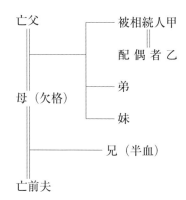

相続人	相続分
配偶者乙	$\frac{3}{4}$
弟	$\frac{1}{4} \times \frac{2}{5} = \frac{2}{20}$
妹	$\frac{1}{4} \times \frac{2}{5} = \frac{2}{20}$
兄（半血）	$\frac{1}{4} \times \frac{1}{5} = \frac{1}{20}$

※　半血兄弟姉妹の相続分は全血兄弟姉妹の相続分の2分の1

（5） 代襲相続

① 第1順位

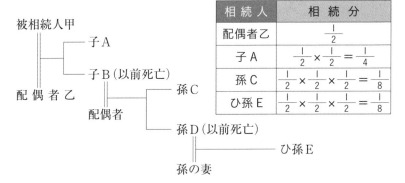

② 第3順位

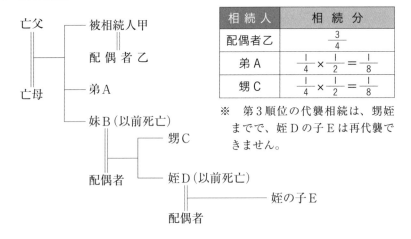

(6) 養 子

① 養 子

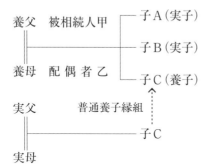

※ 普通養子縁組による養子は、養父母の相続人であり、実父母の相続人でもあります（二重身分）。

② 養子縁組前の出生

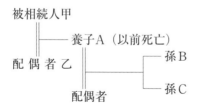

※ 孫Bは、被相続人甲および配偶者乙との養子縁組前に出生し、孫Cは養子縁組後に出生しています。

第 2 章

遺言と分割協議

　生前に遺言書を作成すると、自分の死亡後に誰にどの財産をどのように承継させるかを意思表示できます。遺言書がある場合には、相続人等は遺言書に従って相続財産を取得します。遺言書がない場合には、相続人等は誰が何を相続するかについて協議を行い、協議が調ったら遺産分割協議書を作成し、協議書に従って相続財産を取得します。

　遺言の方式やその効果、遺産分割協議の効果等については、民法に規定されています。本章では、民法が規定する遺言書、遺産分割協議書を中心として解説します。

1 遺言と遺言の方式　30

2 自筆証書遺言　34

3 公正証書遺言　37

4 秘密証書遺言　40

5 遺産分割協議　42

6 遺留分　47

① 遺言と遺言の方式

1. 遺　言

（1）遺言の意義

　遺言とは、遺言者が、死亡後に、指定する相手に対して、遺言者の財産の全部または一部を無償で譲り渡す意思表示を、民法に規定する遺言方式に従ってすることです。

　遺言は遺言者の一方的な単独行為であり相手は相続人に限らず、それ以外の個人、法人等に対しても遺言の対象者とすることができます。

　また、遺言により財産の全部または一部を無償で譲り渡す法律行為のことを遺贈といいます。

（2）遺言者の能力（民法961、963）

　年齢が15歳に達した者は、遺言をすることができます。ただし、遺言者は、遺言をする時においてその能力を有しなければなりません。したがって、18歳の成人になる前でも遺言はできますが、判断力その他の能力が必要とされます。

2. 遺言の方式

（1）遺言の方式（民法960）

　遺言は、民法に定める方法に従わなければすることができません。遺言の方式には、普通の方式と特別な方式があります。

（2）普通の方式による遺言（民法967）

　遺言は、自筆証書、公正証書または秘密証書によりすることを原則とします。この3種類の遺言の方式を、普通の方式による遺言といいます。

第 2 章　遺言と分割協議

（3）特別な方式による遺言 （民法976～984）

　普通の方式による遺言以外にも、疾病その他の事由によって死亡の危急に迫った者が遺言しようとするなど、遺言者が一定の状態にある場合には、民法が規定する特別な方式による遺言をすることができます。本書では、特別な方式による遺言については解説を省略します。

3．遺贈の種類

（1）遺贈の種類 （民法964）

　遺言者は、遺言により、包括遺贈または特定遺贈の名義で、その財産の全部または一部を遺贈することができます。

（2）包括遺贈 （民法990）

　包括遺贈とは、遺言者が、相続人または相続人以外の者に対して、財産の2分の1あるいは3分の1等の割合を指定して遺贈する方法です。相続人に対する包括遺贈は、下記（3）の指定相続分として取り扱います。相続人以外の包括遺贈を受ける者を包括受遺者といい、包括受遺者は相続人と同一の権利義務を有し、法律的には相続人と同等に扱われます。

（3）遺言による相続分の指定 （民法902）

　被相続人は、法定相続分にかかわらず、遺言で共同相続人の相続分を定めることができます。これを、遺言による指定相続分といいます。

（4）特定遺贈 （民法964）

　特定遺贈とは、遺言者が、相続人または相続人以外の者に対して、特定の財産を指定して遺贈する方法です。相続人は、相続人としての身分で特定遺贈を受けます。相続人以外の特定遺贈を受ける者を、受遺者または特定受遺者といいます。

31

（5）遺贈の種類と取得者名

遺贈の種類	取得者	取得者名称	法的取扱い
包括遺贈 （割合を指定）	相続人	相続人	指定相続分
	相続人以外	包括受遺者	相続人と同等
特定遺贈 （財産を指定）	相続人	相続人	特定遺贈
	相続人以外	（特定）受遺者	特定遺贈

（6）遺贈の放棄 （民法986、989）

　受遺者は、遺贈者の死亡後、いつでも遺贈の放棄をすることができます。遺贈の放棄は、遺言者の死亡の時にさかのぼってその効力を生じます。また、遺贈の放棄は、撤回することができません。

4．遺言の効力・撤回等

（1）遺贈の効力の発生時期 （民法985）

　遺言は、遺言者の死亡の時から効力を生じます。

（2）遺言の撤回 （民法1022）

　遺言者は、いつでも、遺言の方式に従って、その遺言の全部または一部を撤回することができます。

（3）前の遺言と後の遺言の抵触 （民法1023）

　前の遺言が後の遺言と抵触するときは、その抵触する部分については、後の遺言で前の遺言を撤回したものとみなします。
　したがって、日付の一番新しい遺言書の内容が、有効となります。

第2章　遺言と分割協議

5．遺言書の検認 <small>(民法1004)</small>

（1）検認手続

　遺言書の保管者または発見者は、相続の開始を知った後、遅滞なく、これを家庭裁判所に提出して、その検認を請求しなければなりません。この請求により、家庭裁判所は、相続人に対し検認期日の通知をします。ただし、検認請求者以外の相続人が検認期日に出欠するかどうかは任意です。検認期日に、裁判官は、請求者が持参した遺言書を出席相続人等の目前で検認します。検認後、検認済証明書が発行され、遺言の執行ができるようになります。

（2）検認手続の効果

　検認は、相続人に遺言の存在とその内容を知らせるとともに、遺言書の形状、加除訂正の状態、日付、署名など検認期日における遺言書の内容を明確にし、遺言書の偽造や変造を防止するための手続です。そのため、遺言書の内容等の有効性を判断する手続ではありません。

（3）検認が不要な場合

　2 2．自筆証書遺言書保管制度による遺言および 3 公正証書遺言の場合には、検認手続をしなくても遺言の執行ができます。

6．証人および立会人の欠格事由 <small>(民法974)</small>

　次に掲げる者は、遺言の証人または立会人となることができません。
① 　未成年者
② 　推定相続人、受遺者、これらの者の配偶者および直系血族
③ 　公証人の配偶者、四親等内の親族、書記および使用人

33

② 自筆証書遺言

１．自筆証書遺言

（１）自筆の原則 (民法968①)

　自筆証書により遺言をするには、遺言者が、その全文、日付および氏名を自書し、これに押印しなければなりません。

（２）財産目録の特例 (民法968②)

　平成31年１月13日以降の自筆証書遺言は、自筆証書に一体のものとして相続財産の目録を添付する場合には、その目録は、自書でなくても認められるようになりました。ただし、この場合には、遺言者は、その目録の１枚ごとに署名押印し、両面の目録にはその両面に署名押印をする必要があります。

　上記のとおり、自筆証書遺言に添付する財産目録は、自書でなく、パソコン等で作成したものに署名押印すればよくなりました。これにより、自筆証書遺言の作成の時間と手間が軽減されることになりました。

（３）加除その他の変更 (民法968③)

　自筆証書遺言中または上記（２）の財産目録中の加除その他の変更は、遺言者が、その場所を指示して変更した旨を付記し、これに署名し、かつ、その変更の場所に押印しないとその効力を生じさせることができません。

（４）押印する印

　上記（１）から（３）における印は、実印である必要はありません。

2．自筆証書遺言書保管制度

（1）自筆証書遺言書保管制度

　令和2年7月10日から、法務局は、遺言者本人の出頭による申請により、遺言者が作成した自筆証書遺言書の適法性を確認したうえで、その原本およびその画像データを保管し、申請者の求めに応じて「遺言書情報証明書」を交付する制度を開始しました。保管期間は、遺言者の死亡の日から、遺言書原本は50年間、画像データは150年間となりました。

（2）検認手続

　自筆証書遺言は、検認手続（上記①5）をしないと遺言の執行ができません。ただし、上記の自筆証書遺言書保管制度を適用した場合には、検認手続は不要となります。

3．自筆証書遺言の長所と短所

（1）自筆証書遺言の長所

　遺言者自らが自筆で書くだけで作成できますので、作成に特別な費用がかからないという長所があります。また、証人の必要もなく、遺言の内容も秘密にできますし、何度でも書き直すことができることなども長所の一つです。

（2）自筆証書遺言の短所

　自己の責任で保管管理するため、遺言書が発見されない可能性があるという短所があります。また、発見されても遺言書が破棄、改ざん、隠匿等をされる可能性もあります。さらに、自筆するには知識と労力が必要なこと、法的不備があれば無効になること、検認手続が必要であることなどの短所もあります。

ただし、財産目録の特例（上記1.（2））が認められたこと、自筆証書遺言書保管制度を利用することができるようになったことにより、自筆証書遺言の短所は軽減されました。

（3）自筆証書遺言の形式

自筆証書遺言の形式は、下記の例を参考にしてください。

◆自筆証書遺言の例

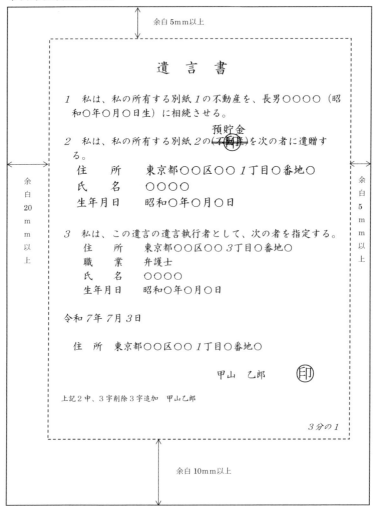

第2章　遺言と分割協議

③　公正証書遺言

1．公正証書遺言（民法969）

公正証書によって遺言をするには、次に掲げる方式に従わなければなりません。

(1)　証人2人以上の立会いのもとで遺言します。

(2)　遺言者は、公証役場において、遺言の趣旨を公証人に口授します。

※　遺言者が、病気等で公証役場に行けない事情等がある場合には、公証人に自宅または病院等に出張してもらうこともできます。

(3)　公証人は、遺言者の口述した遺言の内容を筆記し、公正証書を作成します。この公正証書を遺言者および証人に読み聞かせ、または閲覧させます。

(4)　遺言者および証人が、公正証書の筆記の内容が正確であることを承認した後、遺言者および証人はこれに署名押印します。ただし、遺言者が署名することができない場合は、公証人が、公正証書にその事由を付記して署名に代えることができます。

(5)　公証人は、その公正証書が上記(1)から(4)の方式に従って作成したものである旨を付記して、これに署名押印します。

(6)　公正証書の原本は、公証役場に保管されます。遺言者には、遺言の当日に正本と謄本が交付されます。正本も謄本も、原本と同じ内容で、法的効力も同じです。遺言者本人の請求により再交付は可能です。

2．公正証書遺言の方式の特則（民法969の2）

口がきけない者が公正証書遺言をする場合もしくは遺言者または証人が耳が聞こえない者である場合には、公証人は、上記1の方式の一部を変更して、通訳人の通訳または筆記による申述等による方式により、公正証書遺言をすることができます。その場合には、公証人は、その旨を証書に付記しなければなりません。

37

３．公正証書遺言の確認方法

　公正証書遺言は、公証役場に保管されています。昭和64年１月１日以後に作成された遺言は、相続等の利害関係者であれば最寄りの公証役場で、日本公証人連合会の「遺言登録・検索システム」を利用してどこの公証役場で保管されているかを検索することができます。

４．公正証書遺言の長所と短所

（１）公正証書遺言の長所

　原本が公証役場に保管されますので、遺言書の紛失、破棄、改ざん、隠匿されることがないという長所があります。また、遺言者は、筆記をすることなく、公証人に対して口頭または通訳人の通訳等により申述することにより遺言をすることができます。また、検認手続が不要であることも長所になります。

（２）公正証書遺言の短所

　公証役場の公証人との打合せに時間と手間がかかり、費用も発生するという短所があります。また、２人以上の証人が必要なこと、遺言の内容を秘密にできないことなどが短所です。

（３）公正証書遺言の形式

　公正証書遺言書の形式は、次ページの見本を参照してください。

第2章　遺言と分割協議

◆公正証書遺言の例

令和○年第○○○号
遺言公正証書　　　　　　　　謄本
本公証人は、遺言者○○○○の嘱託により、後記証人立会いの下に、以下の遺言の趣旨の口授を筆記し、この証書を作成する。
（不動産の相続）
第1条　遺言者は、次の各号に掲げる不動産を遺言者の長女○○○○（昭和○年○月○日生）に相続させる。
（1）土地
所　　在　　練馬区○○一丁目
地　　番　　○○○番○○
地　　目　　宅地
地　　積　　１５０．０１㎡
〜〜〜〜〜〜〜〜〜〜〜〜〜〜〜〜〜〜〜〜〜〜〜〜〜〜〜
本　旨　外　要　件
東京都練馬区○○1丁目○番○号
無職　　　遺　言　者　　　　　○　　○　　○　　○
昭和○年○月○日生
上記は、個人番号カードの提示により、人違いでないことを証明させた。
東京都千代田区○○2丁目○番○号
弁護士　　　証　　人　　　○　　○　　○　　○
昭和○年○月○日生
東京都練馬区○○5丁目○番○号
税理士　　　証　　人　　　○　　○　　○　　○
昭和○年○月○日生
以上の記載を上記遺言者及び各証人に閲覧させ、かつ読み聞かせたところ、各自筆記の正確なことを承認し、次に署名押印する。
○　　○　　○　　○　印
○　　○　　○　　○　印
○　　○　　○　　○　印
この証書は、令和○年○月○日、本公証人役場において民法第９６９条第１号ないし第４号所定の方式に従って作成し、同条第５号に基づき本公証人は次に署名押印する。
東京都練馬区○○2丁目○番○号
東京法務局所属
公　証　人　　　　　○　○　○　○（自署）　印
公　証　人　役　場

39

4 秘密証書遺言

1. 秘密証書遺言 (民法970)

　秘密証書によって遺言をするには、次に掲げる方式に従わなければなりません。

(1) 遺言者が、自筆、代筆またはパソコンで作成した証書に署名し、押印します。

(2) 遺言者が、その証書を封紙（封筒）に入れ、証書に用いた印章により封印します。

(3) 遺言者が、公証人１人および証人２人以上の前に(2)の封書を提出して、自己の遺言書である旨およびその証書の筆者の氏名、住所を申述します。

　※　筆者とは、証書が自書であれば遺言者、代筆であれば代筆者、パソコンでの作成であればその作成者をいいます。

(4) 公証人が、その証書を提出した日付および遺言者の申述を、封紙（封筒）に記載した後、遺言者および証人はこれに署名し、押印します。

(5) 封印された秘密証書遺言は、遺言者に渡され、遺言者の責任で保管します。

2. 秘密証書遺言の方式の特則 (民法972)

　口がきけない者が秘密証書遺言をする場合には、公証人は、上記１の方式の一部を変更して、通訳人の通訳または筆記による申述等による方式により、秘密証書遺言をします。その場合には、公証人は、その旨を封紙（封筒）に記載しなければなりません。

3．秘密証書遺言の効力等

（1）方式に欠ける秘密証書遺言の効力（民法971）

　秘密証書による遺言は、上記1に定める方式に欠けるものがあっても、自筆証書遺言に定める方式を具備しているときは、自筆証書による遺言としてその効力を有します。

（2）加除その他の変更（民法970②）

　秘密証書遺言中の加除その他の変更は、遺言者が、その場所を指示して変更した旨を付記し、これに署名し、かつ、その変更の場所に押印しないとその効力を生じさせることができません。

（3）押印する印

　上記1から3（2）における印は、実印である必要はありません。

4．秘密証書遺言の長所と短所

（1）秘密証書遺言の長所

　遺言の内容は、公証人および証人にも、秘密にすることができるという長所があります。また、自筆でなく代筆、パソコンでの作成も可能であること、公正証書遺言よりも費用が少なくて済むことなどの長所もあります。

（2）秘密証書遺言の短所

　自己の責任で保管管理するため、遺言書が発見されない可能性があるという短所があります。また、法的不備があれば無効になること、検認手続が必要であることなどの短所もあります。実務的には、あまり利用されていないようです。

5 遺産分割協議

1．遺産分割

（1）相続による承継

相続人は、相続開始の時から、被相続人の財産に属した一切の権利および義務を包括的に承継します。そのため、相続開始時に共同相続人は、被相続人の一切の財産および債務を法定相続分で共有することになります。

被相続人が、遺言をした財産および債務は遺言に従って相続されます。しかし、被相続人が遺言していない財産については、相続人全員の協議により、各相続人がどの財産および債務を相続するかを話合いで決める必要があります。これを遺産分割協議といいます。

なお、包括受遺者は、相続人と同等の法的な権利義務を有していますので、遺産分割協議に参加します。そのため、以下の遺産分割協議の解説においては、「共同相続人」には包括受遺者が含まれます。

（2）遺産分割の基準（民906）

遺産の分割は、遺産に属する物または権利の種類および性質、各相続人の年齢、職業、心身の状態および生活の状況その他一切の事情を考慮したうえで行われます。ただし、共同相続人全員の合意がなければ、遺産の分割は成立しません。

2．分割協議・調停等

（1）分割協議（民法907①）

被相続人が、遺言により遺産の分割方法を定めた場合その他特別な場合を除き、共同相続人は、いつでも、その協議で、遺産の全部また

は一部の分割をすることができます。共同相続人全員の合意による分割協議が調った場合には、遺産分割協議書を作成します。

（2）家庭裁判所による調停等 （民法907②）

遺産の分割について、共同相続人間で協議が調わないとき、または協議をすることができないときは、各共同相続人は、家庭裁判所に遺産分割の調停を申し立てることができます。

調停では、調停委員会が、相続人や相続財産の調査等を行い、遺産分割の合意のための話合いをします。調停成立の場合は、調停調書が作成され、遺産が分割されます。

調停不成立の場合には、遺産分割審判に移行します。裁判官が申立人と相手方から、聴取した事項や提出書類等をもとに審判します。審判がされると審判調書が作成され、遺産が分割されます。

※　本書では、遺産分割調停・調停調書、遺産分割審判・審判調書の解説は省略します。

3. 遺産分割の方法

遺産分割には、以下の方法があります。

（1）現物分割

現物分割とは、被相続人の遺産を現物のまま、共同相続人間で分割する方法で、原則的な分割方法をいいます。

（2）代償分割 （家事法195）

代償分割とは、共同相続人の1人または数人に相続財産の現物を取得させる代わりに、他の共同相続人に対して現預金等を交付するなどの債務を負担させて、現物の分割に代える分割方法をいいます。具体的には、長男が土地を取得する代わりに、二男にその土地の時価の2分の1相当額の現金を支払うなどの方法をいいます。

43

（3）換価分割 （家事法194）

換価分割とは、共同相続人の１人または数人が、相続により取得した財産の全部または一部を金銭に換価して、その換価した金銭を共同相続人で分割する方法です。

４．遺産分割の効力等

（1）遺産分割の効力 （民法909）

遺産の分割は、相続開始の時にさかのぼってその効力を生じます。ただし、第三者の権利を害することはできません。また、遺産分割の期限についての時効はありません。

（2）遺産分割のやり直し

民法上は、遺産分割の協議が成立した後でも、相続人全員の合意があれば遺産分割のやり直しはできます。ただし、税法上は、一旦、成立した遺産分割協議がやり直された場合には、やり直しによる財産の移転について、原則として、贈与税、所得税等が課税されます。

５．遺産分割協議書

（1）遺産分割協議書の作成

共同相続人全員の合意により、被相続人の相続財産の全部または一部について分割の協議が調った場合には、これを証するため、合意した遺産分割の内容を記載した遺産分割協議書を作成します。ただし、債務については、分割につき、債権者（銀行等）の同意を得なければなりません。

第2章　遺言と分割協議

（2）遺産分割協議書の要件

　遺産分割協議書の書式についての法的な制限はありませんが、遺産分割協議書には、分割協議により財産を取得する、しないにかかわらず、共同相続人全員が、氏名の後に市区町村に印鑑登録した印（実印）を捺印し、印鑑証明書を添付することで、法的に有効になります。

　ただし、その後の共同相続人間での争いを防止するために、可能であれば、氏名については署名をして、遺産分割協議書の内容に合意をしていることを二重に証明することが望ましいです。

　また、遺言書がなく、相続人が1人の場合には、遺産分割協議書を作成しなくても相続手続をすることができます。

（3）遺産分割協議書の目的

　遺産分割協議書は、相続人が、被相続人の相続財産を分割により取得し、相続人の名義に変更するために必要となります。土地や建物の不動産の相続登記、預貯金や株式等の金融資産の名義変更等の手続をする場合には、分割する財産を特定できるように遺産分割協議書に財産の内容を正確に記載する必要があります。特に不動産の相続登記については、事前に登記を依頼する司法書士等の専門家に、遺産分割協議書の記載内容を事前に確認してもらうのも一つの方法です。

👀 実務の着眼点（遺言と異なる分割協議）

　被相続人が、生前に遺言書を作成していれば、被相続人の意思を尊重して遺言書のとおり分割をするのが一般的です。しかし、相続人全員が合意した場合には、遺言書の内容と異なる内容の遺産分割をすることができます。ただし、相続人以外の受遺者の権利を侵害することはできません。そのため、受遺者が遺贈の放棄をして、相続人が遺産分割協議をすることに合意をした場合に限られます。相続人以外の受遺者がいない場合には、相続人全員の合意のみにより、遺産分割をすることができます。

45

◆遺産分割協議書　例

遺 産 分 割 協 議 書

被相続人の表示：氏　　　名　　○○○○
　　　　　　　　生 年 月 日　昭和○年○月○日
　　　　　　　　相続開始日　令和6年5月14日
　　　　　　　　本　　　籍　東京都○○区○○4丁目○番地
　　　　　　　　最後の住所　東京都○○区○○4丁目○番○号

　上記被相続人○○○○の共同相続人である長男○○○○、長女○○○○の2名は、本日遺産分割協議を行い、次のとおり分割し取得および承継することに合意した。

I　相続人 ○○○○の取得承継する財産および債務
　1．土地
　　　　所　　　在　　○○区○○四丁目
　　　　地　　　番　　○番
　　　　地　　　目　　宅地
　　　　地　　　積　　○○．○○㎡
　2．債務および葬式費用
　　　相続人○○○○は、被相続人○○○○の債務を承継し、葬式費用に係る一切の費用を支払うものとする。

II　相続人○○○○の取得する財産
　1．現金・預貯金
　　　後記「現金・預貯金の明細書」のすべて

III　本協議書に記載のない遺産および後日発見された遺産の一切は、相続人○○○○が取得する。

　上記のとおり遺産分割協議が成立したので、これを証するため、各共同相続人は本書に署名押印する。

　　令和 7年　○月　○日

　　　　　相続人　　（住　所）東京都○○区○○2丁目○番○号
　　　　　　　　　　（生年月日）昭和○年○月○日
　　　　　　　　　　（氏　名）　　○○○○　　　　　　　　　㊞

　　　　　相続人　　（住　所）○○県○○市○○2丁目○番○号
　　　　　　　　　　（生年月日）昭和○年○月○日
　　　　　　　　　　（氏　名）　　○○○○　　　　　　　　　㊞

第2章　遺言と分割協議

⑥　遺留分

1．遺留分の帰属およびその割合 （民法1042）

（1）遺留分の金額

　兄弟姉妹以外の相続人は、遺留分(いりゅうぶん)として、下記（3）の遺留分算定財産価額に、次に掲げる区分に応じてそれぞれに定める割合を乗じた額の遺産を受ける権利があります。

　　①　直系尊属のみが相続人である場合　3分の1
　　②　①以外の場合　2分の1
　　ただし、相続人が数人ある場合には、上記割合に各自の法定相続分を乗じた割合とします。

（2）遺留分の割合

相続人	遺留分合計	各人の遺留分		
配偶者と子	$\frac{1}{2}$	配偶者	$\frac{1}{4}$	子　　$\frac{1}{4}$
配偶者と直系尊属	$\frac{1}{2}$	配偶者	$\frac{2}{6}$	直系尊属　$\frac{1}{6}$
配偶者と兄弟姉妹	$\frac{1}{2}$	配偶者	$\frac{1}{2}$	兄弟姉妹　なし
配偶者のみ	$\frac{1}{2}$	配偶者	$\frac{1}{2}$	
子のみ	$\frac{1}{2}$	子	$\frac{1}{2}$	
直系尊属のみ	$\frac{1}{3}$	直系尊属	$\frac{1}{3}$	
兄弟姉妹のみ	なし	兄弟姉妹　なし		

※　子、直系尊属が数人ある場合は、上記各人の遺留分をその人数で除した割合

47

（3）遺留分算定財産価額 (民法1043、1044、904)

遺留分算定財産価額は、原則として、①から④の合計額から⑤を控除した金額です。

①　相続開始時の財産価額

②　相続人以外の者に対する相続開始前1年以内の贈与財産価額

③　相続人に対する相続開始前10年以内の贈与財産の価額（婚姻もしくは養子縁組のためまたは生計の資本として受けたものに限られる）

④　贈与者および受贈者の双方が、遺留分権利者に損害を与えることを知ったうえで行った過去の贈与財産の価額（期間制限がなく、無期限の贈与を含む）

⑤　債務の全額

2．遺留分侵害額請求権の期間の制限 (民法1048)

遺留分侵害額の請求権は、遺留分権利者が、相続の開始および遺留分を侵害する贈与または遺贈があったことを知った時から1年間行使しないときは、時効によって消滅します。相続開始の時から10年を経過したときも、同様に消滅します。

第 3 章

贈与税の概要と課税財産

　贈与税は、贈与契約を起因とする個人間の無償による財産の移転に対して課税します。また、贈与税には、暦年課税制度と相続時精算課税制度の2種類の課税制度が設けられています。

　本章では、2つの制度に共通する贈与税の納税義務者、納税地、申告納付、課税財産等の贈与税の概要について解説します。また、贈与税の非課税財産と扶養義務者間の贈与に関して、贈与税の判断基準についても解説します。

1 贈与の意義　50

2 相続税と贈与税の課税対象　51

3 贈与税の納税義務者　53

4 贈与税の納税地と申告納付　57

5 贈与税の課税財産　61

6 贈与税の非課税財産　62

7 扶養義務者間の贈与の取扱い　63

1 贈与の意義

1．民法上の贈与の意義

（1）贈与の意義 （民法549）

　贈与は、当事者の一方がある財産を無償で相手方に与える意思を表示し、相手方が受諾をすることによって、その効力を生じます。また、贈与をする者を贈与者といい、贈与を受ける者を受贈者といいます。

（2）書面によらない贈与の解除 （民法550）

　贈与契約書等の書面を作成しない贈与、たとえば、口頭での贈与の場合には、各当事者は贈与契約の解除をすることができます。ただし、既に贈与の履行がされた部分についての解除はすることができません。

　したがって、贈与者が、「この財産をあなたにあげます」と言い、受贈者が、「はい、いただきます」と答えれば、贈与契約は成立します。ただし、贈与契約書を作成しない場合には、財産の引渡しをする前であれば、贈与者、受贈者の双方から贈与契約の解除をすることができます。そのため通常は、贈与契約書を作成することになります。

2．民法上の贈与の種類

　民法上の贈与には、通常の贈与のほか、定期贈与（民法552）、負担付贈与（民法553）、死因贈与（民法554）等の特殊な贈与の種類があります。これらの特殊な贈与については、第4章5特殊な贈与契約の取扱いで解説します。

第3章　贈与税の概要と課税財産

② 相続税と贈与税の課税対象

1. 相続税法の課税対象

（1）相続税法は1税法2税目

　相続税法は、人の死亡を起因とする無償による財産の移転に対して相続税を課税し、生前における贈与契約による無償による財産の移転に対して贈与税を課税します。

　そのため、相続税法は、法人税法や所得税法等の税法とは異なり、1つの税法で、相続税と贈与税の2つの税目を規定する税法となっています。

　相続税法が課税対象としている個人間の無償による財産の移転とは、ある個人が別の個人に対して、対価の授受をしないで財産を与えることをいいます。第三者間の財産の移転の場合には、対価の授受があるのが通常です。しかし、たとえば、次のような場合には、個人間の無償による財産の移転が生じます。

　　①　相続 ･･･ 親から子への相続による財産の移転
　　②　遺贈 ･･･ 遺贈者の遺言による受遺者への遺贈による財産の移転
　　③　贈与 ･･･ 祖父から孫への生前贈与による財産の移転

（2）相続税法の課税対象

①　相続による財産の移転

　個人間の無償による財産の移転として最も多く生じるものは、相続による財産の移転です。人には寿命がありますから、財産の多い少ないにかかわらず、誰でも、必ず相続は開始します。相続が開始すると、被相続人から相続人に、無償による財産の移転が生じます。相続税法は、人の死亡を起因とする相続による財産の移転に対して相続税を課税します。

②　遺贈による財産の移転

　遺言者は、生前に遺言をすることにより、受遺者を指定して、財産

51

を一方的に無償で遺贈することができます。遺贈の効力は、遺言者の死亡により生じますから、相続税法は、遺贈による財産の移転に対して相続税を課税します。

　また、遺言者は、受遺者として相続人でない個人、人格のない社団等または法人等を指定して遺贈することもできます。そのため、相続税法は、個人以外に対する遺贈のうち、法人税が課税（法法22②）される法人等に対するものは、相続税の課税対象から除外しています。ただし、人格のない社団等（法法2八）に対する遺贈については、特例として相続税の課税対象（相法66）としています。なお、本書では、人格のない社団等に対する遺贈についての解説は省略します。

③ 贈与による無償による財産移転

　相続税法は、生前における贈与による財産の移転に対して贈与税を課税します。ただし、贈与者の死亡を停止条件とする死因贈与については、人の死亡を起因とする個人間の無償による財産の移転ですので、遺贈と同じ法的効果を生じさせます。そのため、相続税法は、死因贈与による財産の移転は、遺贈による財産の移転として相続税を課税します。

（3）相続税法の課税対象と課税税目のまとめ

移転事由と移転先	区　分	課税税目
死因贈与以外の贈与（個人）	民法上の贈与	贈与税
死因贈与（個人）		相続税
相続	民法上の相続	
遺贈（個人）	民法上の遺贈	
遺贈（人格のない社団等）		
遺贈（法人等）		法人税
死因贈与を含む贈与（法人等）	民法上の贈与	

※　相続税法においては、遺贈は死因贈与を含み、贈与は死因贈与を除きます。　以下、相続税法の解説について同様です。

２．贈与税の２種類の課税制度

　贈与税の課税制度は、暦年課税制度と相続時精算課税制度の２種類があります。暦年課税制度については第４章で、相続時精算課税制度については第５章で例題を交えて解説していきます。

③　贈与税の納税義務者

１．納税義務者と課税財産

（１）贈与税の納税義務者 （相法１の４）

　贈与税の納税義務者は、原則として、贈与により財産を取得した個人です。贈与税の納税義務は、贈与により財産を取得した時に生じます。

　贈与税の納税義務者は、その者が贈与により財産を取得した時の住所の所在地、日本国籍の有無その他により、①居住無制限納税義務者、②非居住無制限納税義務者、③居住制限納税義務者および④非居住制限納税義務者の４種類に区分されます。

（２）納税義務者の種類と課税財産の範囲 （相法２の２）

　贈与税の納税義務者の種類と課税所得の範囲は、以下のとおりです。

納税義務者の種類	課税財産の範囲
①　居住無制限納税義務者	取得したすべての財産
②　非居住無制限納税義務者	
③　居住制限納税義務者	取得した国内財産のみ
④　非居住制限納税義務者	

　※　国内財産とは、日本国内にある財産をいいます。

２．贈与税の納税義務者の種類

次の（１）から（４）の者は、贈与税を納める義務があります。

（１）居住無制限納税義務者 （相法１の４一）

贈与により財産を取得した次に掲げる者であって、その財産を取得した時において日本に住所を有するものをいいます。

① 一時居住者でない個人。

　※ 一時居住者とは、贈与の時において在留資格を有する者であってその贈与前15年以内において日本に住所を有していた期間の合計が10年以下であるものをいいます。

② 一時居住者である個人。ただし、その贈与をした者が外国人贈与者または非居住贈与者である場合を除きます。

　※ 外国人贈与者とは、贈与の時において、在留資格を有し、かつ、日本に住所を有していたその贈与をした者をいいます。

　※ 非居住贈与者とは、贈与の時において日本に住所を有していなかったその贈与をした者であって、その贈与前10年以内のいずれかの時において日本に住所を有していたことがあるもののうち、そのいずれの時においても日本国籍を有していなかったもの、または、その贈与前10年以内のいずれの時においても日本に住所を有していたことがないものをいいます。

（２）非居住無制限納税義務者 （相法１の４二）

贈与により財産を取得した次に掲げる者であって、その財産を取得した時において日本に住所を有しないものをいいます。

① 日本国籍を有する個人であって次に掲げるもの。

　ア　その贈与前10年以内のいずれかの時において日本に住所を有していたことがあるもの。

　イ　その贈与前10年以内のいずれの時においても日本に住所を有していたことがないもの（その贈与をした者が外国人贈与者または非居住贈与者である場合を除く）。

② 日本国籍を有しない個人（その贈与をした者が外国人贈与者ま

第 3 章　贈与税の概要と課税財産

たは非居住贈与者である場合を除く）。

（3）居住制限納税義務者 (相法 1 の 4 三)

　贈与により国内財産を取得した個人で、その財産を取得した時において日本に住所を有するものをいいます。ただし、上記（1）居住無制限納税義務者に該当する者を除きます。

（4）非居住制限納税義務者 (相法 1 の 4 四)

　贈与により国内財産を取得した個人で、その財産を取得した時において日本に住所を有しないものをいいます。ただし、上記（2）非居住無制限納税義務者に該当する者を除きます。

※　以下、本書では、上記（1）居住無制限納税義務者、（2）非居住無制限納税義務者に限定して解説していきます。

👀 実務の着眼点（贈与税の納税義務者）

　相続税と贈与税の納税義務者を規定する相続税法第 1 条の 3 と第 1 条の 4 の条文は、とても難解な条文です。これらの条文は平成27年に改正されたものです。改正前には、相続人等に外国籍を取得させてから国外財産の贈与等をして、日本の相続税や贈与税の課税を免れようとした事案が多くありました。このような外国籍の取得等による日本の相続税または贈与税の納税義務の回避を防止するために、この条文が改正されました。判定の根拠や理由はさておき、この条文どおりに納税義務者と課税財産を判定していけば、必ず正しい相続税または贈与税の納税義務者が判別でき、その課税財産も確定します。この条文は、そのくらい抜け目なくできています。フローチャートを作成しましたのでご活用ください。

55

◆納税義務者の判定フローチャート

(1) 受贈者が贈与時に国内に住所を有する場合

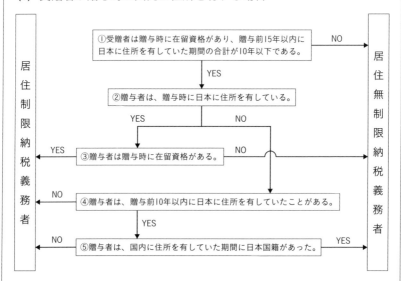

(2) 受贈者が贈与時に国内に住所を有しない場合

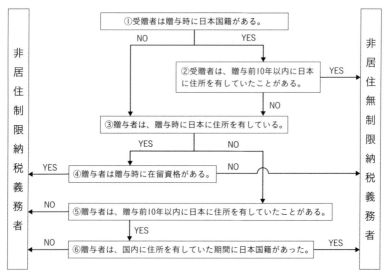

第3章　贈与税の概要と課税財産

4　贈与税の納税地と申告納付

1．贈与税の納税地 （相法62）

贈与税の納税地は、以下に掲げる場所です。

納税義務者の種類	納税義務者の納税地
① 居住無制限納税義務者	日本国内の住所地（住所を有しなくなった場合には、居所地）
② 居住制限納税義務者	
③ 非居住無制限納税義務者	税務署長に申告した納税地（申告がない場合には、国税庁長官の指定地）
④ 非居住制限納税義務者	

2．贈与税の申告および納付

（1）申告書の提出義務者 （相法28）

贈与により財産を取得した者は、その年分の贈与税の課税価格に係る納付すべき贈与税額がある場合には、贈与税の課税価格、贈与税額その他一定の事項を記載した贈与税の申告書を納税地の所轄税務署長に提出しなければなりません。

（2）申告書の提出期限 （相法28）

贈与税の申告期限は、原則として、贈与により財産を取得した年の翌年2月1日から3月15日までです。

（3）贈与税の納付 （相法33）

贈与税の申告書を提出した者は、申告書の提出期限までに、その申告書に記載した贈与税額を国に納付しなければなりません。

●●実務の着眼点（所轄税務署の検索方法）

　国税庁ホームページから納税地の所轄税務署の住所や電話番号等を検索する方法は、以下のとおりです。

① 　国税庁ホームページのトップページを開く。
② 　「国税庁等について調べる」を選択する。
③ 　「組織（国税局・税務署・税務大学校等）から調べる」を選択する。
④ 　「郵便番号・住所から税務署を調べる」を選択する。
⑤ 　住所地に該当する税務署が、所轄税務署となる。

3．申告納付の方法

（1）申告納税方式による申告納付

①　申告納税方式

　贈与税は、相続税、所得税、法人税等と同様に申告納税方式の国税です。申告納税方式とは、納税義務者自らが、申告期限までに納税申告書を作成して、課税権者である国または地方公共団体に租税を申告、納付をする方式をいいます。納税義務者自らが申告書等の作成をすることが難しい場合等には、税理士に税務代理を依頼することもできます。

（参考）賦課課税方式

　申告納税方式のほかに、賦課課税方式があります。賦課課税方式は、課税権者が税額計算をして、納税義務者に課税明細書および納付書等を送付して課税し、納税者はその納付書等により納税をします。個人住民税、個人事業税、固定資産税などは、賦課課税方式の地方税です。

②　加算税等

　納税義務者が、申告期限までに贈与税の申告または納付することを怠ると、国から加算税、延滞税等の一定のペナルティーが、別途、課税されます。

第3章　贈与税の概要と課税財産

（2）申告書の申告方法

　贈与税申告書の申告方法は、納税義務者の住所地の所轄税務署の窓口に提出する方法、所轄税務署宛に郵送する方法、国税電子申告・納税システム（e-Tax）をする方法などがあります。

（3）贈与税の納付方法

　贈与税は、相続税その他の国税と同様に、金銭での一時納付を原則としています。ただし、一定の要件を満たす場合には、延納による納付の特例を認めています。また、相続税は、一定の要件を満たす場合には、物納制度による納付が認められています。ただし、贈与税には、物納制度はありません。

①　金銭一時納付の方法

　金銭での一時納付には、以下の方法があります。

####　ア．納付書による納付

　　納付書による納付とは、所轄税務署等に備え付けてある国税の納付書に、納税義務者の住所、氏名、納付する贈与税額を記載して、金融機関または所轄の税務署の窓口等で、現金に納付書を添えて納付する方法です。

####　イ．ダイレクト納付による納付

　　ダイレクト納付とは、e-Tax により贈与税の申告書等を申告した後、納税義務者名義の預貯金口座から、即時または指定した期日に、口座引落しにより国税を電子納付する手続です。ダイレクト納付を利用するには、事前に e-Tax の利用開始手続を行うなどの手続が必要となります。詳細は、国税庁ホームページを参照してください。

####　ウ．クレジットカードによる納付

　　クレジットカード納付とは、インターネット上でのクレジットカード支払の機能を利用して、国税庁長官が指定した納付受託者へ、国税の納付の立替払いを委託することにより国税を納付する手続です。詳しくは、国税庁長官が指定した納付受託者が運営す

る国税のクレジットカード納付専用の外部サイトの「国税クレ
ジットカードお支払サイト」を参照してください。

エ．コンビニ納付

コンビニ納付は、国税庁長官が指定した納付受託者であるコン
ビニエンスストアで国税を納税する手続です。バーコード方式と
QRコード方式があります。バーコード方式は、税務署から送付
または交付されたコンビニ納付専用のバーコード付納付書を使用
して納付する方法です。また、QRコード方式は、国税庁ホーム
ページから自宅のパソコン等でQRコードを作成し、コンビニエ
ンスストアにあるキオスク端末等からバーコード付納付書を印刷
して納付する方法です。どちらも納付額は30万円が上限です。詳
細は、国税庁ホームページを参照してください。

② **延納による納付の特例**（相法38③）

贈与税を、金銭で一時納付することが困難で、一定の要件を満たす
場合には、納税者の申請により、その納付を困難とする金額を限度と
して、所轄税務署等の許可を受けて一定期間（最長5年間）に分割し
て年賦延納により納付することができます。なお、一定金額以上の延
納の許可を受けるためには、延納税額に相当する担保の提供が必要と
なります。また、延納期間中は、一定の利子税が課されます。

◗◗ 実務の着眼点（贈与税の申告期限）

個人の暦年の所得に対して課税される所得税も、贈与税と同様に申
告納税方式による国税です。ただし、所得税の申告期間は、翌年2月
16日から3月15日までですが、贈与税の申告期間は、翌年2月1日か
ら3月15日までです。贈与税の申告開始日は、所得税よりも約半月ほ
ど早くなっています。また、所得税には振替納税という制度があり、
3月15日までの現金納付に代えて、4月25日前後の銀行口座引き落と
しによる納税方法を選択することができます。しかし、令和7年3月
現在、贈与税には振替納税制度はありません。

第3章　贈与税の概要と課税財産

⑤　贈与税の課税財産

1．贈与税の課税財産

（1）贈与税の課税財産の範囲（相法2の2）

　贈与税の課税財産とは、居住無制限納税義務者および非居住無制限納税義務者が贈与により取得したすべての財産と、居住制限納税義務者および非居住制限納税義務者が贈与により取得した国内財産をいいます。

　国内財産とは、日本国内に所在する財産をいい、財産ごとの所在については、相続税法第10条（財産の所在）に規定されています。

（2）課税財産の種類

　贈与税の課税財産は、本来の贈与財産と相続税法の規定によるみなし贈与財産とがあります。また、本来財産およびみなし贈与財産のうち、非課税財産については、課税財産から除かれます。

2．本来の贈与財産（相基通11の2-1）

　本来の贈与財産とは、現預金、土地、家屋、有価証券などの受贈者が贈与者から贈与により取得した財産をいいます。この場合の財産とは、金銭で見積もることができる経済的価値のあるすべてのものをいいます。

3．みなし贈与財産

　みなし贈与財産とは、贈与契約に基づいて取得した財産ではありませんが、実質的に贈与により財産を取得したのと同様の経済効果をもたらす法律的権利等の移転による財産をいいます。詳細と評価方法は、第15章で解説しています。

61

6 贈与税の非課税財産

1．贈与税の非課税財産の意義

　贈与により取得した財産には、贈与税が課税されますが、その財産の性質や贈与目的その他の理由から、贈与税を課すことが適当でないものがあります。そこで、相続税法は、贈与税の非課税財産を限定列挙により規定し、贈与税を課税しないこととしています。

2．贈与税の非課税財産

(1)　法人からの贈与により取得した財産（相法21の3①一）

　　※　受贈者は、一時所得として所得税が課税されます。

(2)　扶養義務者相互間において生活費または教育費に充てるためにした贈与により取得した財産のうち通常必要と認められるもの（相法21の3①二）

　　※　詳細は、7で解説します。

(3)　公益事業を行う一定の者が、贈与により取得した財産でその公益を目的とする事業の用に供することが確実なもので、取得日から2年以内に事業の用に供されたもの（相法21の3①三、②）

　　※　公益事業を行う一定の者とは、相続税法施行令第2条に規定する公益の増進に寄与することが著しいと認められる事業で、運営等について一定の条件を満たすものを行う者をいいます。

(4)　一定の特定公益信託から交付される金品（相法21の3①四）

　　※　一定の特定公益信託とは、所得税法第78条に規定する特定公益信託で学術に関する顕著な貢献を表彰するものなどで財務大臣が指定するものまたは学生もしくは生徒に対する学資の支給を行うことを目的とする特定公益信託をいいます。

(5)　心身障害者共済制度で一定のものに基づいて支給される給付金の受給権（相法21の3①五）

　　※　心身障害者共済制度で一定のものとは、地方公共団体が条例により、

第3章　贈与税の概要と課税財産

　精神または身体に障害のある者に関して実施する心身障害者共済制度で
一定のものをいいます（相令2の2）。

(6)　公職の候補者が、選挙運動に関し贈与により取得した金銭その
　他の財産上の利益で、一定の報告がなされたもの（相法21の3①六）

　　※　一定の報告とは、公職選挙法第89条に規定する「選挙運動に関する収
　　入及び支出の報告書」による報告をいいます。

(7)　特定障害者を受益者とする特定障害者扶養信託契約に基づく信
　託受益権のうち一定額（相法21の4）

　　※　一定の特定障害者が、その信託の際、障害者非課税信託申告書を納税
　　地の所轄税務署長に提出した場合には、その信託受益権の価額のうち6,000
　　万円（特定障害者のうち特別障害者以外の者は3,000万円）までの価額

(8)　相続または遺贈により財産を取得した者が、相続開始年におい
　て被相続人から贈与により取得した財産で、相続税の課税価格に
　加算されるもの（相法21の2④）

(9)　社会通念上相当と認められる個人から受ける香典等、年末年始
　の贈答、祝物または見舞い等のための金品（相基通21の3-9）

⑦　扶養義務者間の贈与の取扱い

1．扶養義務者の範囲

（1）民法上の扶養義務者（民法877）

　民法上の扶養義務者は、直系血族、兄弟姉妹、家庭裁判所の審判を
受けて扶養義務者となった3親等内の親族をいいます。

（2）相続税法上の扶養義務者（相法1の2一、相基通1の2-1）

　相続税法上の扶養義務者は、民法よりも範囲が広く、民法の扶養義
務者のほか配偶者が含まれます。さらに、3親等内の親族で生計を一
にする者については、家庭裁判所の審判がない場合であっても扶養義
務者に含まれます。

63

また、扶養義務者に該当するかは、贈与時の状況により判定します。

2．扶養義務者相互間の贈与財産

（1）扶養義務者相互間の贈与 （相基通21の3-5、21の3-6）

扶養義務者相互間の生活費または教育費の贈与で、通常必要と認められるものについては、贈与税は非課税とされています。

ただし、非課税とされる生活費または教育費は、必要な都度、必要な金額を直接これらの費用に充てるために贈与により取得した財産をいいます。したがって、生活費または教育費の名目で取得した財産を預貯金等として貯蓄した場合、株式または家屋などの買入代金に充当したような場合には、贈与税が課税されます。

なお、通常必要と認められるものとは、被扶養者の贈与の必要性と扶養者の資力その他一切の事情を勘案して、社会通念上適当と認められる範囲の財産の贈与をいいます。

（2）非課税となる生活費等の範囲

① 生活費 （相基通21の3-3）

扶養者から被扶養者への生活費の贈与のうち、被扶養者の通常の日常生活を営むのに必要な費用、治療費、養育費その他これらに準ずるものの贈与は非課税となります。

ただし、保険金または損害賠償金により補てんされる部分の治療費等の金額は除かれます。

② 教育費 （相基通21の3-4）

扶養者から被扶養者への教育費の贈与のうち、被扶養者の教育上通常必要と認められる入学金、学費、教材費、文具費、通学費、給食費、修学旅行等参加費等の贈与は、義務教育費に限らず、非課税となります。

なお、教育費の一括贈与については、「直系尊属から教育資金の一括贈与を受けた場合の贈与税の非課税（措法70の2の2）」の特例があります（第4章6 3参照）。

第3章　贈与税の概要と課税財産

③　結婚・子育て費用

　扶養者から被扶養者への結婚式・披露宴の費用、結婚後の新居の家具什器の費用、出産費用、子育て費用等のうち、被扶養者の贈与の必要性と扶養者の資力その他一切の事情を勘案して、社会通念上適当と認められる範囲の財産の贈与で、かつ、必要な都度、必要な金額を直接これらの費用に充てるための非課税となります。

　なお、結婚・子育て費用の一括贈与については、「直系尊属から結婚・子育て資金の一括贈与を受けた場合の贈与税の非課税（措法70の2の3）」の特例があります（第4章⑥4参照）。

💭💭 実務の着眼点（扶養義務者相互間の生活費・教育費）

　相続税法における扶養義務者は、配偶者、直系血族、兄弟姉妹、生計一の3親等内の親族です。扶養義務者は、互いに扶養する義務があります。

　たとえば、父方の祖父が同居の孫の預金通帳に生活費等に充てることを目的としないで、現金1,000万円を振り込んで贈与した場合には、孫に贈与税が課税されます。それでは、母方の祖父が、医大に合格した別居の孫の入学金1,000万円を直接医大に振り込んだ場合はどうでしょうか。同居・別居にかかわらず、母方の祖父は孫の直系血族であり、扶養義務者に該当します。そのため、孫の入学金は、扶養義務者相互間の通常必要と認められる非課税の教育費に該当し、贈与税は課税されません。

65

第 **4** 章

暦年課税の贈与税

　暦年課税の贈与税は、相続時精算課税を選択した場合以外に適用される贈与税の原則的な課税制度です。暦年に個人が贈与により取得した財産の合計額が110万円の基礎控除額を超える場合には、その超える部分の金額に超過累進税率を乗じて算出された贈与税が課税されます。

　本章では、暦年課税の贈与税の課税価格と算出税額および各種の税額控除の計算方法を解説します。また、計算例により贈与税額の計算プロセスを具体的に示します。

1 贈与税の暦年課税制度の概要　68

2 課税価格と税額計算　69

3 2種類の贈与税率　70

4 贈与税額の計算例　73

5 特殊な贈与契約の取扱い　77

6 暦年課税制度の特例　80

① 贈与税の暦年課税制度の概要

1．暦年課税制度の概要

　暦年（その年1月1日から12月31日の期間）に、個人が贈与により取得した財産の贈与時の価額を合計して贈与税の課税価格を計算します。その課税価格から暦年贈与税の基礎控除額（110万円）を控除した基礎控除後課税価格の金額に対して、超過累進税率である暦年贈与の税率を適用して贈与税額を計算します。贈与税率には、特例贈与税率と一般贈与税率の2種類があります。

2．受贈者単位課税

　暦年課税制度の贈与税は、受贈者ごとに課税されるため、受贈者が暦年中に複数の者から贈与を受けていた場合には、暦年中に贈与を受けた財産の価額の合計額が課税価格となります。

〔具体例〕

　受贈者Aは、その年3月5日に父から現金100万円を贈与により取得し、同年7月4日に祖母から現金200万円を贈与により取得しました。この場合の受贈者Aのその年分の贈与税の課税価格は、300万円（100万円＋200万円）となります。

3．生前贈与加算制度の概要

　相続開始直前の駆け込み贈与を防止するために、生前贈与加算制度の規定が設けられています。この制度は、相続または遺贈により財産を取得した者が、相続の開始直前の一定期間に被相続人から暦年贈与により財産を取得した場合には、その財産の価額の一定金額を相続税の課税価格に加算して算出した相続税額から、その贈与財産に課税された贈与税額を控除した残額を納付すべき相続税額とするものです（第7章⑦参照）。

第4章　暦年課税の贈与税

② 課税価格と税額計算

1. 贈与税の税額計算

（1）課税価格の計算（相法21の2）

　暦年課税の贈与税の課税価格は、その年中において贈与により取得した財産の価額の合計額とします。贈与により取得した財産には、本来の贈与財産だけでなく、みなし贈与財産を含みますが、非課税財産は除かれます。

（2）配偶者控除額（相法21の6）

　暦年課税の配偶者控除額は、本章⑥1で解説します。

（3）基礎控除（相法21の5、措法70の2の4）

　暦年課税の贈与税の基礎控除は年110万円で、課税価格から控除します。

（4）基礎控除後課税価格の金額

　暦年課税の課税価格から配偶者控除額および基礎控除の金額を控除して、基礎控除後課税価格を計算します。千円未満は切り捨てます。

（5）算出贈与税額

　基礎控除後課税価格の金額に、暦年贈与の超過累進税率（最低10%から最高55%）を適用して暦年課税の算出贈与税額を計算します。

（6）納付すべき贈与税額

　算出贈与税額から外国税額控除額を控除して納付すべき贈与税額を計算します。百円未満は切り捨てます。

※　外国税額控除額とは、日本国外の贈与財産に課された外国税額のうち一定の金額をいいますが、解説は省略します（相法21の8）。

69

2．暦年課税の贈与税額の計算のまとめ

暦年課税の贈与税額の計算

(1) 暦年課税の課税価格

本来の贈与財産※ ＋ みなし贈与財産※＝××××

※ 贈与税の非課税財産を除きます。

(2) 配偶者控除額

(3) 基礎控除後課税価額

(1)－(2)－110万円＝××××（千円未満切捨）

(4) 算出贈与税額

(3) × 暦年課税の贈与税率 ＝ ××××

(5) 外国税額控除額

(6) 納付すべき贈与税額

(4)－(5)＝×××（百円未満切捨）

③ 2種類の贈与税率

1．2種類の贈与財産の意義

　暦年課税の贈与税には、特例贈与財産に対する税率と一般贈与財産の税率の2種類があります。特例贈与財産に対する税率は、一般贈与財産の税率よりも税率が軽減されています。

（1）特例贈与財産の意義

　特例贈与財産とは、贈与年の1月1日の年齢が18歳以上の受贈者が、直系尊属（父母または祖父母等）から贈与により取得した財産をいいます。

（2）一般贈与財産の意義

　一般贈与財産とは、特例贈与財産以外の贈与財産をいいます。

第4章　暦年課税の贈与税

２．２種類の贈与税率

（１）特例贈与財産の贈与税額速算表（措置法70の２の５）

※　直系尊属から年齢18歳以上の直系卑属への贈与

基礎控除、配偶者控除後の課税価格		贈与税率	控除額
	200万円以下	10％	－
200万円超	400万円 〃	15％	10万円
400万円 〃	600万円 〃	20％	30万円
600万円 〃	1,000万円 〃	30％	90万円
1,000万円 〃	1,500万円 〃	40％	190万円
1,500万円 〃	3,000万円 〃	45％	265万円
3,000万円 〃	4,500万円 〃	50％	415万円
4,500万円 〃		55％	640万円

（２）一般贈与財産の贈与税額速算表（相法21の７）

※　特例贈与財産以外の贈与

基礎控除、配偶者控除後の課税価格		贈与税率	控除額
	200万円以下	10％	－
200万円超	300万円 〃	15％	10万円
300万円 〃	400万円 〃	20％	25万円
400万円 〃	600万円 〃	30％	65万円
600万円 〃	1,000万円 〃	40％	125万円
1,000万円 〃	1,500万円 〃	45％	175万円
1,500万円 〃	3,000万円 〃	50％	250万円
3,000万円 〃		55％	400万円

（3）超過累進税率と速算表の構造

① 贈与税額の算出方法

贈与税額は、基礎控除後課税価格（千円未満切捨）に、速算表の課税価格の金額の区分に応じた贈与税率を乗じた金額から控除額を控除して算出されます。

② 速算表の構造

たとえば、特例贈与財産の課税価格が510万円の場合には、基礎控除後課税価格は400万円（510万円－110万円）となります。贈与税額を累進税率区分ごとに計算すると以下のとおりになります。

（1）累進税率区分ごとの税額計算例

　　ア　0から200万円　　　200万円×10％＝20万円

　　イ　200万円から400万円　200万円×15％＝30万円

　　ウ　贈与税額　ア＋イ＝50万円

（2）速算表での税額計算例

　　　400万円×15％－10万円※＝50万円

※　控除額10万円は、課税価格の0から200万円部分の200万円に本来の10％の税率よりも高い15％を乗じたことによる税額の過大額です。すなわち、200万円×5％（15％－10％）＝10万円です。速算表では、過大額の累計額が前もって計算されていて控除額として記載されています。

（4）表面税率

表面税率とは、贈与財産の価額に乗ずる税率そのものをいいます。上記（3）の場合の表面税率は、200万円以下の200万円は10％で、200万円超400万円以下の200万円は15％の税率となります。表面税率の最高税率は15％になります。

（5）実効税率

実効税率とは、贈与税の課税価額に対する贈与税額の割合をいいます。上記（3）の場合の実効税率は、贈与税額50万円÷課税価格510万円＝9.8％になります。

第4章　暦年課税の贈与税

④　贈与税額の計算例

１．特例贈与財産の贈与税額の計算例

　その年１月１日の年齢19歳の子が、父から相続税評価額710万円の株式を贈与により取得しました。贈与税額は以下のとおりになります。

- ①　贈与税の課税価格　　　　　　710万円
- ②　基礎控除額　　　　　　　　　110万円
- ③　基礎控除後課税価格①－②＝600万円（千円未満切捨）
- ④　③×20％－30万円＝　　　　90万円（百円未満切捨）

２．一般贈与財産の贈与税額の計算例

　その年１月１日の年齢15歳の子が、父から相続税評価額710万円の株式を贈与により取得しました。贈与税額は以下のとおりになります。

- ①　贈与税の課税価格　　　　　　710万円
- ②　基礎控除額　　　　　　　　　110万円
- ③　基礎控除後課税価格①－②＝600万円（千円未満切捨）
- ④　③×30％－65万円＝　　　　115万円（百円未満切捨）

　特例贈与財産の710万円の贈与税額90万円に比して、一般贈与財産税額の710万円の贈与税額は115万円で、特例贈与のほうが25万円少なくなります。

73

3．特例贈与と一般贈与がある場合の計算例

（1）特例贈与と一般贈与がある場合の計算式 <small>（措法70の2の5）</small>

① 計算要素
  ア 特例贈与財産の価額　A
  イ 一般贈与財産の価額　B
  ウ 合計　A＋B＝C
② 特例贈与財産の贈与税額
  ア （C－110万円）×特例贈与税率による贈与税額
  イ ア×A／C＝×××（円未満切捨）
③ 一般贈与財産の贈与税額
  ア （C－110万円）×一般贈与税率による贈与税額
  イ ア×B／C＝×××（円未満切捨）
③ 贈与税額　②＋③＝×××（百円未満切捨）

（2）特例贈与と一般贈与がある場合の計算例

　その年1月1日の年齢18歳の子が、父から相続税評価額600万円の車両を贈与により取得しました。また、伯父から現金400万円を贈与により取得しました。贈与税額は以下のとおりになります。

① 計算要素
  ア 特例贈与財産の価額　600万円
  イ 一般贈与財産の価額　400万円
  ウ 合計　ア＋イ＝1,000万円
② 特例贈与財産の贈与税額
  ア （1,000万円－110万円）×30％－90万円＝177万円
  イ 177万円×600万円／1,000万円＝106.2万円（円未満切捨）
③ 一般贈与財産の贈与税額
  ア （1,000万円－110万円）×40％－125万円＝231万円
  イ 231万円×400万円／1,000万円＝92.4万円（円未満切捨）
④ 贈与税額　②＋③＝198.6万円（百円未満切捨）

第4章　暦年課税の贈与税

4. 暦年贈与税額と実効税率

（1）　特例贈与（直系尊属から18歳以上の者への贈与）

受贈金額	贈与税の計算式	贈与税額	実効税率
110万円		0万円	0%
310万円	（310万円 -110万円）×10%	20万円	6.45%
510万円	（510万円 -110万円）×15%-10万円	50万円	9.80%
710万円	（710万円 -110万円）×20% -30万円	90万円	12.67%
1,110万円	（1,110万円 -110万円）×30%-90万円	210万円	18.91%
1,610万円	（1,610万円 -110万円）×40%-190万円	410万円	25.46%
3,110万円	（3,110万円 -110万円）×45%-265万円	1,085万円	34.88%
4,610万円	（4,610万円 -110万円）×50%-415万円	1,835万円	39.80%
5,110万円	（5,110万円 -110万円）×55%-640万円	2,110万円	41.29%

（2）　一般贈与（特例贈与以外の贈与）

受贈金額	計算式	贈与税額	実効税率
110万円		0万円	0%
310万円	（310万円 -110万円）×10%	20万円	6.45%
410万円	（410万円 -110万円）×15%-10万円	35万円	8.53%
510万円	（510万円 -110万円）×20%-25万円	55万円	10.78%
710万円	（710万円 -110万円）×30%-65万円	115万円	16.19%
1,110万円	（1,110万円 -110万円）×40%-125万円	275万円	24.77%
1,610万円	（1,610万円 -110万円）×45%-175万円	500万円	31.05%
3,110万円	（3,110万円 -110万円）×50%-250万円	1,250万円	40.19%
4,610万円	（4,610万円 -110万円）×55%-400万円	2,075万円	45.01%
5,110万円	（5,110万円 -110万円）×55%-400万円	2,350万円	45.98%

◆贈与税申告書の記載例（暦年課税・特例）

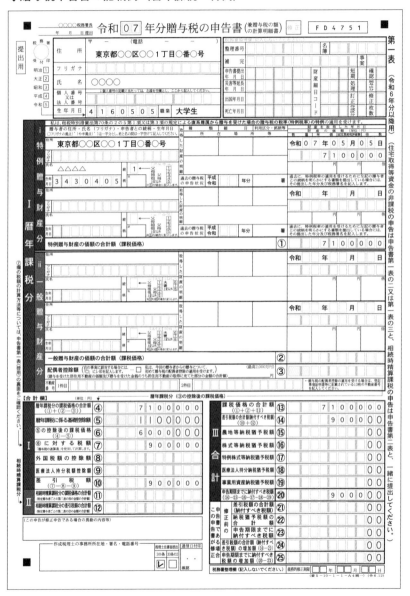

第4章　暦年課税の贈与税

⑤　特殊な贈与契約の取扱い

1．死因贈与

（1）民法上の死因贈与 (民法554)

　死因贈与は、贈与者の死亡を停止条件とする期限付贈与契約です。民法は、贈与者の死亡によって効力を生ずる贈与については、その性質に反しない限り、遺贈に関する規定を準用するとしています。

（2）相続税法上の死因贈与

　死因贈与は、贈与者の死亡を停止条件としていますので、人の死亡を起因とする無償による財産の移転に該当します。そのため、相続税法上は、死因贈与を遺贈（遺言による財産の取得）に含めます。したがって、死因贈与による財産の取得に対しては贈与税ではなく相続税が課税されます。

2．停止条件付贈与の課税時期 (相基通1の3・1の4共-8、9)

　贈与による財産の取得時期は、書面によるものについてはその契約の効力の発生した時、書面によらないものについてはその履行の時を原則とします。停止条件付贈与は、一定条件が成立する時まで贈与の法律的な効力が生じません。そのため、その条件が成就した時が、贈与による財産の取得時期になります。

77

3．定期贈与契約の課税時期と金額

（1）定期贈与の意義 （民法552）

定期贈与とは、たとえば贈与者と受贈者の間で、10年間にわたり毎年分割して110万円ずつ、合計で1,100万円を贈与するという内容の贈与契約をいいます。

（2）定期贈与の課税関係

定期贈与契約の場合には、受贈者は契約時に10年間で総額1,100万円の贈与を受けるという定期金給付契約に基づく定期金に関する権利を、一時に贈与により取得したことになります。そのため、契約の日の属する年に定期金に関する権利（相法24）に対して贈与税が課税されます。

（3）定期贈与以外の贈与の課税関係

定期贈与以外の贈与契約により、毎年、契約書を作成して110万円ずつ現金の贈与を受けた場合には、110万円の基礎控除以下の贈与ですから贈与税は課税されません。定期贈与でないことを証明するために110万円の基礎控除以下の贈与であっても贈与税のゼロ円申告をする方法や、毎年111万円の贈与をして1,000円の贈与税を納付する方法もあります。また、贈与税は、e-Tax で申告することができますので、電子申告のデータを残すのも一つの方法です。

4．負担付贈与の課税の特例

（1）負担付贈与の意義 （民法553）

負担付贈与とは、受贈者に一定の債務を負担させることを条件にした財産の贈与契約をいいます。通常の贈与は、贈与者のみが財産の贈与の義務を負いますが、負担付贈与は、贈与者には財産の贈与をする

義務が生じ、受贈者には一定の債務を負担する義務が生じます。つまり、負担付贈与の場合には、贈与者にも受贈者にも義務が生じることになります。

なお、受贈者が債務の履行をしない場合には、贈与者は、贈与契約を解除することができます。

（2）負担付贈与の価額の原則（相基通21の2-4）

負担付贈与に係る贈与財産の価額は、原則として、贈与財産の価額から債務負担額を控除した価額になります。ただし下記（3）の特例があります。

（3）土地等または建物等の特例（平元直評5外）

① 特例の趣旨

贈与者が、借入金により取得した土地等または家屋等を、受贈者に借入金を負担することを条件として贈与したとします。この場合の受贈者の贈与税の課税価格の計算において、相続税評価額による土地等または家屋等の価額から借入金の金額を控除すると、課税価格がマイナスになり贈与税が課税されないことがあります。そのため、課税の平等の見地からこれを防止するために下記②の特例対象については、③の課税価格の特例が設けられました。

② 特例の対象

土地等（土地および土地の上に存する権利）、家屋等（家屋およびその付属設備または構築物）の負担付贈与が特例の対象となります。

③ 贈与税の課税価格の特例

土地等または家屋等の取得時の通常の取引価額（不動産鑑定評価額等）から負担額を控除した金額が贈与税の課税価格になります。

ただし、土地等または家屋等の取得価額が通常の取得価額に相当すると認められる場合には、その取得価額により評価することができます。

👀 実務の着眼点（貸家の負担付贈与）

　親が子供にアパートを贈与したとします。その贈与契約書に、親が賃借人から預かっている敷金相当額の現金を贈与すると記載されていない場合には、この贈与契約は、敷金の負担を条件とする負担付贈与に該当します。そのため、アパートの贈与税の課税価格は、相続税評価額よりも高額な通常の取引価額となり、贈与税も高額となります。そうならないためには、アパートを贈与する場合には、預かっている敷金相当額の現金も贈与すると契約書に記載します。アパートとともに敷金相当額の現金の贈与税を申告すると、通常の贈与となりアパートの贈与税の課税価格は相続税評価額で評価されます。

6 　暦年課税制度の特例

1．贈与税の配偶者控除 （相法21の6）

（1）贈与税の配偶者控除

　婚姻期間が20年以上である配偶者から居住用不動産または居住用不動産を取得するための金銭を取得した者は、次のいずれかに該当する場合には、その年分の贈与税については、課税価格から2,000万円を上限として贈与税の配偶者控除額を控除できます。
- ①　取得日の翌年3月15日までに、その居住用不動産をその者の居住の用に供し、かつ、その後引き続き居住の用に供する見込みである場合
- ②　取得日の翌年3月15日までに、その金銭をもって居住用不動産を取得して、これをその者の居住の用に供し、かつ、その後引き続き居住の用に供する見込みである場合

（2）居住用不動産

　専ら居住の用に供する土地、土地の上に存する権利または家屋で日本国内にあるものをいいます。

第4章　暦年課税の贈与税

（3）贈与税の配偶者控除額

　贈与により取得した居住用不動産の価額と贈与により取得した金銭のうち居住用不動産の取得に充てられた金額との合計額が、2,000万円を超える場合には2,000万円が、2,000万円に満たない場合にはその合計額が、控除額になります。

（4）適用除外

　この規定は、その年の前年以前のいずれかの年において贈与によりその配偶者から取得した財産に係る贈与税につき、この規定の適用を受けた者には適用できません。

2．直系尊属からの住宅取得等資金の贈与の非課税 (措法70の2)

（1）住宅取得等資金の贈与の非課税

　適用期間に、直系尊属からの贈与により住宅取得等資金の取得をした下記（2）の特定受贈者が、その贈与による住宅取得等資金の取得日の翌年3月15日までに、その住宅取得等資金の全額を次の①から③のいずれかの対価に充てて、その住宅用家屋を自己の居住の用に供したとき、または同日後遅滞なくその特定受贈者の居住の用に供することが確実であると見込まれるときは、その贈与により取得をした住宅取得等資金のうち、下記（3）の住宅資金非課税限度額までの金額については、贈与税の課税価格に算入しません。

　①　住宅用家屋の新築、建築後未使用の住宅用家屋の取得またはこれらとともにするその敷地等の取得の対価

　②　既存住宅用家屋の取得またはその取得とともにするその敷地等の取得の対価

　③　自己の居住用の住宅用家屋の一定の増改築等またはその増改築等に伴う敷地等の取得の対価

81

※　ただし、配偶者その他の特定受贈者と特別な関係のある者との請負契約等による住宅用家屋の新築、取得、増改築等の対価は除きます（措令40の4の2⑦）。また、住宅用家屋の新築、取得、増改築等に先行してする敷地等の取得の対価を含みます（措法70の2①一）。

（2）特定受贈者

特定受贈者とは、贈与年の1月1日において18歳以上であって贈与年の所得税の合計所得金額が2,000万円以下（床面積が40㎡以上50㎡未満の場合には1,000万円以下）であり、かつ、贈与税の居住無制限納税義務者または非居住無制限納税義務者に該当する者をいいます。

（3）住宅資金非課税限度額

①　省エネ等住宅[※1]　　　1,000万円[※2]
　　※1　省エネ等の基準に適合する住宅用家屋の証明がされたもの(措令40の2⑧)

②　上記以外の住宅　　　500万円[※2]
　　※2　既にこの規定の適用を受けた場合には、その金額を控除した残額が限度額になります。

（4）住宅用家屋の要件

対象となる住宅用家屋は、以下の要件を満たす家屋をいいます。
①　家屋の床面積の2分の1以上が、専ら居住の用に供されていること
②　日本国内にあること
③　登記簿上の床面積または専有部分の床面積が40㎡以上240㎡以下であること

（5）増改築の要件

①　国内で行われる工事費用が100万円以上である工事であること
②　特定受贈者が所有し、特定受贈者の住宅用家屋であること
③　増築、改築等であることが増改築等工事証明書等により証明されていること

第4章　暦年課税の贈与税

④　増改築費用の2分の1以上が特定受贈者の居住用部分であること
⑤　登記簿上の床面積または専有部分の床面積が40㎡以上240㎡以下であること

（6）他の規定との併用

　贈与税の課税価格の計算上、住宅取得等資金の贈与の非課税の適用後の残額がある場合には、暦年課税制度であれば基礎控除額（110万円）の適用があります。また、相続時精算課税制度であれば特別控除（2,500万円）および令和6年1月1日以降の贈与については、相続時精算課税の基礎控除（110万円）の適用を受けることができます。

（7）申告要件 （措法70の2⑭、⑮）

　この規定は、税務署長がやむを得ない事情があると認める場合を除き、贈与税の期限内申告書に一定の事項を記載し、かつ、一定の書面を添付した場合に限り適用します。

（8）時限立法

　この規定は租税特別措置法のため、令和6年1月1日から令和8年12月31日までの間の贈与に適用される時限立法です。

3．直系尊属から教育資金の一括贈与を受けた場合の非課税 （措法70の2の2）

（1）教育資金の一括贈与時の取扱い

　適用期間に、年齢30歳未満で前年の所得税の合計所得金額が1,000万円以下の受贈者が、教育資金に充てるため、下記①から③に該当した場合において、教育資金非課税申告書を金融機関等経由で所轄税務署長に提出したときは、これらの受益権または金銭等の価額のうち1,500万円までの金額（非課税拠出額）は、贈与税の課税価格に算入しません。

83

① 直系尊属と信託会社との教育資金管理契約に基づく信託受益権を取得した場合
② 直系尊属から受贈した金銭を教育資金管理契約に基づき銀行等に預金した場合
③ 直系尊属から受贈した金銭の額を教育資金管理契約に基づき金融商品取引会社から一定の有価証券を購入した場合

（2）教育資金の支払時の取扱い

受贈者は、教育資金の支払を証する請求書、領収書等を金融機関に提出します。金融機関はこれを確認して、教育資金支出額を受贈者に払い出します。

（3）教育資金管理契約の終了

教育資金管理契約は、原則として以下のいずれか早い日に終了します。
① 受贈者が30歳に達した場合（一定の場合には最長40歳に達した日まで）
② 受贈者が死亡した場合
③ 贈与を受けた教育資金の残高が零となり契約終了が合意された場合等

（4）契約終了時の贈与税の課税関係

受贈者が死亡した場合を除き、非課税拠出額から教育資金支出額の累計額（学校等以外の支払いは500万円を限度）を控除した残額は、受贈者の契約終了の日の属する年の贈与税の課税価格に算入します。この場合の税率は、受贈者が18歳以上であっても贈与税の一般税率となります。なお、受贈者が死亡した場合には、受贈者の相続財産となり相続税が課税されます。

（5）贈与者が死亡した場合の課税関係

贈与をした日から教育資金管理契約の終了の日までの間に、その贈与者が死亡した場合には、受贈者については、その贈与者が死亡した

日における非課税拠出額から教育資金支出額の累計額（学校等以外の支払は500万円を限度）を控除した残額を、その贈与者から相続（その受贈者が相続人以外の者である場合には遺贈）により取得したものとみなして、相続税が課税されます。ただし、次の場合には相続税は課税されません（死亡した贈与者の相続税の課税価格の合計額が5億円超である場合を除く）。

① 23歳未満である場合
② 学校等に在学している場合
③ 教育訓練給付金の支給対象となる教育訓練を受けている場合

（6）教育資金の範囲 （措令40の4の3）

① 学校等に支払う入学金、授業料、施設設備費、検定用等の金銭
② 学校等以外の者に教育の役務提供の対価（塾、予備校）、学校指定の学用品費等として支払う一定の金銭

（7）時限立法

この規定は、租税特別措置法のため、平成25年4月1日から令和8年3月31日までの間の贈与に適用される時限立法です。

4．直系尊属から結婚・子育て資金の一括贈与を受けた場合の非課税 （措法70の2の3）

（1）結婚・子育て資金の一括贈与時の取扱い

適用期間に、年齢18歳以上50歳未満で前年の所得税の合計所得金額が1,000万円以下の受贈者が、結婚・子育て資金に充てるため、下記①から③に該当した場合において、結婚・子育て資金非課税申告書を金融機関等経由で所轄税務署長に提出したときは、これらの受益権または金銭等の価額のうち1,000万円までの金額（非課税拠出額）は、贈与税の課税価格に算入しません。

① 直系尊属と信託会社との結婚・子育て資金管理契約に基づく信託受益権を取得した場合
② 直系尊属から受贈した金銭を結婚・子育て資金管理契約に基づき銀行等に預金した場合
③ 直系尊属から受贈した金銭の額を結婚・子育て資金管理契約に基づき金融商品取引会社から一定の有価証券を購入した場合

（2）結婚・子育て資金の支払時の取扱い

受贈者は、結婚・子育て資金の支払を証する請求書、領収書等を金融機関に提出します。金融機関はこれを確認して、教育資金支出額を受贈者に払い出します。

（3）教育資金管理契約の終了

結婚・子育て資金管理契約は、以下のいずれか早い日に終了します。
① 受贈者が50歳に達した場合
② 受贈者が死亡した場合
③ 贈与を受けた結婚・子育て資金の残高が零となり契約終了が合意された場合

（4）契約終了時の贈与税の課税関係

受贈者が死亡した場合を除き、非課税拠出額から結婚・子育て資金支出額の累計額（結婚の支払いは300万円を限度）を控除した残額は、契約終了の日の属する年の贈与税の課税価格に算入します。この場合の税率は、受贈者が18歳以上であっても贈与税の一般税率となります。なお、受贈者が死亡した場合には、受贈者の相続財産となり相続税が課税されます。

（5）贈与者が死亡した場合の課税関係

贈与をした日から結婚・子育て資金管理契約の終了の日までの間に、その贈与者が死亡した場合には、受贈者については、その贈与者が死亡した日における非課税拠出額から結婚・子育て資金支出額の累計額

（結婚に際しての支払いは300万円を限度）を控除した残額を、その贈与者から相続（その受贈者が相続人以外の者である場合には遺贈）により取得したものとみなして、相続税が課税されます。

（6）結婚・子育て資金の範囲（措令40の4の3）

① 受贈者の結婚に際して支払う婚礼費用、新居費用、転居費用等の金銭
② 受贈者および配偶者の妊娠、出産、育児に要する費用として支払う金銭

（7）時限立法

　この規定は、租税特別措置法のため、平成27年4月1日から令和9年3月31日までの間の贈与に適用される時限立法です。

実務の着眼点（基礎控除の金額）

　暦年贈与税の基礎控除額は、相続税法第21条の5で60万円と規定されています。しかし、平成13年以後の贈与については、110万円に引き上げられました。改正の方法として相続税法第21条の5は改正しないで、租税特別措置法第70条の2の4を創設して、「相続税法第21条の5に規定する60万円は、平成13年1月1日以後110万円とする」と規定しました。租税特別措置法は、時限立法ですから、適用期限延長の改正がされないと、基礎控除額は60万円に戻ります。また、令和6年に創設された相続時精算課税制度の基礎控除額も相続税法第21条の11の2で60万円と規定し、租税特別措置法第70条の3の2で110万円とすると規定していますので同様の取扱いとなります。

87

第 5 章

相続時精算課税の
贈与税

　高齢者の生前贈与を推奨するために、贈与税と相続税を一体化して、相続時に相続税で精算課税するという相続時精算課税制度が、平成15年に創設されました。また、令和6年以降は、改正により相続時精算課税制度の基礎控除が創設され、また、土地建物の被災価額の控除の特例も創設されました。

　本章では、相続時精算課税制度の創設の趣旨を解説し、また、計算例による税額計算のプロセスを具体的に例示します。さらに、令和6年以降の改正後の暦年課税と相続時精算課税を比較、検討し、2つの課税制度の長所と短所を解説します。

1 相続時精算課税の概要　90

2 相続時精算課税の選択　91

3 贈与税額算出の計算例　94

4 特定贈与者の相続税額計算　99

5 住宅取得等資金の贈与の特例　102

6 暦年課税と相続時精算課税　104

① 相続時精算課税の概要

1．相続時精算課税制度の創設の趣旨

　平成15年1月1日に、高齢者から次世代への積極的な生前贈与を推奨することを目的として、相続時精算課税制度が創設され施行されました。これは、日本の高齢化が進み、相続による次世代へ財産の移転時期が延びたため、高齢者の所有する財産を次世代へ早期に移転させ、その財産の活発な運用により日本経済を活性化させようとする社会情勢が背景にあったためです。

2．相続時精算課税制度の概要

　この制度は、60歳以上の特定贈与者と18歳以上の推定相続人または孫（相続時精算課税適用者）とが、互いに選択適用した場合に適用される課税制度です。

　特定贈与者から相続時精算課税適用者への生前贈与財産に対しては、贈与時に一定の贈与税が課税されます。ただし、特定贈与者の相続時には、この生前贈与財産のうち一定金額は、相続時精算課税適用者の相続税の課税価格として相続税が課税され、既に納付した贈与税の累計額を控除して相続税額が算出されます。すなわち、特定贈与者からの生前贈与財産に対しては、最終的に相続税のみが課税されるという制度です。

3．相続時精算課税制度の改正

　令和5年度の税制改正で、令和6年1月1日以後の相続時精算課税の贈与については、相続税の課税価格に加算されない110万円の相続時精算課税の基礎控除が創設されました。また、贈与財産の災害による損失額を相続税に加算する生前贈与財産の価額から控除することができるようになりました。

第5章　相続時精算課税の贈与税

② 相続時精算課税の選択

1．相続時精算課税の選択の要件 （相法21の9①）

　贈与年の1月1日において年齢60歳以上の者から、贈与により財産を取得した者が、贈与年の1月1日において年齢18歳以上であり、かつ、次の①または②の者に該当する場合には、その贈与により財産を取得した者は、その贈与に係る財産につき相続時精算課税の適用を受けることができます。
　　①　特定贈与者の推定相続人である直系卑属（相法21の9①）
　　②　特定贈与者の孫（措法70の2の6①）

2．相続時精算課税選択届出書

（1）適用を受けるための届出（相法21の9②）

　上記1の贈与により財産を取得した者が、その贈与をした者からの贈与につき、相続時精算課税の適用を受けようとする場合には、贈与税の申告期限（贈与年の翌年3月15日）までに、相続時精算課税選択届出書を納税地の所轄税務署に提出しなければなりません。

（2）相続時精算課税適用者・特定贈与者（相法21の9⑤）

　この選択届出書を提出した者を相続時精算課税適用者といい、その贈与をした者を特定贈与者といいます。

（3）選択届出の撤回（相法21の9⑥）

　相続時精算課税適用者は、相続時精算課税選択届出書を撤回することはできません。

【特定贈与者と相続時精算課税適用者】

区　分	特定贈与者	相続時精算課税適用者	
1月1日の年齢	60歳以上	18歳以上	
届出書	－	申告期限までに選択届出書提出	
続　柄	直系尊属	直系卑属で推定相続人	特定贈与者の孫
適用対象財産	－	特定贈与者からのすべての贈与財産	

３．適用対象財産 （相法21の9③）

（1）原　則

　相続時精算課税適用者は、特定贈与者から贈与により取得する財産については、届出書を提出した年分以後、贈与財産の種類、価額および贈与回数にかかわらず、この制度の適用を受けることになります。

（2）特　例

①　年の中途で推定相続人になった場合 （相法21の9④）

　年の中途で養子縁組をして推定相続人になった場合には、推定相続人になる日前は暦年課税の対象で、推定相続人なった日以後は相続時精算課税の対象となります。

②　年の中途で推定相続人でなくなった場合 （相法21の9⑤）

　年の中途で養子縁組を解消したためなどにより推定相続人でなくなった場合には、推定相続人でなくなった日以後も、特定贈与者からの贈与財産は相続時精算課税の対象となります。

４．相続時精算課税の課税価格

（1）課税価格 （相法21の10）

　相続時精算課税適用者が特定贈与者から贈与により取得した財産に

ついては、特定贈与者ごとに、その年中において贈与により取得した財産の価額を合計し、それぞれの合計額をもって贈与税の課税価格とします。

（2）相続時精算課税の基礎控除 （相法21の11の2、措法70の3の2）

① 基礎控除の創設

令和6年1月1日以後に、相続時精算課税適用者が特定贈与者から贈与により取得した財産に係るその年分の贈与税については、その財産の価額から110万円を控除した残額が贈与税の課税価格となります。

この基礎控除額は、特定贈与者の相続税の課税価格の計算上、相続財産に加算されません。

なお、令和5年12月31日以前に、相続時精算課税適用者が特定贈与者から贈与により取得した財産については、基礎控除の適用はありませんので、贈与財産の全額が相続税の課税価格に加算されます。

② 基礎控除の計算

相続時精算課税適用者が、同一年中に複数の特定贈与者から贈与により財産を取得した場合には、110万円を特定贈与者ごとの課税価格の割合で按分した金額を、各特定贈与者の課税価格から控除します。

〔具体例〕

令和7年に、相続時精算課税適用者Aは、特定贈与者甲から180万円、特定贈与者乙から260万円、合計440万円の贈与を受けました。

　　ア　甲からの贈与財産の課税価格

$$180万円 - 110万円 \times \frac{180万円}{440万円} (45万円) = 135万円$$

　　イ　乙からの贈与財産の課税価格

$$260万円 - 110万円 \times \frac{260万円}{440万円} (65万円) = 195万円$$

（3）相続時精算課税の特別控除額 （相法21の12）

特定贈与者ごとの相続時精算課税に係る贈与税の課税価格から、次の①または②の金額のうちいずれか低い金額を控除します。

① 2,500万円（既に特別控除をした金額がある場合は、その合計額を控除した残額）

② 特定贈与者ごとの贈与税の課税価格

5．相続時精算課税の税率および贈与税額 <small>（相法21の13）</small>

（1）税　率

相続時精算課税の税率　20％

（2）贈与税額

特定贈与者ごとのその年分の課税価格（千円未満切捨）にそれぞれ20％の贈与税率を乗じて算出した金額（百円未満切捨）とします。

③　贈与税額算出の計算例

1．令和5年分までの贈与税額の計算例

（1）　制度を選択した初年度 <small>（特別控除額以下の贈与の場合）</small>

初年度の特定贈与者からの贈与財産合計額1,000万円の場合

① 控除未済特別控除額 − 既控除額　2,500万円 − 0円 ＝ 2,500万円

② 贈与税額

　ア　1,000万円＜2,500万円　∴1,000万円

　イ　特別控除額の範囲内であるため贈与税額は発生しない。

（2）　特定贈与2回目の年 <small>（特別控除額を超えた場合）</small>

2回目の年の特定贈与者からの贈与財産合計額2,000万円の場合

① 特別控除額 − 既控除額　2,500万円 − 1,000万円 ＝ 1,500万円

第 5 章　相続時精算課税の贈与税

②　贈与税額
　　ア　2,000万円＞1,500万円　∴1,500万円
　　イ　（2,000万円－1,500万円）×20％＝100万円

（3）　特定贈与 3 回目の年（特別控除額全額を控除した場合）

　3 回目の年の特定贈与者からの贈与財産合計額1,000万円の場合
①　特別控除額－既控除額　2,500万円－2,500万円＝　0 円
②　贈与税額
　　ア　1,000万円＞ 0 円　∴ 0 円
　　イ　（1,000万円－ 0 円）×20％＝200万円

（4）特定贈与者の相続が開始した場合

①　相続税の課税価格の加算対象金額
　　初回1,000万円＋ 2 回目2,000万円＋ 3 回目1,000万円＝4,000万円
②　相続税額から控除する贈与税額
　　初回 0 円＋ 2 回目100万円＋ 3 回目200万円＝300万円
　　なお、加算対象金額を加算等した後の算出相続税額が、300万円未満であれば、還付が受けられます。

2．令和 6 年分以後の贈与税額の算出方法

（1）　制度を選択した初年度（特別控除額以下の贈与の場合）

　初年度の特定贈与者からの贈与財産合計額1,000万円の場合
①　基礎控除後の金額　1,000万円－110万円＝890万円※
　　※　マイナスの場合はゼロ
②　特別控除額－既控除額　2,500万円－ 0 円＝2,500万円
③　贈与税額
　　ア　890万円＜2,500万円　∴890万円
　　イ　特別控除額の範囲内であるため贈与税額は発生しない。

（2） 特定贈与2回目の年 （特別控除額を超えた場合）

2回目の年の特定贈与者からの贈与財産合計額2,000万円の場合
① 基礎控除後の金額　2,000万円－110万円＝1,890万円※
　※　マイナスの場合はゼロ
② 特別控除額－既控除額　2,500万円－890万円＝1,610万円
③ 贈与税額
　ア　1,890万円＜1,610万円　∴1,610万円
　イ　（1,890万円－1,610万円）×20％＝ 56万円

（3） 特定贈与3回目の年 （特別控除額全額を控除した場合）

3回目の年の特定贈与者からの贈与財産合計額1,000万円の場合
① 基礎控除後の金額　1,000万円－110万円＝890万円※
　※　マイナスの場合はゼロ
② 特別控除額－既控除額　2,500万円－2,500万円＝　0円
③ 贈与税額
　ア　890万円＞0円　∴0円
　イ　（890万円－0円）×20％＝178万円

（4） 特定贈与者の相続が開始した場合

① 相続税の課税価格の加算対象金額
　初回890万円＋2回目1,890万円＋3回目890万円＝3,670万円
② 相続税額から控除する贈与税額
　初回0円＋2回目56万円＋3回目178万円＝234万円
　なお、加算対象金額を加算等した後の算出相続税額が、234万円未満であれば、還付が受けられます。

第5章 相続時精算課税の贈与税

◆贈与税申告書の記載例（相続時精算課税）第1表

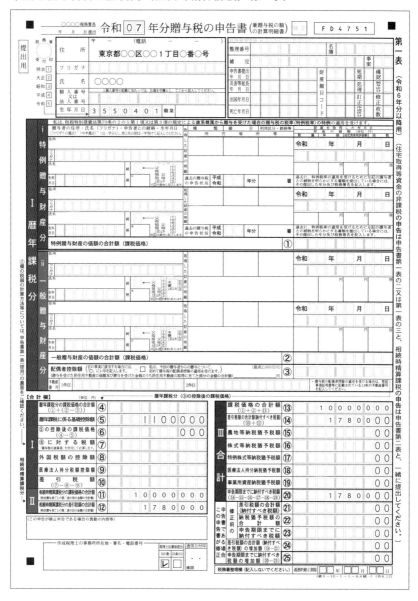

◆贈与税申告書（計算明細書）第2表

令和 **0 7** 年分贈与税の申告書（相続時精算課税の計算明細書）準確	**F D 4 7 3 8**

受贈者の氏名 ○○○○

第二表 （令和6年分以降用）（第二表は、必要な添付書類とともに申告書第一表と二表と一緒に提出してください。）

提出用

次の特例の適用を受ける場合には、□の中にレ印を記入してください。

□ 私は、租税特別措置法第70条の3第1項の規定による**相続時精算課税選択の特例**の適用を受けます。　（単位：円）

特定贈与者の住所・氏名(フリガナ)・申告者との続柄・生年月日 「フリガナの濁点(゛)や半濁点(゜)は一字分とし、姓と名の間は一字空けて記入してください。」	種　類	細　目	利用区分・銘柄等	財産を取得した年月日 財産の価額
	所　在　場　所　等		数　量　単　価　固定資産税評価額　倍数	

相続時精算課税分

住　所 東京都○○区○○1丁目○番○号		**令和 7 年 3 月 1 日**
		1 0 0 0 0 0 0 0 円
氏　名 △△△△		**令和　年　月　日**
		円
続柄 父1、母2、祖父3 祖母4、1〜4以外5　**1**		**令和　年　月　日**
生年月日 **3 2 5 . 0 1 . 0 3** 明治1、大正2、昭和3、平成4		円

	財産の価額の合計額（課税価格）	㉖	1 0 0 0 0 0 0 0
基礎の控除額	特定贈与者ごとの贈与税の課税価格の合計額（注1）	㉗	2 5 0 0 0 0 0 0
	相続時精算課税に係る基礎控除額（110万円×㉖÷㉗）（注2）	㉘	
	㉘の控除後の課税価格（㉖−㉘）	㉙	
特別控除額の計算	過去の年分の申告において控除した特別控除額の合計額（最高2,500万円）	㉚	
	特別控除額の残額（2,500万円−㉚）	㉛	1 0 0 0 0 0 0 0
	特別控除額（㉙の金額と㉛の金額のいずれか低い金額）	㉜	2 0 0 0 0 0 0
	翌年以降に繰り越される特別控除額（2,500万円−㉚−㉜）	㉝	
税額の計算	㉜の控除後の課税価格（㉙−㉜）【1,000円未満切捨て】	㉞	0 0 0
	㉞に対する税額（㉞×20％）	㉟	0 0
	外国税額の控除額（外国にある財産の贈与を受けた場合で、外国の贈与税を課せられたときに記入します。）	㊱	
	差引税額（㉟−㊱）	㊲	2 0 0 0 0 0 0

上記の特定贈与者からの贈与により取得した過去の相続時精算課税選択届出書の提出又は相続精算課税分の贈与税の申告状況	提出・申告した税務署名	提出・申告した年分	受贈者の住所及び氏名（「相続時精算課税選択届出書」に記載した住所・氏名と異なる場合にのみ記入します。）	
	○○署	平成・令和 **4**年分	東京都○○区○○1丁目○番○号	○○○○
	○○署	平成・令和 **5**年分	同上	○○○○
	○○署	平成・令和 **6**年分	同上	○○○○
	署	平成・令和　年分		

↑……上記の欄に記入しきれないときは、適宜の用紙に記載し提出してください。

(注1)　特定贈与者ごとの第二表の㉙の金額の合計額を記載します。
　　　　なお、年の中途において死亡した特定贈与者がいる場合には、その特定贈与者からの贈与により取得した財産の価額の合計額も加算します（その特定贈与者に係る第二表の作成の必要はありません。）。
(注2)　㉘欄の金額に1円未満の端数がある場合には、特定贈与者ごとの相続時精算課税に係る基礎控除額の合計額が110万円になるようにその端数を調整してください。

◎　上記に記載された特定贈与者からの贈与について初めて相続時精算課税の適用を受ける場合には、「相続時精算課税選択届出書」を必ず提出してください。なお、同じ特定贈与者から翌年以降財産の贈与を受けた場合には、「相続時精算課税選択届出書」を改めて提出する必要はありません。

＊ 税務署整理欄	整理番号		名簿		届出番号	−
	財産細目コード		確認			

＊ 欄には記入しないでください。

（資5−10−2−1−A4統一）（令6.12）

第5章　相続時精算課税の贈与税

④　特定贈与者の相続税額計算

1．相続税の課税価格

（1）財産を取得した場合（相法21の15）

　特定贈与者の相続税の課税価格の計算をする場合において、相続時精算課税適用者が、特定贈与者から相続または遺贈により財産を取得したときは、下記2の相続時精算課税適用財産のうち加算対象金額を、相続税の課税価格に加算して相続税額を計算します。

（2）財産を取得しなかった場合（相法21の16）

　特定贈与者の相続税の課税価格の計算をする場合において、相続時精算課税適用者が、特定贈与者から相続または遺贈により財産を取得しなかったときは、その者は、相続税の特定納税義務者に該当し、下記2の相続時精算課税適用財産のうち加算対象金額を、相続または遺贈により取得したものとみなして相続税額を計算します（第7章②2（5）参照）。

2．相続時精算課税適用財産のうち加算対象金額

　相続時精算課税適用財産のうち、特定贈与者の相続税の課税価格を加算する場合において、下記(4)の加算対象金額が課税価格に加算されます。
　(1)　令和5年12月31日以前の各年に特定贈与者から贈与により取得した財産の価額の累計額
　(2)　令和6年1月1日以後の各年に特定贈与者から贈与により取得した財産の価額から相続時精算課税の基礎控除額を控除した残額の累計額
　(3)　認定を受けた土地または建物の災害による被災価額
　(4)　加算対象財産＝(1)＋(2)－(3)

99

3．相続税の納付義務の承継等 （相法21の17）

（1）納付義務の承継等 （相法21の17③）

　特定贈与者の死亡以前に相続時精算課税適用者が死亡した場合には、その相続時精算課税適用者の相続人または包括受遺者は、死亡した者の相続時精算課税に係る相続税の納税義務または還付を受ける権利を承継します。

　ただし、死亡した者の相続人または包括受遺者のうちに特定贈与者がいる場合には、その特定贈与者はこれを承継しません。

（2）承継割合

　相続時精算課税適用者の相続人または包括受遺者が複数いる場合の承継割合は、特定贈与者がいないものとした場合の民法に規定する相続人が、その相続分に応じて承継します。

（3）再承継

　相続時精算課税適用者の権利または義務を承継した者が、特定贈与者の死亡前に死亡した場合には、その相続人または包括受遺者（特定贈与者を除く）がその権利または義務を承継します。

4．土地または建物の特例 （措法70の3の3）

（1）特例の概要

　相続時精算課税適用者が特定贈与者からの贈与により取得した土地または建物が、その贈与を受けた日からその特定贈与者の死亡に係る相続税の期限内申告書の提出期限までの間に、災害によって一定の被害を受けた場合において、その相続時精算課税適用者が、納税地の所轄税務署長の承認を受けたときは、その相続税の課税価格に加算するその土地または建物の価額はその贈与時の価額からその災害による被

100

第5章　相続時精算課税の贈与税

災価額を控除した残額とします。

　ただし、この特例は、その相続時精算課税適用者がその土地または建物をその贈与を受けた日からその災害が発生した日まで引き続き所有していた場合に限り適用されます。

※　令和5年12月31日以前に贈与により取得した土地または建物もこの規定の対象となりますが、災害については、令和6年1月1日以後に発生したものに限られます。

（2）災害の定義

　一定の災害とは、震災、風水害、冷害、雪害、干害、落雷、噴火その他の自然現象による災害および火災、鉱害、火薬類の爆発その他人為による異常な災害ならびに害虫、害獣その他の生物による異常な災害をいいます。

（3）一定の被害の定義

　一定の被害とは、災害により土地または建物が受けた物理的な損害をいい、その土地の贈与時の価額またはその建物の想定価額のうちに、その土地または建物の被災価額の占める割合が10％以上になる被害をいいます。

　なお、想定価額とは、その建物の災害発生日における一定の算式により計算した金額をいいます。また、被災価額とは、被害額から保険金などにより補填される金額を差し引いた金額をいい、その土地の贈与時の価額または建物の想定価額を限度とします。

5．贈与税額控除 （相法21の15、27）

　特定贈与者の相続税の課税価格の計算をする場合において、相続時精算課税適用者が、相続時精算課税適用財産につき課せられた贈与税の累計額は、相続税額から控除します。なお、相続税額から控除しきれない贈与税相当額については、還付を受けることができます。

101

5 住宅取得等資金の贈与の特例

1．規定の趣旨（措法70の3）

　相続時精算課税制度は、贈与年の1月1日における年齢60歳以上の特定贈与者を対象としています。ただし、贈与者の贈与年の1月1日における年齢が60歳未満であっても、下記2（2）の特定受贈者に対する一定の要件を満たす住宅取得等資金の贈与の場合には、相続時精算課税の規定を準用させて適用することを認めています。

2．住宅取得等資金の贈与の相続時精算課税の特例

（1）住宅取得等資金の贈与の相続時精算課税（措法70の3①）

　適用期間に、その年1月1日において60歳未満の者からの贈与により住宅取得等資金の取得をした下記（2）の特定受贈者が、その贈与による住宅取得等資金の取得日の翌年3月15日までに、その住宅取得等資金の全額を以下の①から③いずれかの対価に充てて、その住宅用家屋を自己の居住の用に供したとき、または同日後遅滞なく居住の用に供することが確実であると見込まれるときは、その特定受贈者については、相続時精算課税制度の規定を準用させて適用します。

①　住宅用家屋の新築、建築後未使用の住宅用家屋の取得またはこれらとともにするその敷地等の取得の対価

②　既存住宅用家屋の取得またはその取得とともにするその敷地等の取得の対価

③　自己の居住用の住宅用家屋の一定の増改築等またはその増改築等に伴う敷地等の取得の対価

※　ただし、特定受贈者と特別な関係のある者との請負契約等による新築もしくは増改築等または、これらの者からの取得は除きます。また、新築、取得、増改築等に先行してする敷地等の取得の対価を含みます。

102

第5章 相続時精算課税の贈与税

（2）特定受贈者の要件 （措法70の3③）

特定受贈者とは、次の要件を満たす者をいいます。
① 居住無制限納税義務者または非居住無制限納税義務者であること
② 住宅取得等資金の贈与者の直系卑属である推定相続人または孫であること
③ 贈与年の年1月1日において18歳以上であること

（3）住宅用家屋・増改築の要件

住宅用家屋の要件および増改築の要件は、直系尊属から住宅等取得資金の贈与を受けた場合の非課税の規定と同様の要件です（第4章6 2参照）。

3. 適用要件等

（1）申告要件 （措法70の3⑫）

この規定は、贈与税の期限内申告書に一定の事項を記載し、かつ、一定の書面を添付した場合に限り適用します（宥恕規定なし）。

（2）相続時精算課税選択届出書の提出 （相法21の9②）

この規定の適用を受けようとする者は、贈与税の期限内申告書の提出期限内に、住宅取得等資金の贈与者からのその年中における贈与により取得した財産について、相続時精算課税選択届出書を納税地の所轄税務署長に提出しなければなりません。

（3）時限立法

租税特別措置法のため、平成15年1月1日から令和8年12月31日までの間の贈与に適用される時限立法です。

103

6　暦年課税と相続時精算課税

1．相続税と贈与税の関係

（1）贈与税は相続税の補完税

　贈与税は、相続税を補完する税目といわれます。具体的には、贈与税は、以下のように相続税を補完しています。

①　暦年課税による補完

　相続税は、人の死亡を起因とする無償による財産の移転（相続、遺贈、死因贈与）に課税します。これに対して、贈与税は、生前の贈与契約を起因とする無償による財産の移転に課税することにより、相続税を補完しています。

　また、生前贈与加算制度の規定により、相続開始直前の一定の相続人に対する暦年課税による生前贈与財産は、贈与税ではなく相続税の課税をすることにより、贈与税と相続税を一体化して課税しています（第7章⑦参照）。

②　相続時精算課税による一体化課税

　特定贈与者と相続時精算課税適用者との間の生前贈与については、一定の贈与税を課税しますが、特定贈与者の相続時には、この相続時精算課税による生前贈与財産は、相続時精算課税適用者の相続税の課税価格として相続税が課税され、既に納付した贈与税を控除して相続税額を課税します。すなわち、相続時精算課税は、贈与税と相続税とを一体化して、最終的に相続税のみを課税します。

2．暦年課税と相続時精算課税の比較表

　暦年課税と相続時精算課税の贈与時の贈与税の課税関係、相続時の相続税の課税関係は、以下のとおりです。

第5章　相続時精算課税の贈与税

課税方法	受贈者の区分		贈与時の課税	相続開始時の課税	
				贈与時期	相続税課税
暦年課税	相続人以外の受贈者		暦年課税	全期間	課税なし
	相続人	相続財産取得なし			
		相続財産取得あり		7年前※	
				7年以内※	生前贈与加算
相続時精算課税	相続時精算課税適用者		相続時精算課税	選択以後全期間	相続時精算課税

※　令和6年1月1日以後の贈与は7年前と7年以内で、それ以前の贈与は3年前と3年以内です（第7章⑦5参照）。

3．暦年課税の長所と短所

（1）暦年課税の長所

　暦年課税の贈与には、以下のような長所があります。

①　贈与者と受贈者の制限がないこと

　暦年課税の贈与は、贈与者と受贈者との間柄に制限がありませんので、誰にでも生前に財産を贈与することができます。

②　相続税率よりも低い実効税率の贈与税ができること

　贈与税率は、相続税率に比し低い課税価格に対して高い超過累進税率となっていますが、贈与税の課税価格によっては、贈与税の実効税率が相続税の表面税率よりも低くなり、相続税額よりも低い贈与税額での財産の移転ができる場合があります。ただし、令和6年以降の贈与については、生前贈与加算の期間が相続開始前3年以内から7年以内に延長され、相続開始間際の生前贈与を規制する改正が行われました。

③ 生前贈与の加算対象とならない贈与があること

被相続人から相続開始前7年以内に生前贈与された財産であっても、贈与税のみで課税関係が完結され、生前贈与加算されない財産があります。たとえば、相続または遺贈により財産を取得しなかった相続人の受贈財産は加算されません。また、贈与税の配偶者控除、住宅取得等資金の贈与、教育資金および結婚・子育て資金の一括贈与の特例による非課税金額等は加算対象財産に該当しません。また、相続人以外の者の受贈財産は、当然、加算されません（第7章⑦4参照）。

（2）暦年課税の短所

暦年課税の贈与には、以下のような短所があります。

① 高額財産または不動産の贈与が困難なこと

高い贈与税率による贈与税が課税されるため、高額財産を一時に贈与することは困難です。また、不動産を少額ずつ、多年に分けて贈与すると不動産の登記簿謄本が複雑な表示になってしまうため、不動産の暦年贈与をすることは、現実的には、困難です。

② 少額財産も加算対象財産になること

生前贈与加算対象者の相続開始前7年以内の加算財産は、年110万円の基礎控除以下の財産も対象になるため、少額の財産の贈与も明確にしておかなければならないという煩雑さがあります。

③ 贈与財産の時価の下落等の可能性があること

生前贈与加算の期間が相続開始前7年以内に改正されたため、贈与財産が相続開始時に下落し、または、財産の運用の失敗等をした場合に、相続税の納税が困難になる可能性があるという短所があります。

第5章　相続時精算課税の贈与税

4．相続時精算課税の長所と短所

（1）相続時精算課税の長所

　相続時精算課税の贈与は、暦年課税の贈与に比し、以下のような長所があります。

①　値上がり前の価額で財産の贈与ができること

　同族会社の株式のように値上がりが見込まれる財産の贈与をすることにより、将来の相続時に課税される財産の価額ではなく、贈与時の価額で財産を移転することができます。また、高額財産の贈与も贈与税の資金調達ができれば、可能になります。

②　財産の有効利用ができること等

　高齢者である特定贈与者から、働き盛りの相続時精算課税適用者に財産の贈与をすることにより、贈与財産の自由な運用または贈与財産売却等による新たな事業の開業資金の取得等ができます。

　また、令和6年以後の贈与については、特定贈与者からの贈与財産の価額のうち年110万円の基礎控除額以下の金額は相続税の加算対象金額から除外されるという納税者に有利な改正が行われました。

③　法律行為の制限が回避できること

　特定贈与者が高齢になり法律的な判断能力等が低下する前に、次世代の相続時精算課税適用者に贈与をすれば、判断能力等の低下による法律行為の制限を受けることなく、資産の売却、借入による資産の購入等を行うことができます。

（2）相続時精算課税の短所

　相続時精算課税の贈与は、暦年課税の贈与に比し、以下のような短所があります。

①　贈与時の時価の下落等の可能性があること

　贈与から無期限に、贈与財産が贈与時の価額で相続税課税されるため、贈与財産が相続開始時に下落し、または、財産の運用を失敗等した場合に、相続税の納税が困難になる可能性があります。

107

ただし、令和6年1月1日以後、相続時精算制度により取得した土地または建物が、一定の災害により一定の被害を受けた場合には、贈与時の価額から被災価額を控除した残額が加算されるという納税者に有利な改正が行われました。

② 前払いの贈与税の資金調達が必要なこと

　相続時精算課税による贈与税を前払いしなければなりません。そのため、贈与税を納付するための資金を調達しなければなりません。

③ 暦年贈与が不適用となること等

　相続時精算課税選択届出書を提出した場合にはこの撤回ができません。また、届出をした年分から暦年課税の贈与の適用は受けられなくなります。

　また、期間に制限がないため、相続開始までのすべての期間の贈与の記録を保存しなければなりません。ただし、令和6年以降は、年110万円の基礎控除が創設されたため、少額の贈与については緩和されました。

👀 **実務の着眼点（「金額」と「残額」の違い）**

　税法の用語では、「金額」と「残額」は違う意味で使われます。収入金額1,000から必要経費1,200を控除した金額は−200です。一方、収入金額1,000から必要経費1,200を控除した残額はゼロです。「金額」の場合はマイナスのときもありますが、「残額」の場合は、ゼロ以下はすべてゼロになります。

第 6 章

相続税申告の流れ

　相続税の申告期限は、相続の開始を知った日の翌日から10か月以内です。相続が開始すると、まず、故人の葬式、納骨等をしなければなりません。次に、 3 か月以内に相続の限定承認や放棄の手続をし、遺産の整理をして相続財産を確定させ相続税額の計算をしなければなりません。また、相続税の優遇規定の適用を受けるためには、申告期限までに遺産分割が成立していなければなりません。10か月という期間は、決して余裕のある期間ではありません。

　本章では、相続開始から相続税を申告納付するまでの全体の流れを解説します。

1 相続開始から納骨までの流れ　110

2 相続税申告までの流れ　113

3 所得税等の準確定申告　115

4 財産目録の作成と遺産分割　119

5 相続税の申告と納付　121

① 相続開始から納骨までの流れ

１．相続開始から納骨までの手続

（１）納骨までの一般的な流れ（東京付近の仏式の例）

相続開始（被相続人の死亡）	49日以内							四十九日法要	墓地等へ納骨	香典返し（四十九日法要後）	一周忌（死後満一年目）	三回忌（死後満二年目）
	7日以内											
	死亡届の提出	火葬許可証の申請・交付	葬儀									
			通夜	葬式	火葬	初七日法要						

（２）相続開始時の手続

① 死亡診断書と死亡届

医師は、人の死亡を診断後、「死亡診断書」を作成します。「死亡診断書」の様式は、Ａ３横書きの用紙で、右面が「死亡診断書」、左面が「死亡届」になっています。

被相続人の遺族等は、被相続人の死亡を知った日から７日以内に「死亡届」を被相続人の本籍地等に届け出なければなりません。

また、死亡診断書は、相続税の申告やその他の相続手続において使用しますので、必ずコピーをして保存しておく必要があります。

② 火葬許可証

「死亡届」の届出人は、同時に「火葬許可証」を申請し交付を受けます。ただし、葬儀社に葬儀の手配等を依頼している場合には、通常、「死亡届」の届出と「火葬許可証」の申請は葬儀社が代行してくれます。

第6章　相続税申告の流れ

（3）葬式および埋葬等

被相続人の遺族等は、被相続人の葬式を行い、その後、墓地等へ納骨または埋葬をします。

東京都周辺の一般的な仏式の葬式の流れは、以下のとおりです。ただし、令和2年からのコロナ禍の影響などにより、家族葬や直葬にするなど葬式の方式も変化してきていますので、異なる方式になることもあります。

① 医師の死亡確認後、霊安室を確保した後に、依頼する葬儀社等を決めます。

② 菩提寺のお墓に納骨する場合には、遺族等が菩提寺に連絡します。菩提寺がない場合には、葬儀社にその旨を伝え僧侶の手配等をしてもらいます。

③ 葬儀場と斎場、通夜、告別式の日程を決め、訃報の通知をします。

④ 葬儀場で夕刻から通夜を行い、参列者に通夜振る舞いをします。

⑤ 翌日、告別式を行います。その後、斎場で火葬、骨上げをします。近年は、葬式に続けて、本来は7日後に行う初七日法要をあわせて行うこともあります。骨壺に収めたお骨は、自宅等に持ち帰ります。

⑥ 葬式の後、僧侶・親族により、初七日法要、四十九日法要を行い、骨壺に収めたお骨を墓地等に納骨します。

⑦ その後、死後満1年目に一周忌、満2年目に三回忌、満6年目に七回忌、12年目に十三回忌の法要などを行います。

（4）葬式費用

① 葬式費用の取扱い

葬式費用のうち一定のものについては、被相続人の本来の債務ではありませんが、相続税の課税価格の計算上、債務控除と同様に相続財産から控除することができます。

② 控除対象の葬式費用 （相基通13-4）

相続財産から控除することができる葬式費用には、菩提寺等への戒

111

名料、葬式、埋葬費用等のほか、通夜振る舞いの費用、葬式に伴う飲食等の費用、通夜、葬式の際に弔問者に渡す通常の返礼品等の費用などが含まれます。

③　領収書等の保存

葬式費用を課税価格から控除するためには、葬式等に係る領収書等を保存する必要があります。また、領収書等のない戒名料、お布施や葬式を手伝ってくれた方たちへの心づけなども、その支払日、内容、金額等の記録を残しておけば控除の対象となります。ただし、納骨に伴うお布施や納骨費用は控除できますが、四十九日法要以降の法要に係る費用等は控除することができません。

（5）香典と香典返し（相基通13-4）

通夜、告別式に参列した弔問者は、霊前に現金で香典等を供えます。受け取った香典等のうち社会通念上相当と認められるものは、贈与税の非課税になります。

遺族は、四十九法要の後に弔問者に対して、お礼の手紙とともに香典返しの品物を送付します。香典返しの品物の額は、香典の額の半返しともいわれています。なお、受け取った香典等が贈与税の非課税に該当しますので、香典返しの費用は、相続財産から控除することができる葬式費用にはなりません。

👀 実務の着眼点（香典袋）

仏教式の香典にあたるものは、神道式ならば「玉串料（たまぐしりょう）」、キリスト教式ならば「御花料（おはなりょう）」、無宗教ならば「御香料（ごこうりょう）」などといいます。「御霊前」の香典袋は、どの場合にも使えるともいわれますが、葬儀場等ではすべてをそろえているところもあります。事前に確認して、遺族に対して失礼のないよう配慮します。相続税法の通達等は、仏教式の葬式を例示して規定しています。仏教以外の宗教の場合は、仏教式の例示を参考にして葬式費用の判断をすることになります。

第6章　相続税申告の流れ

② 相続税申告までの流れ

相続開始（被相続人の死亡）	10か月以内							
	4か月以内							
	3か月以内							
	遺言書の有無の確認	相続の単純承認	相続の限定承認	相続の放棄	所得税等の準確定申告	財産目録の作成	遺産分割協議書※	相続税の申告納付※

※　10か月以内に、分割協議が調わないこともあります。その場合には、未分割による相続税の申告を作成し、申告期限までに相続税の申告をします。また、「申告期限後3年以内の分割見込書」を所轄税務署に届出をします。

1．遺言書の有無の確認

　生前に被相続人が遺言書を作成し、保管場所を相続人等に知らせていれば、遺言書はすぐに見つかります。しかし、そうでない場合は、相続人は、被相続人が遺言書を作成しているかどうかを確認する必要があります。

（1）公正証書遺言の有無の確認

　公正証書遺言は、日本公証人連合会がデータベースで管理していますので、被相続人が公正証書遺言を遺しているかどうかは、相続人等の利害関係者に限って、公証役場にある「遺言検索システム」で確認することができます。データ検索により、公正証書遺言が保管されていることが確認できた場合には、公証役場で公正証書遺言の正本の再発行を申請することができます。

（2）自筆証書遺言書保管制度による遺言書の有無の確認

　自筆証書遺言書保管制度による自筆証書遺言は、法務局がデータ

113

ベースで管理していますので、被相続人が自筆証書遺言を作成しているかどうかは、法務局で遺言書保管事実証明書の交付を請求することにより確認することができます。遺言書保管事実証明書により自筆証書遺言が保管されていることが確認できた場合には、遺言書情報証明書の交付を請求することにより、自筆証書遺言の内容を確認することができます。

（3）通常の自筆証書遺言

　被相続人が自筆証書遺言書保管制度によらない自筆証書遺言を作成していたとすると、その遺言書は被相続人の自宅あるいは別の場所に保管されているかもしれません。

　相続人は、被相続人の日記等を確認するなどして、書斎や金庫その他思い当たる場所を捜索しなければなりません。自筆証書遺言が見つかった場合には、遅滞なく家庭裁判所へ検認手続の申請をします。

2．相続の承認または放棄の手続

（1）相続の放棄と限定承認

　相続人は、被相続人の大まかな財産および債務の状況、遺言書の有無、遺言書がある場合はその内容を確認したうえで、相続の放棄または限定承認をする場合には、相続の開始を知った日から3か月以内に家庭裁判所に申述しなければなりません。なお、相続の開始を知った日から3か月以内に申述をしなかった場合には、相続人は、相続の単純承認をしたことになり、被相続人の財産に属した一切の権利および義務を包括的に承継することになります（第1章④2参照）。

（2）相続に関する法的な日数計算

　民法は、「相続開始から3か月以内」ではなく、「相続の開始を知った時から3か月以内」と規定しています。たとえば、子がいる夫婦が協議離婚し、子は母と一緒に暮らし、父とは疎遠になっていたとしま

第6章　相続税申告の流れ

す。その後、父が再婚し後妻との間に子が生まれた後に、父が亡くなったとします。このような場合には、相続人である先妻の子は、父の相続の開始をすぐに知ることができないかもしれません。

　そのため、相続に関する法的な権利義務の日数計算は、父の相続の開始を知った日から計算を開始することになり、これにより、法的な日数の平等を保っています。

③　所得税等の準確定申告

1．所得税等の準確定申告

（1）所得税等の確定申告の原則

　個人は、暦年（1月1日から12月31日）の所得に対して課税される所得税および復興特別所得税（以下、「所得税等」という）を計算して、確定申告期間（翌年2月16日から3月15日）に、所得税等の確定申告書を納税地の所轄税務署に申告し、所得税等を納付しなければなりません。

（2）所得税等の準確定申告の申告期限

　相続が開始した年については、相続人は、その年1月1日から死亡の日までの被相続人の所得に対して課税される所得税等を計算して、原則として、相続開始の日の翌日から4か月以内に所得税等の準確定申告書を、被相続人の納税地の所轄税務署に提出し、所得税等を納付しなければなりません。

（3）死亡した者の確定申告書付表の提出

　準確定申告書を提出する場合には、原則として、被相続人の共同相続人全員が「死亡した者の令和〇年分の所得税及び復興特別所得税の確定申告書付表」という国税の書類に連署して、所轄税務署に提出しなければなりません。

115

確定申告書付表には、被相続人の住所、氏名、死亡年月日、相続人代表者の氏名、相続人の続柄、生年月日、住所氏名等、納付する税金または還付される税金、還付される税金の受取口座等を記載します。

2．相続開始日後の遺産から生ずる所得の取扱い

相続開始年の1月1日から相続開始日までの被相続人の所得は、被相続人の準確定申告により申告されます。また、相続開始日の翌日から遺産分割協議が成立する日までの期間の被相続人の遺産から生ずる所得については、以下のとおりに申告します。

① 遺言書があり、その相続財産の取得者が特定している場合の所得

相続開始の翌日から、遺言による財産取得者にその所得が帰属するものとして所得税等の申告をします。

② 遺言書がなく、遺産分割協議成立前の期間の所得

遺産分割は、相続開始時にさかのぼってその効力を生じます（民法909）。

ただし、未分割財産に係る法定果実（被相続人の遺産から生ずる所得）は遺産そのものではないため、法定果実には、遺産分割の効果が及びません。

したがって、相続開始日の翌日から遺産分割成立の前日までの所得は、民法の法定相続分に応じて共同相続人に帰属しますので、共同相続人は各自の法定相続分に応じた所得を申告することになります（最判平17・9・8民集59・7・1931）。

③ 遺産分割協議成立日以後の所得

遺産分割協議成立後の所得については、遺産分割による財産取得者に帰属します。ただし、遺産分割による取得者は、上記②のとおり、未分割期間に係る法定果実を他の共同相続人に請求することはできません。

第6章 相続税申告の流れ

◆準確定申告書

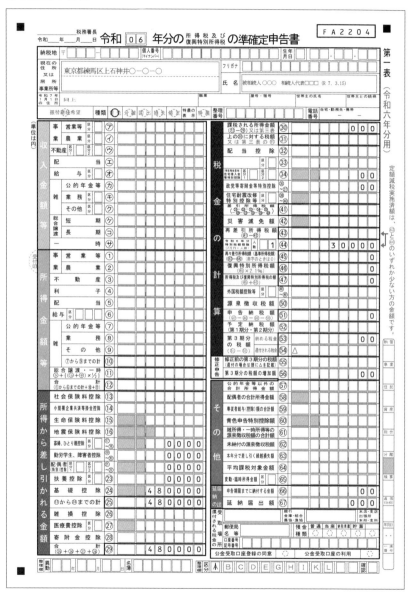

◆確定申告書付表

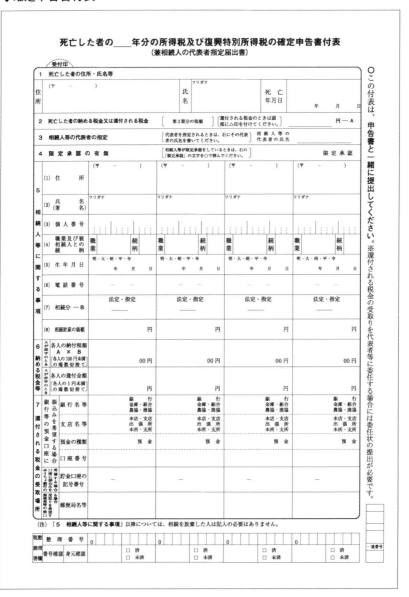

第6章　相続税申告の流れ

④　財産目録の作成と遺産分割

1．相続財産等の調査

　相続開始後は、被相続人の相続開始時におけるすべての財産および債務の調査をしなければなりません。相続税の申告期限は、相続の開始を知った日の翌日から10か月以内ですが、遺産分割をして、納税資金の確保をするには10か月間は決して余裕のある期間ではありません。

　相続開始後、被相続人の相続人や親族等は、被相続人の財産および債務の調査を行います。被相続人の預貯金の通帳に記載されているメモ等の内容、金融機関等からの郵便物、被相続人の日記やメモ等を確認して、被相続人の財産および債務等について漏れがないように調査を行う必要があります。特に、被相続人が1人暮らしであった場合等は、相続人や親族等は慎重に調査を行う必要があります。

　被相続人の財産および債務の調査は、被相続人の相続人や親族等が行うのが原則ですが、被相続人の財産および債務の金額が高額である場合等には、弁護士または税理士が、相続人から委任を受けて行うこともあります。

2．財産目録の作成

　調査により判明した被相続人の財産および債務ついて、財産評価基本通達に基づいて相続開始時の相続税評価額を計算します。そして、これを基礎として、被相続人の財産目録を作成します。

3．相続税額の試算と納税計画の検討

　上記2の財産目録をもとにして相続税の概算税額を試算します。そして、相続税の納税計画を検討します。

　被相続人の金融資産等の相続財産で相続税が納税できるのであれば問題ありませんが、そうでない場合には、不動産を売却して納付する、

119

または、延納制度により分割払いをする、もしくは、物納制度により物納するなどの方法を検討します。

不動産等の売却までに時間を要する場合には、不動産が売却できるまでの期間は、銀行等の融資を受けること等を検討する必要があるかもしれません。また、延納制度や物納制度を利用する場合には、相続税の申告期限までに申請をし、担保の提供をするなど煩雑な手続をする必要があります。

また、遺産分割の仕方によって相続税額が変化しますので、その点も考慮して、選択できる複数の方法の中から最良の方法を決定します。

4．遺産分割協議

被相続人が遺言書を作成していれば、各相続人は、その遺言書の内容に従って財産を取得します。しかし、遺言書が作成されていない場合には、上記2の財産目録を基礎として、共同相続人全員により遺産分割協議を行います。

5．遺産分割協議書の作成

共同相続人全員により、遺産分割協議が成立し各相続人の取得する財産が確定したら、遺産分割協議書を作成します。そして、共同相続人全員が、遺産分割協議書の氏名の後に市区町村に印鑑登録した印鑑（実印）を押印します。ただし、可能であれば氏名は署名します。

なお、一部の遺産について遺産分割協議が成立している場合には、一部遺産分割協議書を作成することもできます。

6．遺産分割と相続税

相続税の申告期限までに遺産分割協議が成立している場合には、相続税額の計算において、配偶者の税額軽減、小規模宅地等の評価減などの相続税の優遇規定の適用を受けることができ、相続税額が軽減されます。

第6章　相続税申告の流れ

　相続税の申告期限までに遺産分割協議が成立していない場合には、未分割による相続税の申告を作成し、申告期限までに申告を行います。また、所轄税務署に「申告期限後3年以内の分割見込書」の届出をして、その後、原則として3年以内に遺産分割が成立すれば、上記の相続税の優遇規定の適用を受けることができます。

5　相続税の申告と納付

1．申告納税方式の国税

　相続税は、申告納税方式の国税です。そのため、納税義務者である相続人自らが、相続財産の相続税評価額を計算し相続税申告書を作成して、所轄税務署に申告納付をしなければなりません。ただし、納税者自らが相続税申告書の作成が難しい場合には、税理士に税務代理を依頼することもできます。

2．相続財産の評価と相続税申告書の作成

　相続人等が取得した財産および債務について、相続開始時の相続税評価額を計算します。相続税評価額とは、相続税または贈与税の課税価格の計算の基礎となる財産および債務の価額で、原則として、国税庁が公表している評価通達に定められた方法により計算します。

　相続財産の評価額を計算した後、相続税額を算出し、相続税申告書を作成し、相続税額を計算します。

3．相続税の申告 （相法27①）

　相続税の納税義務者は、原則として、相続の開始を知った日の翌日から10か月以内に、相続税申告書を納税地の所轄税務署に提出しなければなりません。具体的には、相続開始を知った日から10か月後の応当日（同じ数字の日）が申告期限になります。

121

4．相続税の納付

（1）相続税の納付（相法33）

相続税の申告書を提出した者は、申告書の提出期限までに、申告書に記載した相続税額に相当する相続税を国に納付しなければなりません。

（2）納税資金の確保

相続税額が高額な場合には、納税資金の確保が重要になります。また、現金一時納付が困難な場合には、下記（3）の延納制度または物納制度による納付等を検討する必要があります。

（3）相続税の納付方法

相続税は、他の国税と同様に、現金での一時納付を原則としています。しかし、相続税の納税額は、多額になる場合があります。そのため、納税地の所轄税務署長は、納税者の申請より一定の要件を満たす場合には、延納（最長20年以内の年賦による納付）または物納（相続財産そのものによる現物納付）による納付の特例を認めることもあります。

👀 実務の着眼点（申告期限）

相続税の申告期限は、原則として相続の開始を知った日の翌日から10か月以内とされています。税法の申告期限の計算は、初日不算入として計算します。具体的には、早朝の午前3時に死亡した被相続人と夜の23時に死亡した被相続人のどちらも、死亡した日は申告期限の計算には算入させません。相続開始日の翌日の午前零時から期限の計算をします。したがって、相続税の申告期限は、相続の開始を知った日から10か月後の応当日（同じ数字の日）となります。ただし、その日が土日または祝日等の場合には、これらの日の次の平日が期限となります。この計算方法は、国税通則法第10条に規定されていて、贈与税その他の国税においてすべて同じ取扱いになります。

第 6 章　相続税申告の流れ

◆申告期限後 3 年以内の分割見込書

| 通信日付印の年月日 | （確　認） | | 番　　号 |
| 年　月　日 | | | |

被相続人の氏名 ＿＿＿＿＿＿＿＿＿＿＿＿

申告期限後 3 年以内の分割見込書

　相続税の申告書「第11表（相続税がかかる財産の明細書）」に記載されている財産のうち、まだ分割されていない財産については、申告書の提出期限後 3 年以内に分割する見込みです。
　なお、分割されていない理由及び分割の見込みの詳細は、次のとおりです。

　　1　分割されていない理由

　　2　分割の見込みの詳細

　　3　適用を受けようとする特例等

　　⑴　配偶者に対する相続税額の軽減（相続税法第19条の 2 第 1 項）
　　⑵　小規模宅地等についての相続税の課税価格の計算の特例
　　　　（租税特別措置法第69条の 4 第 1 項）
　　⑶　特定計画山林についての相続税の課税価格の計算の特例
　　　　（租税特別措置法第69条の 5 第 1 項）
　　⑷　特定事業用資産についての相続税の課税価格の計算の特例
　　　　（所得税法等の一部を改正する法律（平成21年法律第13号）による
　　　　改正前の租税特別措置法第69条の 5 第 1 項）

（資 4 － 21 － Ａ 4 統一）

第 7 章

相続税の概要と
課税価格

　相続税は、被相続人から相続または遺贈により財産を取得した者に課税されます。最初に、相続税の意義、納税義務者、納税地、申告納付などの相続税の概要について解説します。次に、相続税の税額計算について解説します。
　相続税の税額計算は、3段階の計算ステップを経て算出されます。
　第1段階は、相続税の課税価格の計算、第2段階は相続税の総額の計算、第3段階は各人の納付税額の計算です。
　本章では、3段階の計算ステップアップのうち、第1段階の相続税の課税価格の計算について解説します。

1 相続税の意義と税額計算の概要　126

2 相続税の納税義務者　127

3 相続税の納税地と申告納付　132

4 相続税の課税財産　134

5 相続税の非課税財産　138

6 債務控除・葬式費用　140

7 生前贈与加算　143

① 相続税の意義と税額計算の概要

1. 相続の意義と課税対象

（1）相続の開始と効果 （民法882、896）

　相続は、人の死亡により開始します。死亡した人を被相続人といいます。また、相続人は、相続開始の時から、被相続人の財産に属した一切の権利および義務を包括的に承継します。

（2）相続税の課税対象

　相続税は、人の死亡を起因とする個人間の無償による財産の移転に対して課税します。したがって、次の①から③の財産の移転が相続税の課税対象となります。

① 相続による財産の移転
② 遺贈による財産の移転
③ 死因贈与による財産の移転

　　※ 相続税法においては、遺贈には死因贈与を含み、贈与には死因贈与を含みません。

2. 相続税の税額計算

　相続税の税額計算は、以下の3段階の計算ステップを経て計算されます。

（1）第1段階（相続税の課税価格の計算）

　同一の被相続人から相続または遺贈により財産を取得した者等の課税価格を各人ごとに計算し、それを合計して相続税の課税価格の合計額を計算します。

（2）第2段階（相続税の総額の計算）

　課税価格の合計額から、遺産に係る基礎控除額を控除して課税遺産総額を計算し、相続税の総額を計算します。

126

（3）第3段階（各人の納付税額の計算）

相続税の総額を各人の課税価格の割合で按分して各人の算出税額の計算をし、その算出税額から、各人ごとに適用される税額控除額を控除して、各人の納付税額の計算をします。

3．相続税と贈与税の関係

（1）暦年課税制度との関係

令和6年1月1日以後の贈与については、相続または遺贈により財産を取得した者が相続開始前7年以内に被相続人から贈与により取得した贈与財産の贈与時の価額を、相続税の課税価格に加算して相続税を計算し、暦年課税制度の贈与税額を贈与税額控除することにより納付すべき相続税額を計算します。したがって、被相続人からの7年以内の贈与財産は、相続税の課税対象になります（本章7参照）。

（2）相続時精算課税制度との関係

相続時精算課税制度の適用を受けた贈与財産については、贈与財産の贈与時の価額のうち一定金額を、相続税の課税価格に加算して相続税を計算し、既に納付した相続時精算課税制度による贈与税額を控除して、納付すべき相続税額または還付を受ける相続税額を計算します。したがって、相続時精算課税制度の適用を受けた贈与財産のうち一定金額は、相続税の課税対象になります。

2　相続税の納税義務者

1．納税義務者と課税財産

（1）相続税の納税義務者 （相法1の3）

相続税の納税義務者は、被相続人から相続または遺贈により財産を

取得した個人です。ただし、被相続人から贈与により相続時精算課税の適用を受ける財産を取得した個人で、被相続人から相続または遺贈により財産を取得していない者は、特定納税義務者として相続税の納税義務者になります。

　相続税の納税義務者は、その者が相続または遺贈により財産を取得した時の住所の所在地、日本国籍の有無により、①居住無制限納税義務者、②非居住無制限納税義務者、③居住制限納税義務者、④非居住制限納税義務者および、⑤特定納税義務者の5種類の納税義務者に区分されます。

（2）納税義務者の種類と課税財産の範囲（相法2）

納税義務者の種類	課税財産の範囲
① 居住無制限納税義務者	取得したすべての財産
② 非居住無制限納税義務者	
③ 居住制限納税義務者	取得した国内財産のみ
④ 非居住制限納税義務者	
⑤ 特定納税義務者	相続時精算課税の適用を受けた財産

※　国内財産とは、日本国内にある財産をいいます。
※　例外的に、被相続人から遺贈により財産を取得した人格のない社団等または特定の一般社団法人等が、個人とみなされて相続税の納税義務者となる場合がありますが、本書では解説を省略します。

2．相続税の納税義務者の種類

　次の（1）から（4）の者は、相続税を納める義務があります。

（1）居住無制限納税義務者

　相続または遺贈により財産を取得した次に掲げる者であって、その財産を取得した時において日本に住所を有するものをいいます。

第7章　相続税の概要と課税価格

① 一時居住者でない個人。

　　※　一時居住者とは、相続開始の時において在留資格を有する者であって
　　その相続の開始前15年以内において日本に住所を有していた期間の合計
　　が10年以下であるものをいいます。

② 一時居住者である個人。ただしその相続または遺贈に係る被相
　続人（遺贈者を含む。以下同じ）が、外国人被相続人または非居
　住被相続人である場合を除きます。

　　※　外国人被相続人とは、相続開始の時において、在留資格を有し、かつ、
　　日本に住所を有していたその相続に係る被相続人をいいます。

　　※　非居住被相続人とは、相続開始の時において日本に住所を有していな
　　かったその相続に係る被相続人であって、その相続の開始前10年以内の
　　いずれかの時において日本に住所を有していたことがあるもののうち、
　　そのいずれの時においても日本国籍を有していなかったもの、または、
　　その相続の開始前10年以内のいずれの時においても日本に住所を有して
　　いたことがないものをいいます。

（2）非居住無制限納税義務者 (相法1の3二)

　相続または遺贈により財産を取得した次に掲げる者であって、その
財産を取得した時において日本に住所を有しないものをいいます。

① 日本国籍を有する個人であって次に掲げるもの。

　ア　その相続開始前10年以内のいずれかの時において日本に住所
　　を有していたことがあるもの。

　イ　その相続開始前10年以内のいずれの時においても日本に住所
　　を有していたことがないもの（その相続または遺贈に係る被相
　　続人が外国人被相続人または非居住被相続人である場合を除
　　く）。

② 日本国籍を有しない個人（その相続または遺贈に係る被相続人
　が外国人被相続人または非居住被相続人である場合を除く）。

129

（3）居住制限納税義務者 （相法1の3三）

　相続または遺贈により国内財産を取得した個人で、その財産を取得した時において日本に住所を有するものをいいます。ただし、上記（1）居住無制限納税義務者に該当する者を除きます。

（4）非居住制限納税義務者 （相法1の3四）

　相続または遺贈により国内財産を取得した個人で、その財産を取得した時において日本に住所を有しないものをいいます。ただし、上記（2）非居住無制限納税義務者に該当する者を除きます。

（5）特定納税義務者 （相法1の3五）

　贈与により相続時精算課税の規定の適用を受ける財産を取得した個人で、前述の（1）から（4）以外の者をいいます。つまり、相続時精算課税適用者で、特定贈与者である被相続人から相続または遺贈により財産を取得していない者をいいます。

　以下、本書では、（1）居住無制限納税義務者、（2）非居住無制限納税義務者および（5）特定納税義務者に限定して解説していきます。

第7章　相続税の概要と課税価格

◆納税義務者の判定フローチャート

(1) 相続人等が相続時に国内に住所を有する場合

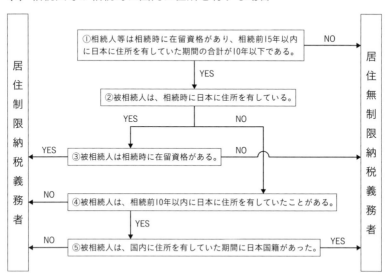

(2) 相続人等が相続時に国内に住所を有しない場合

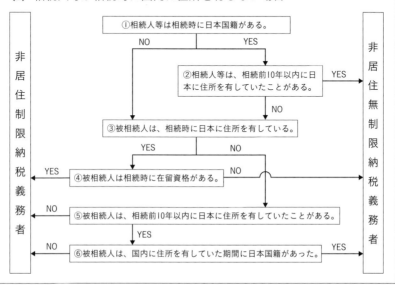

③ 相続税の納税地と申告納付

1．相続税の納税地

（1）相続税の納税地（相法附則3、相基通27-3、相法62）

　相続または遺贈により財産を取得した者および相続時精算課税適用者の被相続人の死亡の時における住所が日本国内にある場合においては、これらの者の申告すべき相続税に係る納税地は、被相続人の死亡の時における住所地になります。

2．相続税の申告

（1）申告書の提出義務（相法27①）

①　申告書の提出義務者

　被相続人から相続または遺贈により財産を取得した者および相続時精算課税適用者の各人の相続税の課税価格の合計額が、遺産に係る基礎控除額を超える場合において、納付すべき相続税額が算出される者は、相続税の申告書を納税地の所轄税務署に提出しなければなりません。

②　申告要件（相法19の2③、措法69の4⑦）

　配偶者の税額軽減の規定は、申告書の提出を要件としていますので、その適用を受けると納付すべき相続税額が算出されない場合であっても、その適用を受けないものとした場合に納付すべき相続税額が算出されるときは、申告書の提出が必要になります。

　また、小規模宅地等の特例なども申告書の提出を要件とする規定ですので、その適用を受けるためには、申告書の提出が必要になります。

（2）相続税申告書の提出期限（相法27①）

　相続税の申告期限は、相続の開始を知った日の翌日から10か月以内です。すなわち、相続開始日の10か月後の応当日までとなります。

第 7 章　相続税の概要と課税価格

（3）共同申告書の提出 （相法27⑤）

　同一の被相続人から相続または遺贈により財産を取得した者が 2 人以上の場合において、その申告書の提出先の税務署が同一であるときは、これらの者は、 1 つの相続税申告書により共同して提出することができます。納税地は、被相続人の住所地の所轄税務署ですので、多くの場合は、 1 つの申告書を提出することにより相続人全員の申告を共同で行うことになります。

3．相続税の納付

　相続税は、贈与税その他の国税と同様に、金銭での一時納付を原則としています。ただし、一定の要件を満たす場合には、延納による納付の特例、あるいは、被相続人から取得した相続財産そのもので納付する物納による納付の特例が認められています。

①　金銭一時納付の方法

　贈与税の納付と同様ですので、**第 3 章④**を参照してください。

　なお、納付書による納付の場合には、納付書に、被相続人の氏名、相続開始日も記載します。

②　延納による納付の特例の概要 （相法38①）

　相続税を金銭で一時に納付することが困難で、一定の要件を満たす場合には、納税者の申請により、その納付を困難とする金額を限度として、所轄税務署長の許可を受けて一定期間（最長20年間）に分割して年賦により納付することができます。

　なお、一定金額以上の延納の許可を受けるためには、延納税額に相当する担保の提供が必要となります。また、延納期間中は、一定の利子税が課されます。詳細については、省略します。

③　物納による納付の特例の概要 （相法41①）

　相続税を延納によっても金銭で納付することが困難で、一定の要件を満たす場合には、納税者の申請により、その納付を困難とする金額を限度として、所轄税務署長の許可を受けて、納税義務者が取得した

133

国債、地方債、不動産等の一定の国内財産を物納することにより納付することができます。詳細については、省略します。

④ 相続税の課税財産

1．相続税の課税財産

（1）相続税の課税財産の範囲 （相法2）

相続税の課税財産は、居住無制限納税義務者および非居住無制限納税義務者が相続または遺贈により取得したすべての財産と、居住制限納税義務者および非居住制限納税義務者が相続または遺贈により取得した国内財産をいいます。

国内財産とは、日本国内に所在する財産をいい、財産ごとの所在については、相続税法第10条（財産の所在）で規定しています。

（2）課税財産の種類

相続税の課税財産は、本来の相続財産と相続税法の規定によるみなし相続財産とがあります。また、本来の相続財産およびみなし相続財産のうち、非課税財産については、課税財産から除かれます。

2．本来の相続財産

（1）本来の相続財産 （民法896）

本来の相続財産とは、相続開始時に被相続人の財産に帰属する一切の権利義務で、相続人に承継されるものをいいます。本来の相続財産には、現預金、不動産、有価証券等の積極財産だけでなく、借入金や未払金などの消極財産も含まれます。

第7章　相続税の概要と課税価格

（2）財産の意義（相基通11の2-1）

　相続税法に規定する財産とは、金銭に見積ることができる経済的価値のあるすべてのものをいいます。そのため、財産には、物権、債権、無体財産権、信託受益権、電話加入権等、経済的価値のある営業権等も含みます。ただし、質権、抵当権等の従たる権利は、独立した財産にはなりません。

3．みなし相続財産の意義

　みなし相続財産とは、被相続人から相続または遺贈により取得した本来財産ではありませんが、実質的には相続または遺贈により取得した財産と同様の経済的効果を持つものをいいます。
　みなし相続財産のうち、生命保険金等および退職手当金等については、以下4、5で解説します。その他のみなし相続財産は、第15章で解説します。

4．生命保険金等

（1）発生事由（相法3①一）

　被相続人の死亡により、相続人等が生命保険金等を取得した場合は、これを相続または遺贈により取得したものとみなして取り扱われます。

（2）生命保険金等の意義

　生命保険契約の保険金または偶発的な事故に基因する損害保険契約の死亡保険金をいいます。

（3）課税関係

　保険金受取人が相続人（相続放棄者・喪失者を除く）の場合には相続により、相続人以外の場合には遺贈により、生命保険金等を取得したものとみなします。

135

（4）生命保険金等の価額

生命保険金等の価額は、生命保険金等の額で、保険金とともに支払いを受ける剰余金等は生命保険金等に含めます（相基通3‐8）。

（5）みなし財産の価額

生命保険金等の価額のうち被相続人負担保険料に対応する金額は、以下のとおり計算します。

$$（4）\times \frac{被相続人負担の保険料}{払込保険料の全額}$$

（6）生命保険金等の非課税金額 （相法12①五）

相続人（相続放棄者・喪失者を除く）が取得した生命保険金等には、下記の生命保険金等の非課税の規定があります。

① 非課税限度額

500万円×法定相続人の数※ ＝非課税限度額（A）

※ 相続税法第15条第2項の法定相続人の数をいいます。この場合の法定相続人の数は、相続の放棄がなかったものとし、養子については実子がいれば1人まで、実子がいなければ2人までとします（第8章[1]2参照）。

② 各取得者の非課税金額

ア 各取得者の取得した保険金の合計額（B）

イ 非課税金額

a （A）≧（B）の場合

各取得者の非課税金額＝各取得者の取得した保険金の金額（C）

b （A）＜（B）の場合

$$各取得者の非課税金額 ＝（A）\times \frac{（C）}{（B）}$$

第7章　相続税の概要と課税価格

５．退職手当金等 (相法3①二)

（１）発生事由 (相法3①二)

　被相続人の死亡により、相続人等が退職手当金等を支給された場合は、これを相続または遺贈により取得したものとみなして取り扱われます。

（２）退職手当金等の意義

　被相続人に支給されるべきであった退職手当金、功労金その他の給与で被相続人の死亡後3年以内に支給が確定したものをいいます。

（３）課税関係

　退職手当金等の受給者が相続人（相続放棄者・喪失者を除く）の場合には相続により、相続人以外の場合には遺贈により、退職手当金等を取得したものとみなします。

（４）退職手当金等の価額

① **退職手当金等の範囲** (相基通3-18)
　退職手当金等とは、被相続人に支給されるべきであった退職金、功労金その他これらに準ずる給与をいい、名義にかかわらず実質的に判断します。

② **弔慰金等の非課税** (相基通3-20)
　相続人等が勤務先等から受けた弔慰金等（香典等の金銭）が退職手当金等かどうかは実質的判断によります。不明な場合には、賞与以外の普通給与の半年分（業務上の死亡の場合には3年分）までの金額は非課税の弔慰金等とし、これを超える金額は退職手当金等とします。

（５）退職手当金等の非課税金額 (相法12①五)

　相続人（相続放棄者・喪失者を除く）が取得した退職手当金等には、下記の退職手当金等の規定があります。

137

① **非課税限度額**

500万円×法定相続人の数※ ＝非課税限度額（A）

※ 相続税法第15条第2項の法定相続人の数をいいます。この場合の法定相続
人の数は、相続の放棄がなかったものとし、養子については実子がいれば1
人まで、実子がいなければ2人までとします（第8章⓵2参照）。

② **各取得者の非課税金額**

ア 各取得者の取得した退職金の合計額（B）

イ 非課税金額

a （A）≧（B）の場合

各取得者の非課税金額＝各取得者の取得した退職金の金額（C）

b （A）＜（B）の場合

$$各取得者の非課税金額 ＝（A）× \frac{（C）}{（B）}$$

⓹ 相続税の非課税財産

1．相続税の非課税財産 （相法12）

相続税法は、被相続人から相続または遺贈により取得した本来相続
財産またはみなし相続財産であっても、社会政策的見地または国民感
情等を考慮して、非課税財産として相続税の課税をしない財産を規定
しています。

2．非課税財産の例示

(1) 皇位とともに皇嗣が受けた物 （相法12①一）

皇室の財産の規定ですので、民間には影響しません。

(2) 墓地・霊びょうおよび祭具等 （相法12①二）

※ 墓地等は、被相続人が生前に取得していれば非課税ですが、相続後に取得
する場合には、相続税の課税後の現預金で購入しなければなりません。また、
墓地の購入費用は、葬式費用として控除することができません。

第7章　相続税の概要と課税価格

(3)　一定の公益事業を行う者が取得した公益事業用財産（相法12①三）

※　宗教、慈善、学術その他公益を目的とする事業を行う者で一定の者が相続または遺贈により取得した財産で、その公益を目的とする事業の用に供することが確実なものをいいます。ただし、取得から2年以内に公益を目的とする事業の用に供していない場合には、課税価格に算入します。

(4)　心身障害者共済制度に基づく給付金の受給権（相法12①四）

※　地方公共団体が実施する心身障害者共済制度に基づき支給される給付金の受給権をいいます。

(5)　相続人が取得した生命保険金等のうち一定の金額（相法12①五）

※　4 4を参照してください。

(6)　相続人が取得した退職手当金等のうち一定の金額（相法12①六）

※　4 5を参照してください。

(7)　申告期限までに国等に贈与（寄附）した財産（措法70）

①　特定公益法人への相続財産の贈与

※　相続または遺贈により財産を取得した者が、その財産を申告期限までに国、地方公共団体、特定の公益法人等、特定非営利活動法人等に贈与した場合には、その贈与により贈与をした者またはその親族、その他特別の関係のある者の相続税または贈与税の負担が不当に減少すると認められる場合を除き、その財産の価額は、相続税の課税価格に算入しません。

②　特定公益信託への金銭の信託

※　相続または遺贈により財産を取得した者が、その取得した金銭を申告期限までに一定の特定公益信託の信託財産として支出した場合には、その支出により支出をした者またはその親族、その他特別の関係のある者の相続税または贈与税の負担が不当に減少すると認められる場合を除き、その金銭の価額は、相続税の課税価格に算入しません。

(8)　災害により被害を受けた財産等（災免法6、災免令12）

※　相続または遺贈により財産を取得した者が、その財産について、相続税の申告期限前に災害により甚大な被害を受けた場合において、一定の要件に該当するときは、相続税の課税価格に算入する価額は、その財産の価額から、その被害を受けた部分の金額を差し引いて計算することができます。

139

◉◉ 実務の着眼点（生命保険金等の非課税金額）

　相続人が相続により取得したものとみなされる生命保険金等と退職
手当金等については、相続税の非課税金額の規定の適用があります。
ただし、相続を放棄した者および欠格事由または排除により相続権を
失った者が取得した場合には、遺贈により取得したものとみなされ、
相続税の非課税金額の規定の適用がありません。この場合の相続放棄
者、相続権喪失者は、民法の規定により法的に放棄等した者に限定さ
れます。また、非課税金額の計算上500万円に乗ずる法定相続人の数
は、相続の放棄等により法定相続人の数を恣意的に増加させることを
抑止するため、放棄はなかったものとし、養子の数を制限した相続税
法第15条に規定する法定相続人の数としています。

⑥ 債務控除・葬式費用

1．債務控除 （相法13）

（1）債務控除

　相続または遺贈により財産を取得した相続人または包括受遺者が、
相続税の居住無制限納税義務者または非居住無制限納税義務者である
場合には、その者が負担した被相続人の債務で、相続開始の際現に存
するもの（公租公課を含む）および被相続人に係る葬式費用の金額は、
相続税の課税価格の計算上、控除することができます。なお、控除す
べき債務は、確実と認められるものに限られます。

※　相続または遺贈により財産を取得した者が、相続税の居住制限納税義務者ま
　たは非居住制限納税義務者である場合には、控除することができる債務に制限
　があります（相法13②）。ただし、本書では解説を省略します。

（2）控除することができる債務の具体例

　①　金融機関からの借入金、知人からの借入金

140

第 7 章　相続税の概要と課税価格

② 被相続人に係る未払いの資産の購入費用等

③ 未払いの医療費等

④ 相続開始時以前に納税義務の生じている未払いの固定資産税、
住民税等、延滞税等の租税公課

⑤ 被相続人の死亡後に納税義務が生じた準確定申告に係る所得税
等の租税公課

⑥ 被相続人の死亡後に納税義務が生じた被相続人の所得税等の修
正税額等の租税公課

⑦ 連帯債務のうち、被相続人が弁済すべき金額（相基通14- 3）

（3）控除することができない債務の具体例

① 相続財産の中から支弁する相続財産に関する費用

　ア 相続財産の管理費等

　イ 弁護士、税理士等への費用

　ウ 遺言執行費用等

② 非課税財産に係る費用

　ア 未払いの墓地購入費用等

　イ 未払いの仏壇購入費用等

③ 相続人等の責めに帰すべき延滞税、加算税等の附帯税

④ 主たる債務者の財産状態が良好な保証債務（相基通14- 3）

2．葬式費用

（1）葬式費用

　葬式費用は、被相続人の相続開始時の債務ではありません。しかし、
被相続人の死亡に伴い必然的に生ずる費用であるため控除することが
できます。

（2）控除することができる葬式費用の具体例（相基通13- 4）

① 仮葬式費用および本葬式費用

141

②　通夜、告別式および同日に行う初七日法要費用に係る費用（飲食費を含む）
③　埋葬、火葬、納骨の費用、遺骨の運搬費用
④　僧侶等に支払うお布施、戒名料その他の費用
⑤　遺体の捜索、遺体の運搬費用
⑥　相続放棄者または相続権喪失者が現実に葬式費用を負担した葬式費用（相基通13-1）

（3）控除することができない葬式費用の具体例 （相基通13-5）

①　香典返しの費用
②　墓碑、墓地の購入費
③　初七日法要費用等
④　医学上、裁判上など特別の処置に要した解剖費用等
⑥　制限納税義務者が負担した葬式費用

👀 実務の着眼点（墓地購入費など）

　相続税法は、被相続人が相続開始時に所有していた墓地等に対しては、国民感情等を考慮して相続税を課税しません。しかし、相続開始後に墓地等を取得した場合には、その墓地等の購入のための費用は相続財産から控除することができません。そのため、墓地等は、生前に購入したり、改修したりしたほうが相続税は少なくて済みます。また、祭具には、仏壇だけでなく仏像や輪（リン）なども含まれます。新聞等で純金製の輪の広告を見かけることがありますが、生前に購入した輪は祭具ですので、相続税の非課税財産として相続税は課税されません。ただし、日常的に使用していない場合等には課税されることもあります。

第 7 章　相続税の概要と課税価格

７　生前贈与加算

１．生前贈与加算 （相法19）

　令和 6 年 1 月 1 日以後の贈与については、相続または遺贈により財産を取得した者が、相続開始前 7 年以内に被相続人から贈与により財産を取得していた場合には、その者については、その財産の受贈時の価額（ 3 年以内取得財産以外の財産がある場合には、その合計額から100万円を控除した残額）を相続税の課税価格に加算して算出した相続税額から、その贈与財産に課税された贈与税額を贈与税額控除により控除した残額を、納付すべき相続税額とします。

　なお、令和 5 年12月31日以前の贈与については、相続開始前 3 年以内の贈与財産が加算対象でしたが、令和 6 年 1 月 1 日以後の贈与については、 7 年以内に改正されました。そのため、令和 6 年 1 月 1 日以後の加算対象額は、以下の①と②の合計額です。

①　相続開始前 3 年以内の贈与財産価額の合計額

②　相続開始前 4 年から 7 年以内の贈与財産価額合計額から100万円を控除した残額

２．加算対象者

　生前贈与加算の対象となる相続または遺贈により財産を取得した者には、以下の者も含まれます。

①　相続税の非課税財産のみを取得した者

②　非課税のみなし相続財産（生命保険金等）のみを取得した者

③　取得した財産よりも債務が多いため課税価格がゼロとなった者

④　相続時精算課税制度の適用を受けた者（特定納税義務者）

143

3．加算対象となる贈与財産

　生前贈与加算の対象になる財産は、取得した年分の暦年贈与の課税
価額に算入された財産で、以下のものも含まれます。

① 　暦年贈与税の基礎控除額（年110万円）以下のすべての贈与財産
② 　贈与財産の千円未満の端数金額
③ 　申告されていない贈与財産

　なお、令和6年1月1日以後は、相続開始前3年以内に取得した財
産以外の財産（相続開始前4年から7年以内に取得した財産）がある
場合には、その合計額から100万円を控除した残額が加算されます。

4．加算対象とならない贈与財産

① 　贈与税の非課税財産
② 　相続時精算課税対象財産
③ 　相続開始年分の贈与財産（相続財産に含める）
④ 　贈与税の配偶者控除の適用を受けて控除された金額
⑤ 　住宅取得等資金の贈与の適用を受けた非課税金額
⑥ 　教育資金の一括贈与の適用を受けた非課税金額
⑦ 　結婚・子育て資金の一括贈与の適用を受けた非課税金額

5．令和5年度税制改正後の加算対象年

　加算対象を相続開始前3年以内から相続開始前7年以内とする改正
は、令和6年1月1日以後の贈与により取得する財産について適用さ
れます。そのため、以下のとおり順次加算対象年が増えていきます。

第7章　相続税の概要と課税価格

◆生前贈与加算の対象年の推移

相続開始日	加算年数	R2	R3	R4	R5	R6	R7	R8	R9	R10	R11	R12	R13	R14
R5.1.1	3年	③	②	①	相									
R6.1.1	3年		③	②	①	相								
R7.1.1	3年			③	②	①	相							
R8.1.1	3年				③	②	①	相						
R9.1.1	3年					③	②	①	相					
R10.1.1	4年					④	③	②	①	相				
R11.1.1	5年					⑤	④	③	②	①	相			
R12.1.1	6年					⑥	⑤	④	③	②	①	相		
R13.1.1	7年					⑦	⑥	⑤	④	③	②	①	相	
R14.1.1	8年						⑦	⑥	⑤	④	③	②	①	相

※　「相」は相続開始年、丸数字は加算年数、網掛けは開始前4年から7年で100万円を控除する対象となる年を示します。

145

第 **8** 章

相続税の税額控除と納付税額

　本章では、第 7 章に引き続き、相続税の税額計算の 3 段階の計算ステップのうちの第 2 段階と第 3 段階の計算方法について解説します。

　第 2 段階は、相続税の総額の計算です。第 1 段階で計算した相続税の課税価格の合計額から、遺産に係る基礎控除額を控除した課税遺産総額を基礎として計算をします。

　第 3 段階は、各人の納付税額の計算です。相続税の総額を各相続人等の課税価格の割合に応じて計算した算出税額から、各相続人が該当する各種税額控除額を控除して計算します。

① 遺産に係る基礎控除と相続税の総額の計算　148

② 各人の算出税額の計算　154

③ 各人の納付すべき相続税額の計算の流れ　156

④ 相続税額の加算　157

⑤ 暦年課税分の贈与税額控除　158

⑥ 配偶者に対する相続税額の軽減　159

⑦ 未成年者控除と障害者控除　162

⑧ 相次相続控除と外国税額控除　164

1 遺産に係る基礎控除と相続税の総額の計算

1．遺産に係る基礎控除 （相法15①）

（1）遺産に係る基礎控除の意義

　相続税の課税価格の合計額から遺産に係る基礎控除額を控除して、課税遺産総額を計算します。課税遺産総額がマイナスであれば相続税は課税されません。したがって、遺産に係る基礎控除額は、相続税が課税されない限度額ともいえます。

（2）遺産に係る基礎控除額

　遺産に係る基礎控除額は、次の算式により計算した金額です。
　遺産に係る基礎控除額＝3,000万円＋（600万円×法定相続人の数※）
　※　法定相続人の数は、民法上の法定相続人の人数ではなく、下記2（4）の
　　相続税法第15条第2項に規定する相続税法上の法定相続人の数です。

2．相続税法上の法定相続人と法定相続人の数

（1）相続税法上の法定相続人の数の制限

　相続税法は、法定相続人と法定相続人の数について、民法と異なる扱いをする規定がいくつかあります。これらの規定は、被相続人が孫や子の配偶者等と養子縁組をしたり、相続人が故意に相続の放棄をしたりすることにより、意図的に相続人の人数を増やすなどして相続税の負担を軽減することを防止するために設けられています。

（2）民法上の相続人の範囲

　民法で規定する相続人を、法定相続人といいます。法定相続人は、相続権のある者をいい、相続を放棄した者および相続権を喪失した者も含みます。また、法定相続人の人数も同様です。

第8章　相続税の税額控除と納付税額

（3）相続税法上の相続人の範囲（相法3①）

① 相続税法上の相続人

　相続税法上の相続人は、原則として、相続を放棄した者および相続権を失った者を含みません（相法3①）。ただし、以下②の規定を適用する場合には、特例として相続を放棄した者および相続権を喪失した者を含みます。

② 相続放棄者と相続権喪失者を含める規定

　　ア　遺産に係る基礎控除（相法15）

　　イ　相続税の総額（相法16）

　　ウ　配偶者に対する相続税額の軽減（相法19の2①）

（4）相続税法上の法定相続人の数（相法15②）

① 相続税法上の法定相続人の数を適用する規定

　以下の相続税法の規定を適用する場合には、相続税法上の法定相続人の数によって計算します。なお、相続税法上の法定相続人の数は、税額計算上の養子の人数制限ですので、人数に含まれない養子を特定して区分する必要はありません。

　　ア　遺産に係る基礎控除の計算（相法15①）

　　イ　相続税の総額の計算（相法16）

　　ウ　生命保険金等の非課税限度額の計算（相法12①五）（**第7章**4 4参照）

　　エ　退職手当金等の非課税限度額の計算（相法12①六）（**第7章**4 5参照）

※　法定相続人の人数に含まれない養子であっても、以下の規定の適用判定においては、法定相続人として取り扱います。

　　①　未成年者控除（相法19の2①）（**本章**7 1参照）

　　②　障害者控除（相法19の4①）（**本章**7 2参照）

② 相続税法上の法定相続人の数

　相続税法上の法定相続人の数は、以下の要件を満たす法定相続人の人数をいいます。

　　ア　相続の放棄があった場合には、その放棄がなかったものとします。

149

イ　被相続人に実子がいる場合には、養子は1人だけとします。
　ウ　被相続人に実子がいない場合には、養子は2人までとします。
　※　上記のイ、ウの実子の有無の判定をする場合には、下記③の者を実子とみなして、養子の数を算定します。

③　**実子とみなされる者**（相法15③）
　ア　特別養子縁組（民法817の2①）により養子となった者
　イ　配偶者の実子で被相続人の養子となった者
　ウ　配偶者の特別養子縁組による養子で、被相続人の養子となった者
　エ　実子等の代襲相続人

（5）法定相続人の数に算入される養子の数の否認（相法63）

　法定相続人の数の計算において、養子の数を相続人の数に算入することが相続税の負担を不当に減少させる結果となると認められる場合には、税務署長は、その養子の数を算入しないで相続税法の規定を適用することができます。

3．相続税法上の法定相続人の数の具体例

（1）放棄がある場合（その1）

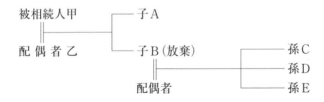

民　　法		相続税法	
法定相続人	相続分	法定相続人	相続分
配偶者乙 子A	$\frac{1}{2}$ $\frac{1}{2}$	配偶者乙 子A 子B	$\frac{1}{2}$ $\frac{1}{2} \times \frac{1}{2} = \frac{1}{4}$ $\frac{1}{2} \times \frac{1}{2} = \frac{1}{4}$
法定相続人の数	2人	法定相続人の数	3人

第8章 相続税の税額控除と納付税額

（２）放棄がある場合（その２）

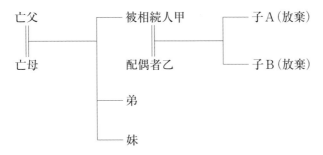

民　　法		相続税法	
法定相続人	相続分	法定相続人	相続分
配偶者乙 弟 妹	$\frac{3}{4}$ $\frac{1}{4}\times\frac{1}{2}=\frac{1}{8}$ $\frac{1}{4}\times\frac{1}{2}=\frac{1}{8}$	配偶者乙 子Ａ 子Ｂ	$\frac{1}{2}$ $\frac{1}{2}\times\frac{1}{2}=\frac{1}{4}$ $\frac{1}{2}\times\frac{1}{2}=\frac{1}{4}$
法定相続人の数	3人	法定相続人の数	3人

（３）実子がいる場合（養子は１人まで）

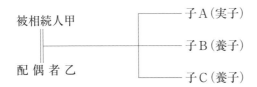

民　　法		相続税法	
法定相続人	相続分	法定相続人	相続分
配偶者乙 子Ａ（実子） 子Ｂ（養子） 子Ｃ（養子）	$\frac{1}{2}$ $\frac{1}{2}\times\frac{1}{3}=\frac{1}{6}$ $\frac{1}{2}\times\frac{1}{3}=\frac{1}{6}$ $\frac{1}{2}\times\frac{1}{3}=\frac{1}{6}$	配偶者乙 子Ａ（実子） 子Ｂ（養子） 子Ｃ（養子）	$\frac{1}{2}$ $\frac{1}{2}\times\frac{1}{2}=\frac{1}{4}$ $\left.\begin{array}{l}\\ \\\end{array}\right\}\frac{1}{2}\times\frac{1}{2}=\frac{1}{4}$
法定相続人の数	4人	法定相続人の数	3人

※　人数に含まれない養子の特定は不要です。

(4) 実子がいない場合（養子は2人まで）

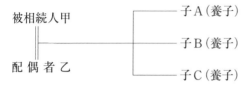

民　　法		相続税法	
法定相続人	相続分	法定相続人	相続分
配偶者乙 子A（養子） 子B（養子） 子C（養子）	$\frac{1}{2}$ $\frac{1}{2} \times \frac{1}{3} = \frac{1}{6}$ $\frac{1}{2} \times \frac{1}{3} = \frac{1}{6}$ $\frac{1}{2} \times \frac{1}{3} = \frac{1}{6}$	配偶者乙 子A（養子） 子B（養子） 子C（養子）	$\frac{1}{2}$ $\frac{1}{2} \times \frac{1}{2} = \frac{1}{4}$ $\frac{1}{2} \times \frac{1}{2} = \frac{1}{4}$
法定相続人の数	4人	法定相続人の数	3人

※　人数に含まれない養子の特定は不要です。

(5) 配偶者の実子で被相続人の養子となった場合

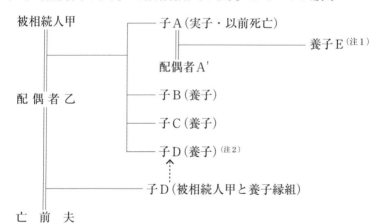

(注1) 養子Eは、子Aの生前に子Aおよび配偶者A'と養子縁組しており、実子Aの代襲相続人のため、実子とみなして養子の数を算定します。

(注2) 子Dは、配偶者乙の実子で被相続人の養子となっているため、実子とみなして養子の数を算定します。

第8章　相続税の税額控除と納付税額

民　　法		相続税法	
法定相続人	相続分	法定相続人	相続分
配偶者乙 養子E 子B（養子） 子C（養子） 子D（養子）	$\frac{1}{2}$ $\frac{1}{2} \times \frac{1}{4} = \frac{1}{8}$ $\frac{1}{2} \times \frac{1}{4} = \frac{1}{8}$ $\frac{1}{2} \times \frac{1}{4} = \frac{1}{8}$ $\frac{1}{2} \times \frac{1}{4} = \frac{1}{8}$	配偶者乙 養子E 子B（養子） 子C（養子） 子D（養子）	$\frac{1}{2}$ $\frac{1}{2} \times \frac{1}{3} = \frac{1}{6}$ $\left.\begin{array}{c}\\ \\ \end{array}\right\} \frac{1}{2} \times \frac{1}{3} = \frac{1}{6}$ $\frac{1}{2} \times \frac{1}{3} = \frac{1}{6}$
相続人の数	5人	法定相続人の数	4人

※　人数に含まれない養子の特定は不要です。

4．相続税の総額の意義（相法16）

　相続税の総額とは、被相続人の課税遺産総額を、相続税法上の法定相続人が法定相続分により取得したとした場合に算出される相続税額をいいます。そのため、計算された相続税額は、遺産分割による各相続人等の取得価額の影響を受けません。

5．相続税の総額の計算方法

　相続税の税額の計算方法は、以下のとおりです。

相続税の税額の計算方法
(1) 課税価格の合計額
(2) 遺産に係る基礎控除額　3,000万円＋600万円 × 法定相続人の数
(3) 課税遺産総額　(1) － (2)
(4) 各人の取得金額の計算 　　課税遺産総額 × 法定相続分＝各相続人の取得金額（千円未満切捨）
(5) 相続税の総額の計算 　①　各人の取得金額 × 相続税率＝各相続人の相続税額 　②　相続税の総額＝各相続人の相続税額（①）の合計額（百円未満切捨）

153

6．相続税の税率と速算表

【相続税の速算表】

法定相続分の各相続人の取得価額		税率	控除額
	1,000万円以下	10％	－
1,000万円超	3,000万円以下	15％	50万円
3,000万円超	5,000万円以下	20％	200万円
5,000万円超	1 億 円以下	30％	700万円
1 億 円超	2 億 円以下	40％	1,700万円
2 億 円超	3 億 円以下	45％	2,700万円
3 億 円超	6 億 円以下	50％	4,200万円
6 億 円超		55％	7,200万円

② 各人の算出税額の計算

1．各人の算出税額の計算

　各相続人または受遺者の算出税額は、相続税の総額に、各相続人等が取得した各人の課税価格が課税価格の合計額のうちに占める割合（按分割合）を乗じた金額となります。

$$相続税の総額 \times \left\{ \frac{各相続人の課税価格}{課税価格合計額} \right\} = 各相続人の算出税額$$

※　按分割合に小数点以下2位未満の端数がある場合には、合計が1.00になるように端数処理をします。

第 8 章　相続税の税額控除と納付税額

2．各人の算出相続税額の計算例

【設　例】

被相続人甲の相続人は、配偶者乙、子 A および子 B である。各人の相続税の課税価格が以下のとおりである場合の相続税の総額と各人の算出相続税額を計算しなさい。
① 　配偶者の課税価格　　　　　1 億円（40%）
② 　子 A の課税価格　　　　8,000万円（32%）
③ 　子 B の課税価格　　　　7,000万円（28%）
④ 　課税価格の合計額　　2 億5,000万円（100%）

【計算方法】

1．相続税の総額の計算
（1）課税価格の合計額　　　2 億5,000万円
（2）遺産に係る基礎控除額
　　　3,000万円＋600万円×法定相続人の数（3 人）＝4,800万円
（3）課税遺産総額　　（1）－（2）＝2 億200万円
（4）各人の取得金額の計算
　　　　　　　　　　　　配偶者1/2＝ 1 億100万円（千円未満切捨）
　（3）×　　　　子 A 　1/4＝ 　5,050万円（千円未満切捨）
　　　　　　　　　　子 B 　1/4＝ 　5,050万円（千円未満切捨）
（5）相続税の総額の計算
　① 　各相続人の相続税額
　　　配偶者 1 億100万円×40%－1,700万円＝2,340万円
　　　子 A 　　　　5,050万円×30%－700万円＝ 　815万円
　　　子 B 　　　　5,050万円×30%－700万円＝ 　815万円
　② 　相続税の総額＝各人の相続税額の合計額
　　　2,340万円＋815万円＋815万円＝3,970万円（百円未満切捨）

155

2．各人の算出税額

配偶者 ⎱
子 A ⎰ 3,970万円 × ⎧ 40％ ＝ 1,588.0万円
子 B ⎱ ⎨ 32％ ＝ 1,270.4万円
⎩ 28％ ＝ 1,111.6万円

③ 各人の納付すべき相続税額の計算の流れ

各人の納付すべき相続税額は、下記のとおりに計算します。

なお、下記(4)相続税の税額控除は、①から⑥の順序で控除します。控除額累計が(3)相続税額加算後の算出税額に達すると、下位の順位の税額控除は適用されず、納付すべき相続税はゼロになります。

ただし、(5)相続時精算課税分の贈与税額控除は、(3)相続税額加算後の算出税額から(4)相続税の税額控除額を控除した残額から控除します。控除後の金額がプラスであれば、各相続人の納付すべき相続税額（百円未満切捨）が計算され、控除後の金額がマイナスであれば各相続人の還付される相続税額（端数処理なし）が計算されます。

(1) 各相続人等の算出相続税額（相法17）

(2) 相続税額の加算（相法18）

(3) 相続税額加算後の算出税額

(4) 相続税の税額控除

　① 暦年課税分の贈与税額控除（相法19）

　② 配偶者に対する相続税額の軽減（相法19の2）

　③ 未成年者控除（相法19の3）

　④ 障害者控除（相法19の4）

　⑤ 相次相続控除（相法20）

　⑥ 外国税額控除（相法20の2）

(5) 相続時精算課税分の贈与税額控除（相法27③、33の2）

(6) 各相続人等の納付すべき（還付される）相続税額

第8章　相続税の税額控除と納付税額

④　相続税額の加算 （相法18）

1．規定の趣旨

　相続または遺贈により財産を取得した者が、被相続人の一親等の血族等および配偶者以外の者の場合は、財産取得に偶然性が高いこと、また、孫への遺贈は相続税の課税が1回少ないこと等により、これらの者の納付すべき相続税額は、その者の算出税額にその2割相当額を加算した金額とされています。

2．加算の対象者と加算額

（1）加算対象者

　次の①被相続人の一親等の血族または②被相続人の配偶者のいずれかに該当する者以外の者は、相続税の加算対象者となります。

　したがって、養子縁組をした代襲相続人でない孫養子、祖父母、兄弟姉妹等は、2割加算の対象になります。

① 被相続人の一親等の血族

　民法上の一親等の血族は、父母および子になりますが、この規定の一親等の血族は、以下の点が異なります。

　　ア　被相続人の代襲相続人となった被相続人の直系卑属を含みます。

　　イ　被相続人の養子のうち、代襲相続人以外の直系卑属は、含まれません。

　　※　相続時精算課税適用者の場合は、被相続人の一親等の血族であった期間に受贈した財産に対応する相続税額については加算対象となりません（相法21の15②、相法21の16②）。

② 被相続人の配偶者

（2）加算額

　加算対象者の算出税額の100分の20に相当する金額を加算します。

157

5 暦年課税分の贈与税額控除 （相法19）

1．規定の趣旨と改正

（1）規定の趣旨

　暦年課税制度の贈与税は、相続の開始直前に被相続人から贈与された財産については、その贈与財産の価額を相続税の課税価格に加算して、相続税を課税します。そして、その贈与財産に課税された贈与税額は、贈与財産加算後の相続税額から贈与税額控除により控除し、控除した残額が納付すべき相続税額となります。

　この規定は、被相続人から相続または遺贈により財産を取得した者が対象になります。

（2）令和5年度税制改正

　令和5年12月31日までの贈与については、相続開始前3年以内の贈与財産が加算されていました。しかし、令和5年度の税制改正により、令和6年1月1日以後の贈与については、相続開始前7年以内の贈与財産が加算されることになりました。また、相続開始前4年から7年以内の贈与財産の贈与時の価額から100万円が控除されることになりました。

2．暦年課税分の贈与税額控除 （相法19）

（1）贈与税額控除

　令和6年1月1日以後、相続または遺贈により財産を取得した者が、相続の開始前7年以内に被相続人から贈与により財産を取得したことがある場合には、その者は、その財産の受贈時の価額（相続開始前3年以内取得財産以外の財産がある場合には、その合計額から100万円を控除した残額）を相続税の課税価格に加算して算出した相続税額か

第8章　相続税の税額控除と納付税額

らその贈与財産に課税された贈与税額を贈与税額控除により控除した
残額を納付すべき相続税額とします。

（2）加算対象期間の改正

令和5年12月31日以前は、相続開始前3年以内の贈与財産が加算対
象でしたが、令和6年1月1日からは、7年以内に改正されました。

（3）改正後の加算額

令和5年度の税制改正後の令和6年1月1日以降の相続については、
加算額は、以下の①と②の合計額です。
① 　相続開始前3年以内に贈与された財産の贈与時の価額の合計額
② 　相続開始前4年から7年以内に贈与された財産の贈与時の価額
　　から100万円を控除した残額

⑥　配偶者に対する相続税額の軽減（相法19の2）

1．規定の趣旨

配偶者は、被相続人と共同して財産形成をしてきたことや、同一世
代間の財産移転であることなどにより、配偶者の相続税の額の軽減の
規定を設けています。そのため、配偶者は、被相続人の相続財産のう
ち1億6,000万円または相続財産の1/2相当額までを取得しても相続
税は課税されません。

2．適用対象配偶者

被相続人の戸籍上の配偶者が対象となります。無制限納税義務者ま
たは制限納税義務者であるかを問いません。また、配偶者が相続の放
棄をした場合にも適用があります。

159

3．配偶者の軽減税額の計算方法

[計算式]

> (1) 相続税の総額
> (2) 分子の金額
>   ① 配偶者の法定相続分
>   ア 課税価格の合計額×配偶者の法定相続分
>   イ 1億6,000万円
>   ウ アとイのいずれか多い金額
>   ② 配偶者の課税価格
>   ア 分割取得財産の価額
>   イ 負担の確定した債務・葬式費用の額
>   ウ 純資産に加算される暦年課税分の贈与財産価額
>   エ ア−イ＋ウ
>   ③ ①と②のいずれか少ない金額
> (3) 配偶者の軽減税額
>
> $$(1)相続税の総額 \times \frac{(2)}{課税価格の合計額}$$

4．配偶者の隠ぺい仮装行為による未申告財産がある場合

（1）隠ぺい仮装行為による場合

　配偶者が、隠ぺい仮装行為により申告をしなかった課税財産が、税務調査で判明したなどの場合の配偶者の軽減税額の計算方法は、以下のとおりです。

　上記3の計算式のうち、(1)相続税の総額は、配偶者の隠ぺい仮装行為による金額を除いて計算した金額とします。また、(2)①アの課税価格の合計額、(2)②の配偶者の課税価格の金額からも、隠ぺい仮装行為による金額を除いて計算します。したがって、隠ぺい仮装行為に対応する税額には、税額軽減は適用されないことになります。

第8章　相続税の税額控除と納付税額

（2）隠ぺい仮装行為

隠ぺいとは、真実を故意に隠すことをいい、仮装とは、虚偽の事実を装うことをいいます。税負担を減らすために隠ぺい仮装行為が行われた場合には、増差税額に対して、原則として35％の重加算税（無申告の場合には40％）が、ペナルティーとして課税されます。

5．申告書の提出

この規定の適用を受けるためには、納付すべき税額の有無にかかわらず、相続税の期限内申告書（期限後申告書および修正申告書を含む）を提出しなければなりません。

6．未分割財産の不適用

（1）未分割財産の不適用

この規定は、配偶者が遺産分割等により取得した財産について適用され、未分割財産に対しては適用されません。

（2）3年以内の遺産分割

ただし、相続税の申告期限までに、「申告期限後3年以内の分割見込書」を提出した場合において、申告期限の翌日から3年以内に分割された場合には、更正の請求書を提出することにより、この規定の適用を受けることができます。

（3）やむを得ない事由がある場合

また、申告期限後3年経過日の翌日から2か月以内に所轄税務署長に対して「遺産が未分割であることについてやむを得ない事由がある旨の承認申請書」を提出した場合には、更正の請求書を提出することにより、この規定の適用を受けることができます。

161

⑦ 未成年者控除と障害者控除

1．未成年者控除 （相法19の3）

（1）規定の趣旨

　未成年者が、法定相続人として相続または遺贈により財産を取得する場合は、親を早くに亡くし、その後も教育費や生活費もかかることが想定されます。そのため、未成年者の生活を安定させるため、成人に達するまでの年数に応じて相続税の負担を軽減させるための税額控除です。

（2）控除金額

　相続または遺贈により財産を取得した者が、被相続人の法定相続人で、かつ、未成年者である場合には、その者の算出税額から満18歳に達するまでの1年につき10万円を乗じた金額を控除します。

　ただし、令和4年3月31日以前開始の相続については、満20歳に達するまでの年数です。

　なお、実子がいる場合で養子が2人以上いるとき、または実子がいない場合で養子が3人以上いるときでも、その養子は法定相続人に該当します。

（3）控除額の計算例

　満10歳3か月の相続人の控除額は、以下のとおり計算します。

① 18歳に達するまでの年数

　10歳3か月の相続人が満18歳になるまでの期間は7年9か月です。18歳に達するまでの年数に1年未満の端数がある場合には、これを18歳に達するまでの1年として計算しますので、年数は8年となります。そのため、この年数は、月数は考慮せずに、18歳からその相続人の年齢10歳を控除した8年と計算することができます。

第 8 章　相続税の税額控除と納付税額

②　控除額の計算例

10万円 × （18歳 − 未成年者の年齢10歳） ＝ 80万円

（4）控除不足額の取扱い

　未成年者控除は、相続人である未成年者の算出税額から控除します。しかし、その未成年者から控除しきれない金額があるときは、未成年者の扶養義務者の算出税額から控除することができます。扶養義務者が複数人いる場合には、扶養義務者全員の協議により控除額を定めます。扶養義務者とは、配偶者および民法第877条に規定する親族（直系血族および兄弟姉妹）をいいます（第3章⑦参照）。

2．障害者控除（相法19の4）

（1）規定の趣旨

　相続または贈与により財産を取得した者が障害者である場合には、医療費や療養費の負担が大きいと想定されます。そのため、障害者の生活を安定させるため、満85歳に達するまでの年数に応じて相続税の負担を軽減させるための税額控除です。

　なお、実子がいる場合で養子が2人以上いるとき、または実子がいない場合で養子が3人以上いるときでも、その養子は法定相続人に該当します。

（2）控除金額（相法19の4）

　相続または遺贈により財産を取得した者が、被相続人の法定相続人で、かつ、85歳未満の障害者である場合には、その者の算出税額から満85歳に達するまでの1年につき10万円（特別障害者は20万円）を乗じた金額を控除します。

※　障害者とは、精神または身体に障害のある者で一定のものをいい、特別障害者とは、障害者のうち精神または身体に重度の障害がある者で一定のものをいいます（相基通19の4-1、19の4-2）。

163

（3）控除額の計算

① 一般障害者　10万円 × （85歳 − その障害者の年齢）
② 特別障害者　20万円 × （85歳 − その障害者の年齢）

（4）控除不足額の取扱い

　障害者控除は、相続人である障害者の算出税額から控除します。しかし、その障害者から控除しきれない金額があるときは、障害者の扶養義務者の算出税額から控除することができます。扶養義務者が複数人いる場合には、扶養義務者全員の協議により控除額を定めます。

8　相次相続控除と外国税額控除

1．相次相続控除（相法20）

（1）規定の趣旨

　被相続人が、相続（第二次相続）開始前10年以内に開始した別の被相続人から相続（第一次相続）により取得した相続財産は、10年間のうちに2回の相続税の課税を受けることになります。そのため、10年以内に開始した第一次相続で納付した相続税額を第一次相続開始年から1年ごとに10分の1ずつ低減させた金額を、被相続人が第一次相続で取得した財産を取得した相続人の第二次相続の算出税額から控除して、税負担の緩和をするための税額控除が手当てされています。

（2）相次相続控除の適用対象者

　相続または遺贈により財産を取得した被相続人の民法に規定する相続人が対象者です。そのため、相続放棄者および相続権喪失者には適用がありません。

（3）適用要件

　被相続人が第二次相続開始前10年以内に開始した第一次相続により財産を取得し、その財産につき課せられた相続税額があることが適用条件となります。

（4）控除税額

① 控除額の計算式

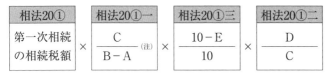

（注）この算式で求めた割合が $\frac{100}{100}$ を超える場合には、$\frac{100}{100}$ とします。

② 計算式の記号の意味

　A…被相続人が第一次相続により取得した財産につき課せられた相続税額

　B…被相続人が第一次相続により取得した財産の価額（債務控除後）

　C…第二次相続により相続人および受遺者の全員が取得した財産の価額の合計額（債務控除後）

　D…第二次相続によりその控除対象者が取得した財産の価額（債務控除後）

　E…第一次相続開始時から第二次相続開始時までの期間に相当する年数（1年未満切捨）

(5) 具体例

① 被相続人甲は、令和7年8月10日に死亡しました。相続人等は次のとおりです。

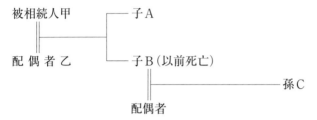

② 被相続人甲は、令和3年6月3日に、被相続人甲の父の死亡により、次の財産を取得し、相続税を納付しました。
　Ⓐ甲の第一次相続税額　　　　　　　　　8,000万円
　Ⓑ甲の第一次相続時の債務控除後財産額2億8,000万円

③ 被相続人甲の相続に係る課税価格は次のとおりです。

区　　分	配偶者乙	子A	孫C	合計
財産の価額	9,500万円	7,000万円	6,000万円	2億2,500万円
債務控除額	△500万円	△1,000万円	△1,000万円	△2,500万円
課税価格	Ⓓ9,000万円	Ⓓ6,000万円	Ⓓ5,000万円	Ⓒ2億円

《相次相続控除額の計算》

① 控除額の総額

$$8,000万円Ⓐ \times \frac{2億円Ⓒ}{2億8,000万円Ⓑ - 8,000万円Ⓐ} \left[\frac{100}{100}\right] \times \frac{10 - 4^※}{10} = 4,800万円$$

※　R3年6月3日～R7年8月10日　4年2か月→4年（1年未満切捨）

②　各人の控除額

$$\text{配偶者} \quad 4,800万円 \times \frac{9,000万円 ⑩}{2億円 ⓒ} = 2,160万円$$

$$\text{子A} \quad 4,800万円 \times \frac{6,000万円 ⑩}{2億円 ⓒ} = 1,440万円$$

$$\text{孫C} \quad \frac{5,000万円 ⑩}{2億円 ⓒ} = 1,200万円$$

2．外国税額控除（相法20の2）

（1）規定の趣旨

　無制限納税義務者が、相続または遺贈により在外財産（法施行地外の外国にある財産）を取得した場合において、その財産に対して外国の法令により相続税に相当する租税（外国税額）が課税されたときは、その在外財産を取得した者の算出税額からその外国税額を控除して、国際間の二重課税を排除するための税額控除です。

（2）控除対象者

　下記（3）の適用要件を満たす在外財産を取得した者が控除対象者です。

（3）適用要件

　相続または遺贈（相続開始の年にその相続に係る被相続人から受けた贈与を含む）により、法施行地外にある財産を取得した場合において、その財産についてその地の法令により相続税に相当する税が課せられたときです。

（4）控除額

①または②のいずれか低い金額が控除額です。

①　外国の法令により課税された外国税額

②　対象者の算出相続税額 × $\dfrac{在外財産の価額}{対象者の課税価格合計額}$

（5）邦貨換算方法 （相基通20の2-1）

外国税額は、原則として、その地の法令により納付すべき日とされている日における対電信売相場（T.T.S）により邦貨に換算します。

第 9 章

相続税申告書作成演習

　第7章と第8章で、相続税額の3段階の計算プロセスについて解説しました。そこで本章では、相続の演習問題を用意しましたので、実際に相続税額の計算を体験していただきたいと思います。

　親族関係図で相続人を確定し、分割協議書の相続人の取得財産をもとに、計算過程を示しながら各人の納付すべき相続税額の計算を解説します。また、⑧でこの演習問題による相続税の主な申告書の記載例を示しています。

1 相続税額計算の流れ　170

2 相続税申告書の記載方法　172

3 被相続人とその親族の状況　175

4 遺産分割の内容と相続税評価額　177

5 相続税の課税価格の計算　180

6 相続税の総額の計算　183

7 各人の納付税額の計算　184

8 相続税申告書の記載例　186

① 相続税額計算の流れ

1．相続税額計算の流れと申告書等の様式

相続税申告書は、国税庁が公表している相続税の申告書等の様式に必要事項を記載して作成します。申告書等の様式には、第1表から第15表、付表などがあります。そのうち第1表（相続税の申告書）が、第2表以下の様式に記載された相続財産の明細や相続税額の計算過程を集約した主要な様式になります。相続税の税額の計算の各段階における計算の流れと、記載すべき相続税の申告書等の様式は、以下のとおりです。

（1）第1段階（相続税の課税価格の計算）

各人の相続税の課税価格の計算	申告書等の様式
① 本来の相続財産の価額	第11表の付表1～4
② みなし相続財産の価額	
・生命保険金等	第9表
・退職手当金等	第10表
・その他みなし相続財産	第11表の付表
③ 小規模宅地等の評価減	第11・11表の2表の付表1
④ 相続時精算課税適用財産の価額	第1の2表
⑤ 債務および葬式費用の額	第13表
⑥ 純資産価額に加算される暦年課税贈与財産価額	第14表
⑦ 各人の課税財産の金額 ①+②+③+④-⑤+⑥＝×××	
相続税の課税価格の計算	
各人の相続税の課税価格⑦の合計額	第11表、第15表

170

第9章　相続税申告書作成演習

（2）第2段階（相続税の総額の計算）

相続税の総額の計算	申告書等の様式
① 課税価格の合計額 ② 遺産に係る基礎控除額 　3,000万円＋600万円×法定相続人の数※ 　※ 法定相続人の数は、相続税法第15条第2項の人数です。 ③ 課税遺産総額　①－②＝××× ④ 各相続人等の取得金額 　③×法定相続分　＝×××（千円未満切捨） ⑤ 相続税の総額の基礎となる税額 　各人の④×相続税率＝×××（百円未満切捨） ⑥ 相続税の総額　　各人の⑤の合計額	第2表

（3）第3段階（各人の納付税額の計算）

各人の算出税額の計算	申告書等の様式
① 相続税の総額×$\dfrac{各人の課税価格}{課税価格合計額}$ ② 相続税額の加算金額（①×20％）＝××× ③ 各人の算出税額　①＋②＝×××	第1表 第4表
税額控除の計算	
① 暦年課税分の贈与税額控除 ② 配偶者に対する相続税額の軽減 ③ 未成年者控除 ④ 障害者控除 ⑤ 相次相続控除 ⑥ 外国税額控除 ⑦ 相続時精算課税分の贈与税額控除 　※ 税額控除は、①から⑦の順序で控除します。	第4表の2 第5表 第6表 第6表 第7表 第8表 第11表の2表
各人の納付（還付）税額の計算	
① ②以外の相続人等 　各人の算出税額－税額控除額＝×××（百円未満切捨）※ 　※ マイナスの場合は、納付額がゼロになります。 ② 相続時精算課税適用者 　上記①の税額－⑦＝×××※ 　※ マイナスの場合は、還付となります。	第1表

171

② 相続税申告書の記載方法

1．相続税申告書の記載方法の概要

　相続税申告書は、相続税の税額計算の第1段階から第3段階までの計算プロセスにより、各様式に記載して作成します。

　各様式の番号にかかわらず、各様式は下記2（2）の記載順序で記載していきます。なお、各様式の記載方法の理解をより深めるために、国税庁のホームページから各様式をダウンロードして印刷をし、P.186からの記載例を確認しながら各様式を実際に記載していただければ、より理解が深まるでしょう。

2．第1段階（相続税の課税価格の計算）

（1）記載する様式の種類

　第1段階である相続税の課税価格の計算には、以下の様式を使用します。なお、以下本章においては、「様式の略称」を用いて解説していきます。

様式番号	正式な様式名称	様式の略称	参照頁
第11表の付表1～4	相続税がかかる財産の明細書	第11表の付表1～4（財産明細）	195～198
第9表	生命保険金などの明細書	第9表（生保）	192
第10表	退職金手当金などの明細書	第10表（退職金）	193
第11・11の2表の付表1	小規模宅地等についての課税価格の計算明細書	第11・11の2表の付表1（小規模）	200
第11の2表	相続時精算課税適用財産の明細書	第11の2表（精算課税）	199
第13表	債務及び葬式費用の明細書	第13表（債務）	201
第14表	純資産価額に加算される暦年課税分の贈与財産価額等の明細書	第14表（贈与加算）	202
第11表	相続税がかかる財産の合計表	第11表（財産合計）	194
第15表	相続財産の種類別価額表	第15表（種類別）	203～204

172

第9章　相続税申告書作成演習

（2）各様式の記載順序と記載内容

① 最初に、被相続人の相続財産のすべてを評価通達に従って評価します。宅地等や取引相場のない株式については、国税庁が公表している所定の評価明細書により評価します（**第13章**、**第14章を参照**）。

② 被相続人のすべての相続財産の評価額とその取得者を、第11表の付表１～４（財産明細）に相続財産の種類ごとに分類して記載します。なお、未分割の相続財産はその旨を記載します。

③ 第11表の付表４（財産明細）に記載する非課税金額控除後の生命保険金等の課税価格は、第９表（生保）で計算します。

④ 第11表の付表４（財産明細）に記載する非課税金額控除後の退職手当金等の課税価格は、第10表（退職金）で計算します。

⑤ 第11表の付表１（財産明細）に記載する小規模宅地等の評価減の特例の対象となる宅地の評価減後の課税価額は、第11・11の２表の付表１（小規模）で計算をします。

⑥ 相続時精算課税適用財産の明細を、第11の２表（精算課税）に記載します。

⑦ 債務・葬式費用の明細を、第13表（債務）に記載します。

⑧ 純資産に加算される暦年課税分の贈与財産価額の明細を、第14表（贈与加算）に記載します。

⑨ 最終的に上記②から⑧の様式をもとにして第11表（財産合計）と第15表（種類別）を完成させ、各相続人等の相続税の課税価格を計算し、相続税の課税価格を計算します。

3．第2段階（相続税の総額の計算）

（1）記載する様式の種類

様式番号	正式な様式名称	様式の略称	参照頁
第２表	相続税の総額の計算書	第２表（総額）	188

173

（2）様式の記載内容

　第2表（総額）に、第15表（種類別）から各人の相続税の課税価格および相続税の課税価格の合計額を転記します。そして、相続税の総額を、相続税の課税価格の合計額から基礎控除額を控除した課税遺産総額をもとに計算します。

4．第3段階（各人の納付税額の計算）

（1）記載する様式の種類

　第3段階である各人の納付税額の計算には、以下の様式を記載します。

様式番号	正式な様式名称	様式の略称	参照頁
第1表	相続税の申告書	第1表（申告書）	186
第4表	相続税額の加算金額の計算書	第4表（2割加算）	—
第4表の2	暦年課税分の贈与税額控除額の計算書	第4表の2（暦年贈控）	188
第5表	配偶者の税額軽減額の計算書	第5表（配偶者）	189
第6表	未成年者・障害者控除額の計算書	第6表（未成年）	190
第7表	相次相続控除額の計算書	第7表（相次相続）	—
第8表	外国税額控除額の計算書	第8表（外国控除）	—
第11の2表	相続時精算課税分の贈与税額控除額の計算書	第11の2表（精算贈控）	199

（2）様式の記載順序と記載内容

① 各人の算出相続税額を計算します。

第1表（申告書）に、第2表（総額）の相続税の総額、第15表（種類別）の各相続人等の相続税の課税価格とその総額を転記します。そして、相続税の総額に、各相続人の課税価格の取得割合を乗じて、各相続人等の算出相続税を計算します。

② 相続税額の2割加算対象者がいる場合には、第4表（2割加算）で計算して、第1表（申告書）に転記します。

③ 税額控除額の計算をします。

各相続人等が該当する税額控除を、第4表の2（暦年贈控）から第11の2表（精算贈控）で計算して、第1表（申告書）の該当欄に転記します。

④ 各人の納付すべき相続税額を算出します。

①＋②－③＝×××（百円未満切捨）

③　被相続人とその親族の状況

1．相続の開始と被相続人

（1）被相続人甲は、令和7年3月15日に入院先の病院で死亡し、相続人等は全員、同日中にその事実を知りました。

（2）被相続人甲は、相続開始時において日本国籍を有しており、東京都に住所を有していました。また、生前において日本国外に住所を有していたことはありませんでした。

（3）被相続人甲は、生前に遺言証書を作成していませんでした。

2．被相続人甲の親族

被相続人甲の親族は次のとおりです。

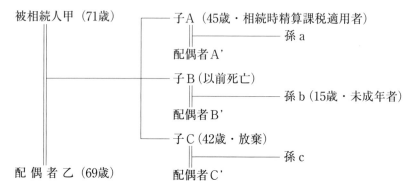

3．相続人に関する事項

（1）子Cは、被相続人甲に係る相続について、適法に相続の放棄をしました。
（2）民法上の相続人は、配偶者乙、子A、孫bの3人です。
（3）相続人の配偶者乙、子A、孫bは、居住無制限納税義務者に該当します。
（4）相続人の配偶者乙、子A、孫bは、令和7年7月1日に、下記④の内容の遺産分割協議書を、適法に作成しました。
（5）子Aは、被相続人の相続について、相続時精算課税を選択しています。

第9章　相続税申告書作成演習

④　遺産分割の内容と相続税評価額

1．遺産分割協議書の内容

　遺産分割協議書により各相続人が取得した財産は、以下のとおりです。また、記載している金額は、すべて財産評価基本通達に基づいて評価した相続開始時の相続税評価額です。なお、相続税の特例等の適用のあるものは、かっこ書の金額が相続税の課税価格算入額になります。

2．配偶者乙が取得した財産

（1）自宅の敷地（宅地330㎡）　6,600万円（1,320万円）

　　①　小規模宅地等の評価減の特例

　　　　配偶者が取得したこの宅地は、小規模宅地等の評価減の特例の対象となり、330㎡まで80％相当額の評価減が適用されます。なお、課税価格算入額は、第11・11の２表の付表１（小規模）で計算されます。

　　②　課税価格算入額

　　　　ア　6,600万円

　　　　イ　6,600万円×330㎡／330㎡×80％＝5,280万円

　　　　ウ　ア－イ＝1,320万円

（2）自宅の家屋　　　　　　　　　　　　　　1,500万円

（3）証券会社の上場株式　　　　　　　　　　2,730万円

（4）現金・預貯金

　　①　手元現金　　　　550万円

　　②　銀行預金　　　8,950万円

　　③　合　計　　　　9,500万円

（5）生命保険金　　　　　　　　　　2,000万円（400万円）

　　①　生命保険契約について

　　　　契約者および被保険者が被相続人甲で、死亡保険金2,000万円の受取人が配偶者乙である契約と、死亡保険金500万円の受取人

177

が子Aである契約とがありました。なお、課税価格算入額は、第9表（生保）で計算されます。

② 生命保険金額と非課税金額

ア 生命保険金額　　2,000万円

イ 非課税金額

a 限度額　500万円×法定相続人の数（4人※）＝2,000万円
※ 相続の放棄はなかったものとし、養子は、実子がいる場合は1人まで、いない場合は2人までとします。

b 保険金合計額　2,000万円＋500万円＝2,500万円

c 非課税金額　a ＜ b
∴ a×ア／b＝1,600万円

ウ 課税価格算入額　アーイ＝400万円

（6）甲商事㈱からの退職金　　　　1,500万円（　0円）

① 退職金について

配偶者乙は、甲商事㈱から、被相続人甲の死亡により、死亡退職金1,500万円の支給を受けました。なお、課税価格算入額は、第10表（退職金）で計算されます。

② 退職手当金額と非課税金額

ア 退職手当金等　　1,500万円

イ 非課税金額

a 限度額　500万円×法定相続人の数（4人※）＝2,000万円
※ 相続の放棄はなかったものとし、養子は、実子がいる場合は1人まで、いない場合は2人までとします。

b 退職金合計額　1,500万円

c 非課税金額　a ＞ b　∴ 1,500万円

ウ 課税価格算入額　アーイ＝　0円

（7）債　務

① 銀行からの借入金　　　　　　100万円

② 病院の未払医療費　　　　　　60万円

③ 未払租税公課　　　　　　　　80万円

④ クレジットカード未払金　　　10万円

⑤ 合計金額　　　　　　　　　　250万円

第9章　相続税申告書作成演習

（8）葬式費用

① 葬式費用　　　　　　　　　　200万円

② お寺へ戒名料　　　　　　　　300万円

③ 合計金額　　　　　　　　　　500万円

(9)　配偶者乙の合計金額

① 相続税評価額　　　　　　　2億3,080万円

② 課税価格算入額　　　　　　1億4,700万円

3．子Ａが取得した財産

（1）貸家の敷地（宅地200㎡）　　　　2,100万円

（2）貸家の家屋（鉄骨３階建アパート）　840万円

（3）甲商事㈱の株式　　　　　　　　　400万円

（4）銀行預金　　　　　　　　　　　1,480万円

（5）生命保険金　　　　　　　　　　500万円（100万円）

① 生命保険金について１（５）①に同じ。

② 生命保険金と非課税金額

ア 生命保険金額　　　500万円

イ 非課税金額

a 限度額　500万円×法定相続人の数（４人※）＝2,000万円

※ 相続の放棄はなかったものとし、養子は、実子がいる場合は１人まで、いない場合は２人までとします。

b 保険金合計額2,000万円 +500万円＝2,500万円

c 非課税金額　　a　＜　b

∴　a × ア／b ＝400万円

ウ 課税価格算入額　ア－イ＝100万円

（6）貸家の敷金　　　100万円

（7）相続時精算課税適用財産

① 平成25年　現金贈与　1,000万円（贈与税　　0円）

② 平成29年　現金贈与　2,000万円（贈与税 100万円）

③ 令和２年　現金贈与　1,000万円（贈与税 200万円）

④ 合　計　　現金贈与　4,000万円（贈与税 300万円）

（8）子Aの合計金額
① 相続税評価額 9,220万円
② 課税価格算入額 8,820万円

４．孫ｂが取得した財産

（1）証券会社の上場株式 2,120万円
（2）銀行の預金 3,160万円※
 ※ 被相続人から令和7年2月1日（相続開始年）に贈与された預金200万円を含みます。
（3）純資産価額に加算される暦年課税分の贈与財産価額
① 令和4年9月21日 現金贈与 510万円（贈与税50万円）
② 令和5年1月10日 現金贈与 90万円（贈与税 0円）
③ 合 計 600万円
（4）孫ｂの合計金額
① 相続税評価額 5,880万円
② 課税価格算入額 5,880万円

５．相続財産の総合計額

① 相続税評価額 3億8,180万円
② 課税価格合計額 2億9,400万円

⑤ 相続税の課税価格の計算

１．相続税がかかる財産の明細書の作成

（1）第11表の付表の作成

　相続税がかかる財産の明細書に、相続財産すべてについて、その種類、価額、分割の有無および取得者等を記載して、相続税の課税価格の計算をします。

180

第9章　相続税申告書作成演習

（2）第11表の付表の種類

第11表の付表の種類には、以下の4種類があります。それぞれの財産の種類別に分類して記載します。

①　第11表の付表1（土地・家屋等用）

宅地、田、畑、山林等の土地および居宅、店舗等の家屋等を記載します。

②　第11表の付表2（有価証券用）

同族会社の株式、公債、社債、証券投資信託の受益証券、その他の株式等の有価証券を記載します。

③　第11表の付表3（現金・預貯金用等）

手元現金、貸金庫内の現金、普通預貯金、定期預貯金等の預貯金を記載します。

④　第11表の付表4（事業（農業）用財産・家庭用財産・その他財産用）

機械その他の減価償却資産、商品等の棚卸資産等の事業用または農業用財産、家庭用財産、生命保険金、退職金、貴金属、貸付金等の財産を記載します。

2．相続税がかかる財産の合計表の作成

第11表の付表1～4（財産明細）、第11の2表（精算課税）、第14表（贈与加算）をもとにして、第11表（財産合計）を作成します。第11表（財産合計）には、各相続人等が取得した財産の価額の合計を、分割分と未分割分とに分けて合計した金額を記載します。

3．債務及び葬式費用の明細書の作成

第13表（債務及び葬式費用の明細書）に、被相続人に帰属するすべての債務の内容および金額とこれを負担する者の氏名と金額を記載します。また、被相続人の葬式費用の内容および金額とこれを負担する者の氏名と金額を記載します。

181

4．相続財産の種類別価額表の作成

第11表の付表1～4（財産明細）、第11の2表（精算課税）、第14表（贈与加算）、第13表（債務）をもとにして、第15表（種類別）を作成します。第15表（種類別）には、各相続人等が取得した土地、家屋、有価証券、現金・預金・預貯金などの種類別に各相続人等が取得した財産の価額の合計から負担する債務および葬式費用の合計額を控除して各相続人等の課税価格を計算し、それを合計することにより相続税の課税価格を計算します。

5．本設例における相続税の課税価格の計算

本設例における相続税の課税価格の計算は、以下の第15表（種類別）のとおりです。

◆第15表　相続財産の種類別価額表

種　類	細　目	各人の合計	配偶者乙	子A	孫b
土　地	宅　地	3,420万円	1,320万円	2,100万円	
家屋等	家屋等	2,340万円	1,500万円	840万円	
有価証券	その他の株式	5,250万円	2,730万円	400万円	2,120万円
現金・預貯金等		1億4,140万円	9,500万円	1,480万円	3,160万円
その他の財産	生命保険金等	500万円	400万円	100万円	
	退職手当金等	0			
合計		2億5,650万円	1億5,450万円	4,920万円	5,280万円
相続時精算課税適用財産の価額		4,000万円		4,000万円	
債務等	債　務	350万円	250万円	100万円	
	葬式費用	500万円	500万円		
合計		850万円	750万円	100万円	
差引純資産価額		2億8,800万円	1億4,700万円	8,820万円	5,280万円
純資産加算の暦年課税の贈与財産価額		600万円			600万円
課税価格（1,000円未満切捨）		2億9,400万円	1億4,700万円	8,820万円	5,880万円

第9章　相続税申告書作成演習

$\boxed{6}$　相続税の総額の計算

1．相続税の総額の計算書の作成

　第15表（種類別）の課税価格の合計額をもとに、第2表（総額）で相続税の総額を計算します。

2．相続税の総額の計算

　相続税の総額の計算は、以下のとおりです。

(1)　相続税の課税価格　2億9,400万円

(2)　遺産に係る基礎控除額

　　3,000万円＋600万円×法定相続人の数（4人※）＝5,400万円

　　※　相続の放棄はなかったものとし、養子は実子がいる場合は1人まで、いない場合は2人までとします。

(3)　課税遺産総額

　　(1)－(2)＝2億4,000万円

(4)　法定相続分に応ずる各取得金額（千円未満切捨）

配偶者乙　　　　　　　　　$\dfrac{1}{2}$　　　　　＝　1億2,000万円

子A　　　　　　　　　　$\dfrac{1}{2}\times\dfrac{1}{3}$　＝　　4,000万円

　　　　　2億4,000万円×

孫b　　　　　　　　　　$\dfrac{1}{2}\times\dfrac{1}{3}$　＝　　4,000万円

子C　　　　　　　　　　$\dfrac{1}{2}\times\dfrac{1}{3}$　＝　　4,000万円

(5)　相続税の総額のもととなる税額

　　配偶者乙　　1億2,000万円×40％ －1,700万円＝3,100万円

　　　子　A　　4,000万円×20％ －200万円 ＝ 600万円

　　　孫　b　　4,000万円×20％ －200万円 ＝ 600万円

183

子　C　　　4,000万円×20%－200万円 ＝ 600万円
⑹　相続税の総額
　3,100万円＋600万円＋600万円＋600万円＝4,900万円

⑦　各人の納付税額の計算

1．各人の納付税額の計算

（1）第1表（申告書）の作成

第1表（申告書）で、各人の納付税額の計算をします。

（2）各人の算出相続税額

各人の算出相続税額は、次の算式で計算します。

$$相続税の総額 \times \frac{各人の課税価格}{課税価格の合計額}$$

配偶者乙　　　　　　　　$\dfrac{1億4,700万円}{2億9,400万円}$　(0.50) ＝ 2,450万円

子　A　　4,900万円×　$\dfrac{8,820万円}{2億9,400万円}$　(0.30) ＝ 1,470万円

孫　b　　　　　　　　　$\dfrac{5,880万円}{2億9,400万円}$　(0.20) ＝ 980万円

合計　4,900万円

2．税額控除額の計算

⑴　暦年贈与分の贈与税額控除額（孫 b）　50万円
⑵　配偶者の税額軽減額の計算（配偶者乙）
　①　課税価格の合計額のうち、配偶者の法定相続分相当額
　　ア　2億9,400万円×1/2 ＝ 1億4,700万円

イ　1億6,000万円

　　ウ　ア＜イ　∴1億6,000万円

　②　配偶者の課税価格相当額（分割財産の価額）

　　1億5,400万円－7,500万円＝1億4,700万円

　③　相続税の総額　4,900万円

　④　課税価格の合計額　2億9,400万円

　⑤　配偶者の税額軽減額　③×②※／④＝2,450万円

　　※　①＞②　∴②

(3)　未成年者控除（孫b）

　　10万円×（18歳－15歳）＝30万円

(4)　相続精算課税分の贈与税額控除額（子A）300万円

3．各人の納付税額計算

(1)　配偶者乙　　2,450万円　－2,450万円＝　　　　　　0円

(2)　子　A　　　1,470万円　－300万円＝　　　1,170万円

(3)　孫　b　　　　980万円　－30万円－50万円＝　900万円

(4)　合　計　　　2,070万円

8 相続税申告書の記載例

◆第1表

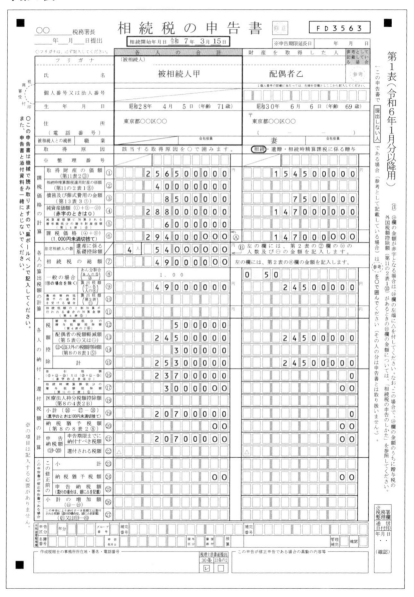

第9章 相続税申告書作成演習

◆第1表（続）

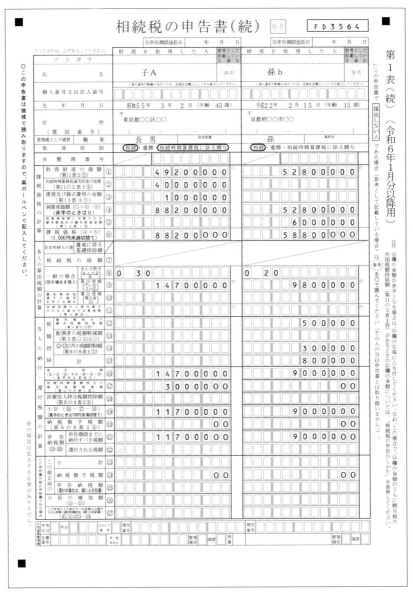

187

◆第2表

相 続 税 の 総 額 の 計 算 書

	被相続人	被相続人甲

第2表（令和5年1月分以降用）

この表は、第1表及び第3表の「相続税の総額」の計算のために使用します。

なお、被相続人から相続、遺贈や相続時精算課税に係る贈与によって財産を取得した人のうちに農業相続人がいない場合は、この表の⑥欄及び⊝欄並びに⑨欄から⑪欄までは記入する必要がありません。

① 課 税 価 格 の 合 計 額	② 遺 産 に 係 る 基 礎 控 除 額	③ 課 税 遺 産 総 額
⑦（第1表⑥⒜） 294,000,000 円	3,000万円 + (600万円 × ⒶＡの法定相続人の数 4 人) = ⒷＡ 5,400 万円	⒞（⒞-⒝） 240,000,000 円
⑥（第3表⑥⒜） ,000 円	⒝の人数及び⒝の金額を第1表⒝へ転記します。	⒝（⑥-⒝） ,000 円

④ 法 定 相 続 人		⑤ 左の法定相続人に応じた法定相続分	第1表の「相続税の総額⑦」の計算		第3表の「相続税の総額⑦」の計算	
氏 名	被相続人との続柄		⑥法定相続分に応ずる取得金額（⒞×⑤）（1,000円未満切捨て）	⑦相続税の総額の基となる税額下の「速算表」で計算します。	⑨法定相続分に応ずる取得金額（⒝×⑤）（1,000円未満切捨て）	⑩相続税の総額の基となる税額下の「速算表」で計算します。
配偶者乙	妻	$\frac{1}{2}$	120,000,000 円	31,000,000 円	,000 円	円
子A	長 男	$\frac{1}{6}$	40,000,000	6,000,000	,000	
孫b	孫	$\frac{1}{6}$	40,000,000	6,000,000	,000	
子C	長 女	$\frac{1}{6}$	40,000,000	6,000,000	,000	
		―	,000		,000	
		―	,000		,000	
		―	,000		,000	
		―	,000		,000	
		―	,000		,000	
		―	,000		,000	
		―	,000		,000	
		―	,000		,000	
		―	,000		,000	
法定相続人の数 ⒶＡ 4 人		合計 1	⑧相続税の総額（⑦の合計額）（100円未満切捨て） 49,000,000		⑪相続税の総額（⑩の合計額）（100円未満切捨て） 00	

相続税の速算表

法定相続分に応ずる取得金額	10,000千円以下	30,000千円以下	50,000千円以下	100,000千円以下	200,000千円以下	300,000千円以下	600,000千円以下	600,000千円超
税 率	10 %	15 %	20 %	30 %	40 %	45 %	50 %	55 %
控 除 額	－	500千円	2,000千円	7,000千円	17,000千円	27,000千円	42,000千円	72,000千円

第2表

（資4-20-3-A4統一）

188

第9章 相続税申告書作成演習

◆第4表の2

暦年課税分の贈与税額控除額の計算書		被相続人	被相続人甲

この表は、第14表の「1 純資産価額に加算される暦年課税分の贈与財産価額及び特定贈与財産価額の明細」欄に記入した財産のうち相続税の課税価格に加算されるものについて、贈与税が課税されている場合に記入します。

		控除を受ける人の氏名		孫b			
相続開始の年の前年分（令和6年分）		贈与税の申告書の提出先			税務署	税務署	税務署
		被相続人から暦年課税に係る贈与によって租税特別措置法第70条の2の5第1項の規定の適用を受ける財産（特例贈与財産）を取得した場合					
	①	相続開始の年の前年中に暦年課税に係る贈与によって取得した特例贈与財産の価額の合計額		円	円	円	
	②	①のうち被相続人から暦年課税に係る贈与によって取得した特例贈与財産の価額の合計額（贈与税額の計算の基礎となった価額）					
	③	その年分の暦年課税分の贈与税額（裏面の「2」参照）					
	④	控除を受ける贈与税額（特例贈与財産分）（③×②÷①）					
		被相続人から暦年課税に係る贈与によって租税特別措置法第70条の2の5第1項の規定の適用を受けない財産（一般贈与財産）を取得した場合					
	⑤	相続開始の年の前年中に暦年課税に係る贈与によって取得した一般贈与財産の価額の合計額（贈与税の配偶者控除後の金額）		円	円	円	
	⑥	⑤のうち被相続人から暦年課税に係る贈与によって取得した一般贈与財産の価額の合計額（贈与税額の計算の基礎となった価額）					
	⑦	その年分の暦年課税分の贈与税額（裏面の「3」参照）					
	⑧	控除を受ける贈与税額（一般贈与財産分）（⑦×⑥÷⑤）					
相続開始の年の前々年分（令和5年分）		贈与税の申告書の提出先		○○	税務署	税務署	税務署
		被相続人から暦年課税に係る贈与によって租税特別措置法第70条の2の5第1項の規定の適用を受ける財産（特例贈与財産）を取得した場合					
	⑨	相続開始の年の前々年中に暦年課税に係る贈与によって取得した特例贈与財産の価額の合計額		円	円	円	
	⑩	⑨のうち被相続人から暦年課税に係る贈与によって取得した特例贈与財産の価額の合計額（贈与税額の計算の基礎となった価額）					
	⑪	その年分の暦年課税分の贈与税額（裏面の「2」参照）					
	⑫	控除を受ける贈与税額（特例贈与財産分）（⑪×⑩÷⑨）					
		被相続人から暦年課税に係る贈与によって租税特別措置法第70条の2の5第1項の規定の適用を受けない財産（一般贈与財産）を取得した場合					
	⑬	相続開始の年の前々年中に暦年課税に係る贈与によって取得した一般贈与財産の価額の合計額（贈与税の配偶者控除後の金額）		900,000	円	円	
	⑭	⑬のうち被相続人から暦年課税に係る贈与によって取得した一般贈与財産の価額の合計額（贈与税額の計算の基礎となった価額）		900,000			
	⑮	その年分の暦年課税分の贈与税額（裏面の「3」参照）		0			
	⑯	控除を受ける贈与税額（一般贈与財産分）（⑮×⑭÷⑬）					
相続開始の年の前々々年分（令和4年分）		贈与税の申告書の提出先		○○	税務署	税務署	税務署
		被相続人から暦年課税に係る贈与によって租税特別措置法第70条の2の5第1項の規定の適用を受ける財産（特例贈与財産）を取得した場合					
	⑰	相続開始の年の前々々年中に暦年課税に係る贈与によって取得した特例贈与財産の価額の合計額		円	円	円	
	⑱	⑰のうち相続開始の日から遡って3年以内に被相続人から暦年課税に係る贈与によって取得した特例贈与財産の価額の合計額（贈与税額の計算の基礎となった価額）					
	⑲	その年分の暦年課税分の贈与税額（裏面の「2」参照）					
	⑳	控除を受ける贈与税額（特例贈与財産分）（⑲×⑱÷⑰）					
		被相続人から暦年課税に係る贈与によって租税特別措置法第70条の2の5第1項の規定の適用を受けない財産（一般贈与財産）を取得した場合					
	㉑	相続開始の年の前々々年中に暦年課税に係る贈与によって取得した一般贈与財産の価額の合計額（贈与税の配偶者控除後の金額）		5,100,000	円	円	
	㉒	㉑のうち相続開始の日から遡って3年以内に被相続人から暦年課税に係る贈与によって取得した一般贈与財産の価額の合計額（贈与税額の計算の基礎となった価額）		5,100,000			
	㉓	その年分の暦年課税分の贈与税額（裏面の「3」参照）		500,000			
	㉔	控除を受ける贈与税額（一般贈与財産分）（㉓×㉒÷㉑）		500,000			
	㉕	暦年課税分の贈与税額控除額計（④+⑧+⑫+⑯+⑳+㉔）		500,000	円	円	

（注）各人の㉕欄の金額を第1表のその人の「暦年課税分の贈与税額控除額㉕」欄に転記します。

第4表の2

（資4-20-5-3-A4統一）

第4表の2（平成31年1月分以降用）

◆第5表

配 偶 者 の 税 額 軽 減 額 の 計 算 書

| 被相続人 | 被相続人甲 |

第5表（令和6年1月分以降用）

私は、相続税法第19条の2第1項の規定による配偶者の税額軽減の適用を受けます。

1 一般の場合（この表は、①被相続人から相続、遺贈や相続時精算課税に係る贈与によって財産を取得した人のうちに農業相続人がいない場合又は②配偶者が農業相続人である場合に記入します。）

課税価格の合計額のうち配偶者の法定相続分相当額	（第1表の④の金額） 〔配偶者の法定相続分〕				⑦※ 円
	$294,000,000 円 × \dfrac{1}{2} = 147,000,000 円$				160,000,000
	上記の金額が 16,000万円に満たない場合には、16,000万円				

配偶者の税額軽減額を計算する場合の課税価格	① 分割財産の価額 （第11表2の配偶者の①の金額）	分割財産の価額から控除する債務及び葬式費用の金額		⑤ 純資産価額に加算される暦年課税分の贈与財産価額（第1表の配偶者の⑤の金額）	⑥ （①－④＋⑤）の金額（⑤の金額より小さいとき（1,000円未満切捨て）
		② 債務及び葬式費用の金額（第1表の配偶者の③の金額）	③ 未分割財産の価額（第11表の配偶者の②の金額）	④ （②－③）の金額（③の金額が②の金額より大きいときは0）	
	円 154,500,000	円 7,500,000	円	円 7,500,000	※ 147,000,000

⑦ 相 続 税 の 総 額 （第1表の⑦の金額）	⑧ ⑦の金額と⑥の金額のうちいずれか少ない方の金額	⑨ 課税価格の合計額 （第1表の④の金額）	⑩ 配偶者の税額軽減の基となる金額（⑦×⑧÷⑨）
円 49,000,0 00	円 147,000,000	円 294,000,000	円 24,500,000

配偶者の税額軽減の限度額	（第1表の配偶者の⑨又は⑩の金額）（第1表の配偶者の⑫の金額） (24,500,000 円 － 円)	⑪ 円 24,500,000

配 偶 者 の 税 額 軽 減 額	（⑩の金額と⑪の金額のうちいずれか少ない方の金額）	⑫ 円 24,500,000

（注）⑫の金額を第1表の配偶者の「配偶者の税額軽減額⑬」欄に転記します。

2 配偶者以外の人が農業相続人である場合（この表は、被相続人から相続、遺贈や相続時精算課税に係る贈与によって財産を取得した人のうちに農業相続人がいる場合で、かつ、その農業相続人が配偶者以外の場合に記入します。）

課税価格の合計額のうち配偶者の法定相続分相当額	（第3表の④の金額） 〔配偶者の法定相続分〕				⑦※ 円
	$,000 円 × \dfrac{}{} = 円$				
	上記の金額が 万円に満たない場合には、 万円				

配偶者の税額軽減額を計算する場合の課税価格	⑪ 分割財産の価額 （第11表2の配偶者の①の金額）	分割財産の価額から控除する債務及び葬式費用の金額		⑮ 純資産価額に加算される暦年課税分の贈与財産価額（第1表の配偶者の⑤の金額）	⑯ （⑪－⑭＋⑮）の金額（⑮の金額より小さいときは⑮の金額）（1,000円未満切捨て）
		⑫ 債務及び葬式費用の金額（第1表の配偶者の③の金額）	⑬ 未分割財産の価額（第11表の配偶者の②の金額）	⑭ （⑫－⑬）の金額（⑬の金額が⑫の金額より大きいときは0）	
	円	円	円	円	※ 円 ,000

⑰ 相 続 税 の 総 額 （第3表の⑦の金額）	⑱ ⑨の金額と⑯の金額のうちいずれか少ない方の金額	⑲ 課税価格の合計額 （第3表の④の金額）	⑳ 配偶者の税額軽減の基となる金額（⑰×⑱÷⑲）
円 00	円 ,000	円	円

配偶者の税額軽減の限度額	（第1表の配偶者の⑩の金額）（第1表の配偶者の⑫の金額） (円 － 円)	⑪ 円

配 偶 者 の 税 額 軽 減 額	（⑳の金額と⑪の金額のうちいずれか少ない方の金額）	⑫ 円

（注）⑫の金額を第1表の配偶者の「配偶者の税額軽減額⑬」欄に転記します。

第5表　　　　　　　　　　　　　　　　　　　　　　　　　　　　（資4−20−6−1−A4統一）

第9章　相続税申告書作成演習

◆第6表

未成年者控除額 障害者控除額 の計算書

	被相続人	被相続人甲

第6表（令和5年1月分以降用）

1 未成年者控除（この表は、相続、遺贈や相続時精算課税に係る贈与によって財産を取得した法定相続人のうちに、満18歳にならない人がいる場合に記入します。）

未成年者の氏名		孫b			計
年　　　　齢 （1年未満切捨て）①	平成22年2月15日生 15歳	年　月　日生 歳	年　月　日生 歳	年　月　日生 歳	
未成年者控除額②	10万円×(18歳-15歳) = 300,000 円	10万円×(18歳-__歳) = 0,000 円	10万円×(18歳-__歳) = 0,000 円	10万円×(18歳-__歳) = 0,000 円	円 300,000
未成年者の第1表の（⑨+⑪-⑫-⑬）又は（⑩+⑪-⑫-⑬）の相続税額③	円 9,300,000	円	円	円	円 9,300,000

(注) 1 過去に未成年者控除の適用を受けた人は、②欄の控除額に制限がありますので、「相続税の申告のしかた」をご覧ください。
　　　2 ②欄の金額と③欄の金額のいずれか少ない方の金額を、第8の8表1のその未成年者の「未成年者控除額①」欄に転記します。
　　　3 ②欄の金額が③欄の金額を超える人は、その超える金額（②-③の金額）を次の④欄に記入します。

控除しきれない金額 （②-③）④	円	円	円	円	計 Ⓐ	円

（扶養義務者の相続税額から控除する未成年者控除額）
　Ⓐ欄の金額は、未成年者の扶養義務者の相続税額から控除することができますから、その金額を扶養義務者間で協議の上、適宜配分し、次の⑥欄に記入します。

扶養義務者の氏名					計
扶養義務者の第1表の（⑨+⑪-⑫-⑬）又は（⑩+⑪-⑫-⑬）の相続税額⑤	円	円	円	円	円
未成年者控除額⑥					

(注) 各人の⑥欄の金額を未成年者控除を受ける扶養義務者の第8の8表1の「未成年者控除額①」欄に転記します。

2 障害者控除（この表は、相続、遺贈や相続時精算課税に係る贈与によって財産を取得した法定相続人のうちに、一般障害者又は特別障害者がいる場合に記入します。）

障害者の氏名					計
年　　　　齢 （1年未満切捨て）①	年　月　日生 歳	年　月　日生 歳	年　月　日生 歳	年　月　日生 歳	
障害者控除額②	万円×(85歳-__歳) = 0,000 円	万円×(85歳-__歳) = 0,000 円	万円×(85歳-__歳) = 0,000 円	万円×(85歳-__歳) = 0,000 円	円 0,000
障害者の第1表の（⑨-⑫-⑬）-第9の8表1の①又は第1表の（⑩+⑪-⑫-⑬）-第9の8表1の①の相続税額③	円	円	円	円	円

(注) 1 過去に障害者控除の適用を受けた人の控除額は、②欄により計算した金額とは異なりますので税務署にお尋ねください。
　　　2 ②欄の金額と③欄の金額のいずれか少ない方の金額を、第8の8表1のその障害者の「障害者控除額②」欄に転記します。
　　　3 ②欄の金額が③欄の金額を超える人は、その超える金額（②-③の金額）を次の④欄に記入します。

控除しきれない金額 （②-③）④	円	円	円	円	計 Ⓐ	円

（扶養義務者の相続税額から控除する障害者控除額）
　Ⓐ欄の金額は、障害者の扶養義務者の相続税額から控除することができますから、その金額を扶養義務者間で協議の上、適宜配分し、次の⑥欄に記入します。

扶養義務者の氏名					計
扶養義務者の第1表の（⑨+⑪-⑫-⑬）-第8の8表1の①又は第1表の（⑩+⑪-⑫-⑬）-第8の8表1の①の相続税額⑤	円	円	円	円	円
障害者控除額⑥					

(注) 各人の⑥欄の金額を障害者控除を受ける扶養義務者の第8の8表1の「障害者控除額②」欄に転記します。

第6表　　　　　　　　　　　　　　　　　　　　　　　　　（資4-20-7-A4統一）

◆第9表

生命保険金などの明細書		被相続人	被相続人甲

第9表（令和6年1月分以降用）

1　相続や遺贈によって取得したものとみなされる保険金など

この表は、相続人やその他の人が被相続人から相続や遺贈によって取得したものとみなされる生命保険金、損害保険契約の死亡保険金及び特定の生命共済金などを受け取った場合に、その受取金額などを記入します。

保険会社等の所在地	保険会社等の名称	受取年月日	受取金額	受取人の氏名
	○○生命保険株式会社	6・5・8	20,000,000 円	配偶者乙
	○○生命保険相互会社	6・4・30	5,000,000	子A
		・・		
		・・		
		・・		
		・・		
		・・		
		・・		
		・・		

2　課税される金額の計算

この表は、被相続人の死亡によって相続人が生命保険金などを受け取った場合に、記入します。

保険金の非課税限度額	〔第2表のⒶの〕法定相続人の数（ 500万円 × 4人 により計算した金額を右のⒶに記入します。）		Ⓐ 20,000,000 円

保険金などを受け取った相続人の氏名	① 受け取った保険金などの金額	② 非課税金額 $\left(Ⓐ × \dfrac{各人の①}{Ⓑ} \right)$	③ 課税金額 （①－②）
配偶者乙	20,000,000 円	16,000,000 円	4,000,000 円
子A	5,000,000	4,000,000	1,000,000
合　計	Ⓑ 25,000,000	20,000,000	5,000,000

第9表　　　　　　　　　　　　　　　　　　　　　　　　　　　　　　（資4−20−10−A4統一）

第9章 相続税申告書作成演習

◆第10表

退職手当金などの明細書	被相続人	被相続人甲

第10表（令和6年1月分以降用）

1 相続や遺贈によって取得したものとみなされる退職手当金など

この表は、相続人やその他の人が被相続人から相続や遺贈によって取得したものとみなされる退職手当金、功労金、退職給付金などを受け取った場合に、その受取金額などを記入します。

勤務先会社等の所在地	勤務先会社等の名称	受取年月日	退職手当金などの名称	受取金額	受取人の氏名
東京都○○区○○	甲（株）	6・4・15	退職金	15,000,000 円	配偶者乙
		・・			
		・・			
		・・			
		・・			
		・・			
		・・			

2 課税される金額の計算

この表は、被相続人の死亡によって相続人が退職手当金などを受け取った場合に、記入します。

退職手当金などの非課税限度額	（ 500万円 × 第2表のⒶの法定相続人の数 4 人 により計算した金額を右のⒶに記入します。）	Ⓐ 20,000,000 円

退職手当金などを受け取った相続人の氏名	① 受け取った退職手当金などの金額	② 非課税金額 $\left(Ⓐ \times \dfrac{各人の①}{Ⓑ} \right)$	③ 課税金額 （① － ②）
配偶者乙	15,000,000 円	15,000,000 円	0 円
合　計	Ⓑ 15,000,000	15,000,000	0

第10表 （資4-20-11-A4統一）

◆第11表

相続税がかかる財産の合計表
（相続時精算課税適用財産を除きます。）

被相続人の氏名	被相続人甲

第11表（令和6年1月分以降用）

この表は、遺産の分割状況及び各人の取得財産の価額の合計額等を記入します。
なお、相続税がかかる財産（相続時精算課税適用財産を除きます。以下同じです。）の明細については、財産の種類に応じて第11表の付表1から付表4に記入してください。
(注) 財産を取得した人が10名を超える場合には、この合計表を追加して記入してください。

1 遺産の分割状況及び財産取得者の一覧
遺産の分割状況及び相続税がかかる財産を取得した人全ての氏名を記入します。

遺産の分割状況		分割の日	全部分割				一部分割			
			元号	年	月	日	元号	年	月	日
1: 全部分割 2: 一部分割 3: 全部未分割	1									

財　産　取　得　者　の　一　覧			
項番	財産を取得した人の氏名	項番	財産を取得した人の氏名
1	配偶者乙		
2	子A		
3	孫b		

(注) 1 「遺産の分割状況」欄は、遺産の分割状況に応じた番号を記入します。
　　 2 「分割の日」欄は、遺産の全部又は一部について分割がされている場合には、その分割の日を記入します。

2 取得財産の価額の合計表

財産を取得した人の番号	① 分割財産の価額（円）	② 未分割財産の価額（円）	③ 取得財産の価額（円）（①＋②）
1	154,500,000		154,500,000
2	49,200,000		49,200,000
3	52,800,000		52,800,000

(注) 1 「財産を取得した人の番号」欄は、上記1の「項番」欄に記入した番号を記入します。
　　 2 「①分割財産の価額」欄は、第11表の付表1から付表4の「分割が確定した財産」の「取得財産の価額」欄に記入した財産について、財産を取得した人ごとに合計した金額を記入します。
　　 3 「②未分割財産の価額」欄は、第11表の付表1から付表4の「財産の明細」に記入した財産のうち、未分割である財産の価額の合計額を各相続人が相続分（寄与分を除きます。）に応じて取得するとした場合に計算される金額を記入します。
　　 4 「③取得財産の価額」欄の金額を第1表のその人の「取得財産の価額①」欄に転記します。

第11表

(資4-20-12-1-A4統一)

-1-

194

第9章　相続税申告書作成演習

◆第11表の付表1

相 続 税 が か か る 財 産 の 明 細 書
（ 土 地 ・ 家 屋 等 用 ）

被相続人の氏名　被相続人甲

第11表の付表1（令和6年1月分以降用）

この明細書は、相続税がかかる財産（相続時精算課税適用財産を除きます。）のうち、土地（土地の上に存する権利を含みます。）又は家屋等の明細を記入します。

項番	細目／利用区分／特例	国外	備考	所在場所　上段：（左）都道府県、（右）市区町村 中段：大字・丁目 下段：地番又は家屋番号	面積（㎡）／固定資産税評価額（円）	単価（円）又は倍数／持分割合／価額（円）	財産を取得した人の番号	取得財産の価額（円）
1	宅地／自用地／自宅／1			東京都／○○区／○○	330.00		1	13,200,000
						13,200,000		
2	宅地／アパート			東京都／○○区／○○	200.00		2	21,000,000
						21,000,000		
3	／自用家屋／自宅			東京都／○○区／○○			1	15,000,000
						15,000,000		
4	アパート／貸家			東京都／○○区／○○			2	8,400,000
						8,400,000		

第11表の付表1

（資4-20-12-1-1-A4統一）

◆第11表の付表2

相 続 税 が か か る 財 産 の 明 細 書
（ 有 価 証 券 用 ）

被相続人の氏名 | 被相続人甲

第11表の付表2 （令和6年1月分以降用）

この明細書は、相続税がかかる財産（相続時精算課税適用財産を除きます。）のうち、有価証券の明細を記入します。

項番	財 産 の 明 細			数量（株・口・円）	為替（円）	分割が確定した財産	
	細目		所在場所等		単価	財産を取得した人の番号	取得財産の価額（円）
	銘柄	国外	上段：金融商品取引業者等の名称 中段：支店等の名称 下段：その他（発行法人の所在地等）				
	特例	備考		価額（円）			
1	その他の株式		○□証券会社			1	27,300,000
	上場株式						
					27,300,000		
2	その他の株式			100		2	4,000,000
	甲株式会社						
					4,000,000		
3	その他の株式		○□証券会社			3	21,200,000
	上場株式						
					21,200,000		

第11表の付表2

（資4-20-12-1-2-A4統一）

-1-

第9章　相続税申告書作成演習

◆第11表の付表3

相続税がかかる財産の明細書 （現金・預貯金等用）					被相続人の氏名	被相続人甲	第11表の付表3 （令和6年1月分以降用）

この明細書は、相続税がかかる財産（相続時精算課税適用財産を除きます。）のうち、現金又は預貯金等の明細を記入します。

項番	財　　産　　の　　明　　細			数　量	単価（円）	分割が確定した財産	
	口座種別等		所在場所等 上段：金融機関等の名称 中段：支店等の名称 下段：その他（所在地等）			財産を取得した人の番号	取得財産の価額(円)
	口座番号	国外					
	備　　考			価額（円）			
1	現金					1	5,500,000
					5,500,000		
2	普通預金		○○銀行			1	89,500,000
	1234567						
					89,500,000		
3	普通預金		○○銀行			3	31,600,000
	6543210						
					31,600,000		
4	普通預金		○○銀行			2	14,800,000
	3355123						
					14,800,000		

第11表の付表3　　　　　　　　　　　　　　　　　　　　　　（資4－20－12－1－3－A4統一）

◆第11表の付表4

相 続 税 が か か る 財 産 の 明 細 書							被相続人の氏名	被相続人甲

（事業（農業）用財産・家庭用財産・その他の財産用）

この明細書は、相続税がかかる財産（相続時精算課税適用財産を除きます。）のうち、事業（農業）用財産、家庭用財産又はその他の財産の明細を記入します。

項番	財 産 の 明 細				分割が確定した財産	
	細 目		財産の名称等	数 量　倍 数	財産を取得した人の番号	取得財産の価額(円)
	特例	国外		単価（円）		
	備 考		財産の所在場所等	価額（円）		
1	生命保険金等				1	4,000,000
				4,000,000		
2	生命保険金等				2	1,000,000
				1,000,000		

第11表の付表4 　　　　　　　　　　　　　　　　　（資4−20−12−1−4−A4統一）

-1-

第9章　相続税申告書作成演習

◆第11の2表

相 続 時 精 算 課 税 適 用 財 産 の 明 細 書 相 続 時 精 算 課 税 分 の 贈 与 税 額 控 除 額 の 計 算 書	被相続人	被相続人甲	第11の2表

この表は、被相続人から相続時精算課税に係る贈与によって取得した財産（相続時精算課税適用財産）がある場合に贈与を受けた人ごとに記入します。

贈与を受けた人の氏名	被相続人から初めて相続時精算課税に係る贈与を受けた年分（相続時精算課税選択届出書の提出に係る年分）	相続時精算課税選択届出書を提出した税務署の名称
子A		

（令和6年1月分以降用）

1 相続税の課税価格に加算する相続時精算課税適用財産の価額及び納付すべき相続税額から控除すべき贈与税額の明細

番号	① 贈与を受けた年分	② 贈与税の申告書を提出した税務署の名称	③ ①の年分に被相続人から相続時精算課税に係る贈与を受けた財産の価額の合計額	④ ③から控除する相続時精算税に係る基礎控除額	⑤ 相続時精算課税適用財産の価額（③－④）（赤字のときは0）	⑥ ⑤の財産に係る贈与税額（贈与税の外国税額控除前の金額）	⑦ ⑥のうち贈与税額に係る外国税額控除額
1	平成25年分		10,000,000		10,000,000		
2	平成29年分		20,000,000		20,000,000	1,000,000	
3	令和2年分		10,000,000		10,000,000	2,000,000	
合　　計				⑧ 40,000,000		⑩	

（注）
1　租税特別措置法第70条の6の9（（個人の事業用資産の贈与者が死亡した場合の相続税の課税の特例））、第70条の7の3（（非上場株式等の贈与者が死亡した場合の相続税の課税の特例））又は第70条の7の7（（非上場株式等の特例贈与者が死亡した場合の相続税の課税の特例））の規定の適用により相続又は遺贈により取得したものとみなされる財産は、その財産の種類に応じて第11表の付表1、付表2又は付表4に記入します（この表には記入しません。）。

2　③欄の金額は、下記2の②の「価額」欄の金額に基づき記入します。

3　④欄は、被相続人である特定贈与者に係る贈与の申告書2表の「相続時精算課税に係る基礎控除額」欄の金額を記入します。なお、「①　贈与を受けた年分」欄が令和5年分以前の場合は、「0」と記入します。

4　⑧欄の金額を第1表のその人の「相続時精算課税適用財産の価額②」欄及び第15表のその人の⑭欄にそれぞれ転記します。

5　⑨欄の金額を第1表のその人の「相続時精算課税分の贈与税額控除額⑫」欄に転記します。

2 相続時精算課税適用財産（1の③）の明細

（上記1の「番号」欄の番号に合わせて記入します。）

番号	①贈与年月日	② 相続時精算課税適用財産の明細					
		種類	細目	利用区分、銘柄等	所在場所等	数量	価額
1	平25・5・2	現金預貯金等	現金	現金			10,000,000
2	平29・4・7	現金預貯金等	現金	現金			20,000,000
3	令2・8・6	現金預貯金等	現金	現金			10,000,000
	・・						
	・・						
	・・						

（注）
1　この明細は、被相続人である特定贈与者に係る贈与の申告書2表に基づき記入します。なお、被相続人である特定贈与者が贈与した年中に死亡し贈与税の申告が不要である場合は、「相続税の申告のしかた」の記載例を参照してください。

2　②の「価額」欄には、被相続人である特定贈与者に係る贈与の申告書2表の「財産の価額」欄の金額を記入します。ただし、特定事業用資産の特例の適用を受ける場合には、第11・11の2表の付表3の2の⑭欄の金額を、特定計画山林の特例の適用を受ける場合には、第11・11の2表の付表4の「2　特定受贈森林経営計画対象山林である選択特定計画山林の明細」の⑤欄の金額を記入します。また、租税特別措置法第70条の3の3（（相続時精算課税に係る土地又は建物の価額の特例））の承認を受けている場合には、その承認に係る財産の価額から同条の規定による災害により被害を受けた部分に対応する金額を控除した金額を記入します。

第11の2表 　　　　　　　-1-　　　　　　　（資4-20-12-2-A4統一）

◆第11・11の2表の付表1

小規模宅地等についての課税価格の計算明細書　　FD3549

| 被相続人 | 被相続人甲 |

この表は、小規模宅地等の特例（租税特別措置法第69条の4第1項）の適用を受ける場合に記入します。
なお、被相続人から、相続、遺贈又は相続時精算課税に係る贈与により取得した財産のうちに、「特定計画山林の特例」の対象となり得る財産又は「個人の事業用資産についての相続税の納税猶予及び免除」の対象となり得る宅地等その他一定の財産がある場合には、第11・11の2表の付表2を、「特定事業用資産の特例」の対象となり得る財産がある場合には、第11・11の2表の付表2の2を作成します（第11・11の2表の付表2又は付表2の2を作成する場合は、この表の「1　特例の適用にあたっての同意」欄の記入を要しません。）。
（注）この表の1又は2の各欄に記入しきれない場合には、第11・11の2表の付表1（続）を使用します。

1　特例の適用にあたっての同意

この欄は、小規模宅地等の特例の対象となり得る宅地等を取得した全ての人が次の内容に同意する場合に、その宅地等を取得した全ての人の氏名を記入します。

私（私たち）は、「2　小規模宅地等の明細」の①欄の取得者が、小規模宅地等の特例の適用を受けるものとして選択した宅地等又はその一部（「2　小規模宅地等の明細」の⑤欄で選択した宅地等）の全てが限度面積要件を満たすものであることを確認の上、その取得者が小規模宅地等の特例の適用を受けることに同意します。

| 氏名 | 配偶者乙 | 子A |

（注）小規模宅地等の特例の対象となり得る宅地等を取得した全ての人の同意がなければ、この特例の適用を受けることはできません。

2　小規模宅地等の明細

この欄は、小規模宅地等の特例の対象となり得る宅地等を取得した人のうち、その特例の適用を受ける人が選択した小規模宅地等の明細等を記載し、相続税の課税価格に算入する価額を計算します。

「小規模宅地等の種類」欄は、選択した小規模宅地等の種類に応じて次の1～4の番号を記入します。
小規模宅地等の種類：①特定居住用宅地等、②特定事業用宅地等、③特定同族会社事業用宅地等、④貸付事業用宅地等

選択した小規模宅地等	小規模宅地等の種類 1～4の番号を記入します。	特例の適用を受ける取得者の氏名　事業内容 所在地番 取得者の持分に応ずる宅地等の面積 取得者の持分に応ずる宅地等の価額	③のうち小規模宅地等（「限度面積要件」を満たす宅地等）の面積 ④のうち小規模宅地等（④×⑤）の価額 課税価格の計算に当たって減額される金額（⑥×⑨） 課税価格に算入する価額（④－⑦）
	1	配偶者乙	③ 330.00 ㎡
		東京都〇〇区〇〇	④ 66000000 円
		⑤ 330.00 ㎡	⑥ 52800000 円
		⑥ 66000000 円	⑦ 13200000 円
			③ ㎡
			④ 円
		⑤ ㎡	⑥ 円
		⑥ 円	⑦ 円
			③ ㎡
			④ 円
		⑤ ㎡	⑥ 円
		⑥ 円	⑦ 円

（注）1　①欄の「　」は、選択した小規模宅地等が被相続人等の事業用宅地等（②、③又は④）である場合に、相続開始の直前にその宅地等の上で行われていた被相続人等の事業について、例えば、飲食サービス業、法律事務所、貸家などのように具体的に記入します。
2　小規模宅地等を選択する一の宅地等が共有である場合又は一の宅地等が貸家建付地である場合において、その評価額の計算上「賃貸割合」が1でないときには、第11・11の2表の付表1（別表1）を作成します。
3　小規模宅地等を選択する宅地等が、配偶者居住権に基づく敷地利用権又は配偶者居住権の目的となっている建物の敷地の用に供される宅地等である場合には、第11・11の2表の付表1（別表1の2）を作成します。
4　⑧欄の金額を第11表の付表1の「財産の明細」の「価額」欄に転記します。

○「限度面積要件」の判定

この欄は、「2　小規模宅地等の明細」の⑤欄で選択した宅地等の全てが限度面積要件を満たすものであることを、この表の各欄を記入することにより判定します。

小規模宅地等の区分	被相続人等の居住用宅地等	被相続人等の事業用宅地等		
小規模宅地等の種類	① 特定居住用宅地等	② 特定事業用宅地等	③ 特定同族会社事業用宅地等	④ 貸付事業用宅地等
⑨ 減額割合	80/100	80/100	80/100	50/100
⑩ ⑤の小規模宅地等の面積の合計	330.00 ㎡			
⑪ 限度面積 小規模宅地等のうちに④貸付事業用宅地等がない場合	［①の⑩の面積］ 330.00 ㎡≦330㎡	［②の⑩及び③の⑩の面積の合計］ ㎡ ≦400㎡		
小規模宅地等のうちに④貸付事業用宅地等がある場合	［①の⑩の面積］ ㎡×200/330	［②の⑩及び③の⑩の面積の合計］ ＋ ㎡×200/400		［④の⑩の面積］ ＋ ㎡ ≦200㎡

（注）限度面積は、小規模宅地等の種類（「④貸付事業用宅地等」の選択の有無）に応じて、⑪欄（イ又はロ）により判定を行います。「限度面積要件」を満たす場合に限り、この特例の適用を受けることができます。

| ※税務署整理欄 | 年分 | | 名簿番号 | | 申告年月日 | | 通番号 | | グループ番号 | | 補完 | |

第11・11の2表の付表1

（資4-20-12-3-1-A4統一）

第9章　相続税申告書作成演習

◆第13表

債務及び葬式費用の明細書

被相続人　被相続人甲

第13表（令和2年4月分以降用）

1　債務の明細

この表は、被相続人の債務について、その明細と負担する人の氏名及び金額を記入します。
なお、特別寄与者に対し相続人が支払う特別寄与料についても、これに準じて記入します。

債　　　　　務　　　　　の　　　　　明　　　　　細						負担することが確定した債務	
種　類	細　目	債　権　者		発生年月日	金　額	負担する人の氏名	負担する金　額
		氏名又は名称	住所又は所在地	弁済期限			
銀行借入金他		○□銀行		・・	円 1,000,000	配偶者乙	円 1,000,000
未払金		○△病院		6・1・15	600,000	配偶者乙	600,000
公租公課	準確定申告所得税等	○○税務署		・・	800,000	配偶者乙	800,000
未払金		クレジットカード		・・	100,000	配偶者乙	100,000
その他	敷金	アパート入居者		・・	1,000,000	子A	1,000,000
				・・			
				・・			
合　　　　計					3,500,000		

2　葬式費用の明細

この表は、被相続人の葬式に要した費用について、その明細と負担する人の氏名及び金額を記入します。

葬　　式　　費　　用　　の　　明　　細				負担することが確定した葬式費用	
支　払　先		支払年月日	金　額	負担する人の氏名	負担する金　額
氏名又は名称	住所又は所在地				
○○葬儀社		6・1・18	円 2,000,000	配偶者乙	円 2,000,000
□○寺		6・1・18	3,000,000	配偶者乙	3,000,000
		・・			
		・・			
		・・			
		・・			
合　　　　計			5,000,000		

3　債務及び葬式費用の合計額

債務などを承継した人の氏名			（各人の合計）	配偶者乙	子A		
債務	負担することが確定した債務	①	円 3,500,000	円 2,500,000	円 1,000,000	円	円
	負担することが確定していない債務	②					
	計　（①＋②）	③	3,500,000	2,500,000	1,000,000		
葬式費用	負担することが確定した葬式費用	④	5,000,000	5,000,000			
	負担することが確定していない葬式費用	⑤					
	計　（④＋⑤）	⑥	5,000,000	5,000,000			
合　計　（③＋⑥）		⑦	8,500,000	7,500,000	1,000,000		

（注）　1　各人の⑦欄の金額を第1表のその人の「債務及び葬式費用の金額③」欄に転記します。
　　　　2　③、⑥及び⑦欄の金額を第15表の㉝、㉞及び㉟欄にそれぞれ転記します。

第13表　　　　　　　　　　　　　　　　　　　　　　　　　（資4-20-14-A4統一）

201

◆第14表

純資産価額に加算される暦年課税分の贈与財産価額及び特定贈与財産価額出資持分の定めのない法人などに遺贈した財産特定の公益法人などに寄附した相続財産・特定公益信託のために支出した相続財産 の明細書	被相続人	被相続人甲

第14表（令和5年4月分以降用）

1 純資産価額に加算される暦年課税分の贈与財産価額及び特定贈与財産価額の明細

この表は、相続、遺贈や相続時精算課税に係る贈与によって財産を取得した人（注）が、その相続開始前3年以内に被相続人から暦年課税に係る贈与によって取得した財産がある場合に記入します。

(注) 被相続人から租税特別措置法第70条の2の2第12項第1号（直系尊属から教育資金の一括贈与を受けた場合の贈与税の非課税））に規定する管理残額及び同法第70条の2の3第12項第2号（直系尊属から結婚・子育て資金の一括贈与を受けた場合の贈与税の非課税））に規定する管理残額以外の財産を取得しなかった人（その人が被相続人から相続時精算課税に係る贈与によって財産を取得している場合を除きます。）は除きます。

番号	贈与を受けた人の氏名	贈与年月日	相続開始前3年以内に暦年課税に係る贈与を受けた財産の明細					②①の価額のうち特定贈与財産の価額	③相続税の課税価格に加算される価額（①-②）
			種類	細目	所在場所等	数量	①価額		
1	孫b	4・9・21	現金預貯金等	預貯金			円 5,100,000	円	円 5,100,000
2	孫b	5・1・10	現金預貯金等	預貯金			900,000		900,000
		・ ・							
		・ ・							
		・ ・							
		・ ・							

贈与を受けた人ごとの③欄の合計額	（各人の合計）	円 6,000,000
氏 名	孫b	
④金額	円 6,000,000	円
氏 名		
④金額	円	円

上記「②」欄において、相続開始の年に被相続人から贈与によって取得した居住用不動産や金銭の全部又は一部を特定贈与財産としている場合には、次の事項について、「（受贈配偶者）」及び「（受贈財産の番号）」の欄に所定の記入をすることにより確認します。

（受贈配偶者）　　　　　　　　　　　　　（受贈財産の番号）

私 ☐ は、相続開始の年に被相続人から贈与によって取得した上記 ☐ の特定贈与財産の価額については贈与税の課税価格に算入します。

なお、私は、相続開始の年の前年以前に被相続人からの贈与について相続税法第21条の6第1項の規定の適用を受けていません。

(注) ④欄の金額を第1表のその人の「純資産価額に加算される暦年課税分の贈与財産価額⑤」欄及び第15表の⑰欄にそれぞれ転記します。

2 出資持分の定めのない法人などに遺贈した財産の明細

この表は、被相続人が人格のない社団又は財団や学校法人、社会福祉法人、宗教法人などの出資持分の定めのない法人に遺贈した財産のうち、相続税がかからないものの明細を記入します。

遺贈した財産の明細					出資持分の定めのない法人などの所在地、名称
種類	細目	所在場所等	数量	価額	
				円	
		合 計			

3 特定の公益法人などに寄附した相続財産又は特定公益信託のために支出した相続財産の明細

私は、下記に掲げる相続財産を、相続税の申告期限までに、

(1) 国、地方公共団体又は租税特別措置法施行令第40条の3に規定する法人に対して寄附をしましたので、租税特別措置法第70条第1項の規定の適用を受けます。

(2) 租税特別措置法施行令第40条の4第3項の要件に該当する特定公益信託の信託財産とするために支出しましたので、租税特別措置法第70条第3項の規定の適用を受けます。

(3) 特定非営利活動促進法第2条第3項に規定する認定特定非営利活動法人に対して寄附をしましたので、租税特別措置法第70条第10項の規定の適用を受けます。

寄附（支出）年月日	寄附（支出）した財産の明細					公益法人等の所在地・名称（公益信託の受託者及び名称）	寄附（支出）をした相続人等の氏名
	種類	細目	所在場所等	数量	価額		
・ ・					円		
・ ・							
		合 計					

(注) この特例の適用を受ける場合には、期限内申告書に一定の受領書、証明書類等の添付が必要です。

第14表　　　　　　　　　　　　　　　　　　　　　　　-1-　　　　　　　　　　　　　　　　　（資4−20−15−A4統一）

第9章　相続税申告書作成演習

◆第15表

相続財産の種類別価額表

（この表は、第11表の付表1から第14表までの記載に基づいて記入します。）

（単位は円）

被相続人　**被相続人甲**

（氏名）　**配偶者乙**

FD3539

第15表（令和6年1月分以降用）

○この申告書は機械で読み取りますので、黒ボールペンで記入してください。

種類	細目	番号	各人の合計	配偶者乙
	※整理番号		被相続人	
土地（土地の上に存する権利を含みます）	田	①		
	畑	②		
	宅地	③	34 200 000	13 200 000
	山林	④		
	その他の土地	⑤		
	計	⑥	34 200 000	13 200 000
	③のうち配偶者居住権に基づく敷地利用権	⑦		
	⑥のうち特例農地等 通常価額	⑧		
	農業投資価格による価額	⑨		
家屋等		⑩	23 400 000	15 000 000
	⑩のうち配偶者居住権	⑪		
事業（農業）用財産	機械、器具、農耕具、その他の減価償却資産	⑫		
	商品、製品、半製品、原材料、農産物等	⑬		
	売掛金	⑭		
	その他の財産	⑮		
	計	⑯		
有価証券	特定同族会社の株式及び出資 配当還元方式によったもの	⑰		
	その他の方式によったもの	⑱		
	⑰及び⑱以外の株式及び出資	⑲	52 500 000	27 300 000
	公債及び社債	⑳		
	証券投資信託、貸付信託の受益証券	㉑		
	計	㉒	52 500 000	27 300 000
現金、預貯金等		㉓	14 140 000	9 500 000
家庭用財産		㉔		
その他の財産	生命保険金等	㉕	5 000 000	4 000 000
	退職手当金等	㉖	0	0
	立木	㉗		
	その他	㉘		
	計	㉙	5 000 000	4 000 000
合計（⑥+⑩+⑯+⑲+㉓+㉔+㉙）		㉚	256 500 000	154 500 000
相続時精算課税適用財産の価額		㉛	40 000 000	
不動産等の価額（⑥+⑩+⑫+⑰+⑱+⑲）		㉜	57 600 000	28 200 000
債務等	債務	㉝	3 500 000	2 500 000
	葬式費用	㉞	5 000 000	5 000 000
	合計（㉝+㉞）	㉟	8 500 000	7 500 000
差引純資産価額（㉚+㉛-㉟）（赤字のときは0）		㊱	288 000 000	147 000 000
純資産価額に加算される暦年課税分の贈与財産価額		㊲	6 000 000	
課税価格（㊱+㊲）（1,000円未満切捨て）		㊳	294 000 000	147 000 000

※の項目は記入する必要がありません。

※税務署整理欄	申告区分	年分	名簿番号	申告年月日	グループ番号
第15表					（資4-20-16-1-A4統一）

203

◆第15表（続）

相続財産の種類別価額表（続）

（この表は、第11表の付表1から第14表までの記載に基づいて記入します。）

FD3540

（単位は円）

種類	細目	番号	被相続人甲 子A	孫b
※	整理番号			
土地（土地の上に存する権利を含みます。）	田	①		
	畑	②		
	宅地	③	21 000 000	
	山林	④		
	その他の土地	⑤		
	計	⑥	21 000 000	
	⑥のうち配偶者居住権に基づく敷地利用権	⑦		
	⑥のうち特例農地等 通常価額	⑧		
	農業投資価格による価額	⑨		
家屋等		⑩	8 400 000	
	⑩のうち配偶者居住権	⑪		
事業（農業）用財産	機械、器具、農耕具、その他の減価償却資産	⑫		
	商品、製品、半製品、原材料、農産物等	⑬		
	売掛金	⑭		
	その他の財産	⑮		
	計	⑯		
有価証券	特定同族会社の株式及び出資 配当還元方式によったもの	⑰		
	その他の方式によったもの	⑱		
	⑰及び⑱以外の株式及び出資	⑲	4 000 000	21 200 000
	公債及び社債	⑳		
	証券投資信託、貸付信託の受益証券	㉑		
	計	㉒	4 000 000	21 200 000
現金、預貯金等		㉓	14 800 000	31 600 000
家庭用財産		㉔		
その他の財産	生命保険金等	㉕	1 000 000	
	退職手当金等	㉖		
	立木	㉗		
	その他	㉘		
	計	㉙	1 000 000	
合計 （⑥＋⑩＋⑯＋㉒＋㉓＋㉔＋㉙）		㉚	49 200 000	52 800 000
相続時精算課税適用財産の価額		㉛	4 000 000	
不動産等の価額（⑥＋⑩＋⑫＋⑰＋⑱＋㉗）		㉜	29 400 000	
債務等	債務	㉝	1 000 000	
	葬式費用	㉞		
	合計（㉝＋㉞）	㉟	1 000 000	
差引純資産価額（㉚＋㉛－㉟）（赤字のときは0）		㊱	88 200 000	52 800 000
純資産価額に加算される暦年課税分の贈与財産価額		㊲		6 000 000
課税価格（㊱＋㊲）（1,000円未満切捨て）		㊳	88 200 000	58 800 000

※税務署整理欄

申告区分	年 分	名簿番号	申告年月日	グループ番号

第15表（続）

（資4－20－16－2－A4統一）

第 10 章

相続財産の諸手続

　相続等により財産を取得した者は、財産の相続手続をする必要があります。相続手続には、遺言書または遺産分割協議書等だけでなく相続人を確定するための書類や取得者本人を証する書類として、戸籍謄本等や住民票等が必要になります。そのため、本章では、戸籍や住民票の種類、戸籍の広域交付制度、法定相続情報証明制度について解説します。

　また、不動産、預貯金、金融商品の相続手続、公的健康保険および公的年金の手続の概要についても解説します。

　なお、一般的な手続の概要の解説ですので、実際の手続方法と異なる場合もあります。ご了承ください。

1 戸籍と住民票の意義と種類　206

2 相続人を確定する書類　211

3 相続手続に必要な書類　214

4 不動産の相続登記　220

5 金融資産等の相続手続　223

6 公的医療保険制度の手続　226

7 公的年金制度の手続　229

8 その他の財産の相続手続等　233

① 戸籍と住民票の意義と種類

1. 戸　籍

（1）戸籍の意義 <small>（戸籍法1）</small>

　戸籍とは、日本国民の出生から死亡までの親族関係および日本国民であることを登録公証するもので、市区町村において管理、保管等されています。

（2）戸籍の記載事項 <small>（戸籍法13）</small>

　戸籍には、以下の事項等が記載されています。

　①本籍　②筆頭者氏名　③戸籍事項　④戸籍に記載されている者（名、生年月日、父、母の氏名と続柄）　⑤身分事項（出生日、出生地、届出日、届出人、婚姻日、配偶者氏名、従前戸籍）など

（3）戸籍の様式の変更

　戸籍は、法律等の改正により、新しい様式の戸籍に改製されることがあります。最近の改正は、以下のものがあります。

① 　昭和32年の改正

　昭和32年の法務省令第27号の改正により、戸主とその親族による様式から筆頭者、その配偶者と子による様式に変更されました。

② 　平成6年改正

　平成6年の法務省令第51号附則第2条第1項の改正により、戸籍を手書き等の紙で管理する方式からコンピュータの電子データで管理する様式に変更され、文章が縦書きから横書きになり、戸籍謄本の名称も変更されました。

（4）戸籍の編製

　新しく戸籍が作られる場合には、戸籍に次のような表記がされます。

第10章　相続財産の諸手続

① 編　製
　婚姻、離婚または養子縁組をするなど戸籍上の身分変更があった場合の新しい戸籍には、「編製」と記載されます。

② 転　籍
　本籍地を他の市区町村に移した場合の新しい戸籍には、「転籍」と記載されます。

③ 改　製
　戸籍法等の改製等による場合の新しい戸籍には、「改製」と記載されます。

（5）除　籍

　戸籍が除籍となることを消除といいます。子が婚姻により夫婦で新しい戸籍に入籍すると親の戸籍から除籍されますし、死亡した場合にも除籍されます。また、夫婦の離婚の場合には、戸籍の筆頭者の戸籍はそのまま残りますが、筆頭者でない者は除籍され、婚姻前の親の戸籍または離婚による新戸籍のどちらかに入籍します。戸籍の記載者が全員除籍された戸籍そのものを、除籍謄本または除籍全部事項証明書といいます。

（6）改製原戸籍

　戸籍は、法律等の改正があった場合には、新しい様式の戸籍に改製されます。この場合の改製される前の古い戸籍を改製原戸籍といいます。

207

（7）戸籍の証明書の種類

証明書の種類	平成6年改正前の名称	証明する内容
戸籍全部事項証明書	戸籍謄本	戸籍に記載された全員の事項のすべてを記載
戸籍個人事項証明書	戸籍抄本	戸籍に記載された一部の者の事項のすべてを記載
除籍全部事項証明書	除籍謄本	除籍された全員の事項のすべてを記載
除籍個人事項証明書	除籍抄本	除籍された一部の者の事項のすべてを記載
改正原戸籍謄本	同　左	改正前の戸籍の全員の事項のすべてを記載
改正原戸籍抄本	同　左	改正前の戸籍の一部の者の事項のすべてを記載
戸籍の附票※	同　左	戸籍に記載された者の住所の移動の履歴

※　戸籍の附票は、その本籍地に本籍がある期間の住所地がすべて記載されています。そのため、住民票で消除された住所地を確認することができます（住民基本台帳法17）。

2．住民票

（1）住民票の意義 （住民基本台帳法1）

　住民票とは、住民の現在の居住（現住所）を公証するもので、市区町村において管理、保管等されています。

（2）住民票の記載事項 （住民基本台帳法7）

　住民票には、以下の項目が記載されています。
①氏名　②生年月日　③性別　④住民となった日　⑤住所　⑥前住所
⑦世帯氏名　⑧続柄　⑨戸籍の表示（本籍、筆頭者）　⑩住民票コード　⑪個人番号（マイナンバー）　など

第10章　相続財産の諸手続

◆戸籍謄本（改正原戸籍）

改製原戸籍

平成六年法務省令第五十一号附則第二条第一項による改製につき平成拾弐年拾壱月弐拾弐日消除

本籍　東京都〇〇区〇〇

氏名　練馬太郎

参　女
父
母
出生　昭和四年九月三日

長　男
父
母
出生　昭和　年　月　日

父
母
出生　昭和　年　月　日

この謄本は、改製原戸籍の原本と相違ないことを認証する。
令和　年　月　日
東京都〇〇区長　〇〇　〇〇
この改製原戸籍は、磁気ディスクから発行されたものである。

◆住民票の写し（除票）

住民票　除票

氏名			住民となった日			東京都○○区
生年月日	性別		続柄			省略
住所			個人番号	世帯主		
				住所を定めた日	届出年月日	
本籍				筆頭者		
従前						
転出						

住民票コード ： 省略

平26. 9. 1 改製により作成

平28. 2.29 死亡届出により消除

この写しは、除かれた住民票の原本と相違ないことを証明する。

令和6年10月9日

東京都○○区長　○○　○○

第10章　相続財産の諸手続

（3）住民票の除票（住民基本台帳法35）

　住民が死亡または他の市区町村に転出等をした場合には、住民票は消除されます。消除された住民票を住民票の除票といいます。住民票の除票の保存期間が令和元年6月20日から、5年間が150年間に延長されました。ただし、平成26年6月19日以前のものは消除されています。

（4）住民票の写し

　住民票の写しは、市区町村役場に申請して取得することができます。ただし、上記の住民票の記載事項のうち、①から⑥以外についての記載は、選択することができます。

② 相続人を確定する書類

1．相続人の確定

　相続人を確定するためには、被相続人の出生から死亡までの連続した戸籍謄本等（戸籍全部事項証明書、改製原戸籍謄本または除籍全部事項証明書など）が必要です。

　連続した戸籍であるかどうかは、死亡時の戸籍謄本等の編製等の日付と移動前の戸籍の消除日が一致しているかどうかで確認することができます。なお、被相続人の戸籍謄本等には、有効期限はありません。

2．広域交付制度によらない戸籍等の取得方法

　下記3の広域交付制度の創設前の被相続人の出生から死亡までの連続する戸籍謄本等を取得する方法は、以下のとおりでした。

　まず、被相続人の死亡時の本籍地の市区町村役場で戸籍謄本等を取得します。出生から死亡までの本籍地がその市区町村であれば、すべての戸籍謄本等を取得することができます。ただし、本籍地が複数の

211

市区町村にある場合には、それぞれの本籍地の市区町村役場から出生までの連続する戸籍謄本等を取得しなければなりません。

そこで、遠隔地の市区町村の戸籍謄本等は、郵便を利用して取得します。最初に本籍地の市区町村役場に電話をして取得の方法の確認をします。市区町村により多少違いはありますが、市区町村役場のホームページ等から戸籍謄本等の請求書を入手した後に、郵便封筒に、戸籍謄本等の請求書、本人確認書類等、手数料相当額の定額小為替等、返信用封筒などを同封して、郵送で請求するのが一般的です。そのため、郵便による戸籍等の取得は、時間も費用もかかる作業です。

3．広域交付制度による戸籍等の取得方法

（1）戸籍謄本等の広域交付制度の創設

令和6年4月1日以降の不動産の相続登記の義務化にあわせて、戸籍謄本等の広域交付制度が創設され、令和6年3月1日以降はこの制度が利用できるようになりました。この制度により、本籍地以外の最寄りの市区町村役場の窓口で、全国の戸籍証明書や除籍証明書等を請求して、取得することができるようになりました。

そのため、被相続人の出生から死亡までの連続した戸籍の証明書を取得する作業が画期的に効率化されました。

（2）広域交付制度で請求できる戸籍等の範囲

広域交付制度により、請求できる戸籍謄本等の範囲は、本人、配偶者、直系尊属（父母等）および直系卑属（子、孫等）に限定されています。そのため、兄弟姉妹や伯叔父母の戸籍謄本等を取得することはできません。

第10章　相続財産の諸手続

◆戸籍広域交付に関する証明書の請求書

戸籍広域交付に関する証明書の請求書　（区民事務所窓口用）

練馬区長　宛　　　　　　　　　　　　　　　　　　　令和　　年　　月　　日

本　籍

都道府県　　　　　　　　　　　　　　　市区町村　　　　（区）

丁目　　　　　番・番地

フリガナ

筆頭者

明・大・昭・平

（戸籍の最初に書かれている方）　　　　　　　　　　　年　　月　　日生

約1か月以内に戸籍の届出をされた方は、ご記入ください

出生届 ・ 死亡届 ・ 婚姻届 ・ 離婚届 ・ 転籍届 ・ その他（　　　）

月　　　日　　　区・市・町・村に届出

証明書の種類		手数料	通 数
1	広域交付　戸籍謄本　（戸籍全部事項証明）	450円	通

証明したい事項（誰の何を証明したいか）　例：自分と父との関係を証明したい　「　　　　　　　　」

※除籍・改製原戸籍は、練馬区役所および石神井庁舎の戸籍係で扱います。
※請求は、本人等請求（本人、配偶者、子、孫、父母、祖父母等からの請求）に限られます。
※委任状による請求はできません。

窓口に来た方

本人確認のため、運転免許証・パスポート・個人番号カード・住民基本台帳カード・在留資格カード等をご用意ください

住　所

フリガナ　　　　　　　　　　　　TEL　（　　　）

氏　名　　　　　　　　　　　　　明・大・昭・平　　年　　月　　日生

自署でない場合は、必ず押印をお願いします

筆頭者からみて　□本人 □夫・妻 □子 □孫 □父母 □祖父母 □配偶者の父母・祖父母
□同籍者（続柄　　　）　　□その他（　　　　　　　）

請求理由

□ 年金手続き（国民年金　厚生年金　共済年金　年金基金）提出先：

□ 国や地方公共団体に提出（提出先と理由：　　　　　　　）

□ （　　　　　　　　　）の手続きのため（　　　　　　　）へ提出

職員記入欄

本人確認
□運転免許証
□パスポート
□在留カード等
□個人番号カード
□写真付住基

受付時間
：

区民事務所
受付｜作成｜審査

手数料

213

（3）広域交付制度の対象となる戸籍謄本等

広域交付制度により、請求できる戸籍謄本等の種類は、以下の3種類です。

① 戸籍全部事項証明書（戸籍謄本）
② 除籍全部事項証明書（除籍謄本）
③ 改製原戸籍謄本

（4）広域交付制度の対象とならない戸籍謄本等

以下の戸籍謄本等は、広域交付制度により取得をすることができません。そのため、従前の郵便等による取得方法により取得しなければなりません（P.211参照）。

① 戸籍個人事項証明書（戸籍抄本）、除籍個人事項証明書（除籍抄本）
② 戸籍の附票
③ 事情によりコンピュータ化されていない戸籍等

（5）広域交付制度の留意点

広域交付制度は、郵送や委任状による請求ができませんので、本人が市区町村役場の窓口で、直接請求する必要があります。

また、その際には、顔写真付きの本人確認書類（運転免許証、マイナンバーカード等）が必要になります。写真のない健康保険証等では申請できません。

③ 相続手続に必要な書類

１．相続の開始場所の確定 （民法883）

相続は、被相続人の住所地で開始します。被相続人の相続開始日現在の住所地を証するため、被相続人の住民票の除票または戸籍の附票が必要になります。また、相続税の納税地は被相続人の住所地です。

第10章　相続財産の諸手続

そのため、相続税の申告書は、被相続人の住所地の所轄税務署に提出します。

2．相続手続に必要な書類

相続に関する法的な諸手続をするためには、一般的には、以下の書類が必要になります。また、相続財産の所有権移転登記をする場合には、遺言証書または遺産分割協議書等が必要になります。

（1）相続人であることを証する書類

相続人であることを証明するためには、上記2相続人を確定する書類、または法定相続情報一覧図（P.218）が必要になります。

（2）相続人が本人であることを証する書類

相続人は、相続人本人であることを法律的に証明するために、以下の書類を提示しなければならない場合があります。また、法的手続の種類によっては、住民票の写しや印鑑証明書等の書類の有効期限がある場合もありますから、必要な書類を必要な枚数だけ取得します。

① 戸籍の全部事項証明書（現在のもののみ）
② 住民票の写し
③ 顔写真付きの本人確認書類（運転免許証、マイナンバーカード等）、住民票
④ 印鑑証明書

相続人の住所が記載されている法定相続情報一覧図を提示する場合には、上記①②の提示は不要になります。

3．法定相続情報証明制度

（1）制度の創設の趣旨

令和6年4月1日から、不動産の相続登記が義務化されました。こ

215

れに先立って、平成29年5月29日より相続登記の手続の簡便化を図るために、この制度が創設され、運用が開始されました。

（2）制度の概要

相続に関する法律的な手続をするためには、被相続人の出生から死亡までの連続する戸籍謄本等のすべてと、相続人であることを証するための相続人の戸籍の全部事項証明書や住民票が必要となります。したがって、相続手続ごとに、これらの書類を一式にして提示し、確認をしてもらわなければなりませんでした。

そこで、この法定相続情報証明制度が創設されました。この制度を利用すると、法務局に法定相続情報一覧図の写しを交付してもらい、この写しを提示するだけで手続ができるようになりました。

（3）制度の手続の流れ

① 戸籍謄本等の原本の収集

まず、被相続人の出生から死亡までの連続する戸籍謄本等のすべてと住民票の除票を取得します。さらに、相続人全員の相続人の戸籍の全部事項証明書を取得します。

② 法定相続情報一覧図の作成

相続人が、手書きまたはパソコンで法定相続情報一覧図を作成します。法定相続情報一覧図のひな型は、P.218に記載しています。

法定相続情報一覧図に住所を記載するかどうかは任意ですが、被相続人の最後の住所と相続人の住所を記載しておくと、相続手続をする際に、被相続人の住民票の除票、相続人の戸籍の全部事項証明書と住民票の提示が不要となります。ただし、法務局に申請する際に、被相続人の住民票の除票と相続人の戸籍の全部事項証明書に加えて相続人の住民票を添付する必要があります。

法定相続情報一覧図を作成する場合には、法務省のホームページの「主な法定相続情報一覧図の様式及び記載例」に、エクセルによる一覧図の作成ツールが公開されています。このツールを利用すると比較的簡単に一覧図を作成することができます。

216

第10章　相続財産の諸手続

③　申請書の記入と法務局への申出

　被相続人の相続人は、「法定相続情報一覧図の保管及び交付の申出書」（P.219参照）に必要事項を記載して、上記①の戸籍謄本等の原本と上記②の法定相続情報一覧図を添付して、本人確認書類（運転免許証、マイナンバーカード、住民票の写しなど）を添えて管轄する法務局に申出をします。なお、相続人の住所を記載する場合は、相続人の住民票も添付します。

④　代理人による申出

　相続人以外に、法定代理人、委任を受けた民法上の親族および資格者代理人は、この申出をすることができます。資格者代理人は弁護士、司法書士、土地家屋調査士、税理士、社会保険労務士、弁理士、海事代理士および行政書士に限られます。

⑤　所轄法務局

　所轄法務局は、次のいずれかの地を管轄する法務局になります。

　　ア　被相続人の本籍地
　　イ　被相続人の最後の住所地
　　ウ　申出人の住所地
　　エ　被相続人名義の不動産の所在地

⑥　登記官の確認と一覧図の交付

　登記官は、戸籍謄本等により法定相続情報一覧図の内容を確認したうえで、戸籍謄本等の原本を返却します。法務局は、提出された法定相続情報一覧図を保管し、認証文書付の法定相続情報一覧図の写しを交付します。

　この法定相続情報一覧図の写しは、無料で、相続手続に必要な範囲で複数枚の交付を受けることができます。

217

◆法定相続情報　一覧図

法定相続情報番号　００００－００－００００○

被相続人　○○　○○　法定相続情報

最後の住所
東京都○○区
最後の本籍
東京都○○区
出生　昭和○年○月○日
死亡　令和○年○月○日
（被相続人）
　　○○　○○

住所
東京都○○区
出生　昭和○年○月○日
　（長女）
　　　○○　○○

住所
東京都○○区
出生　昭和○年○月○日
　（二女）
　　　○○　○○　　　　　（申出人）

住所
東京都○○区
出生　昭和○年○月○日
　（妻）
　　○○　○○

以下余白

作成日　令和○年○月○日
作成者　住所　東京都○○区
氏名　○○　○○

これは、令和○年○月○日に申出のあった当局保管に係る法定相続情報一覧図の写しである。

令和○年○月○日
東京法務局○○支局

登記官　　　　　　○○　○○

注）本書面は、提出された戸除籍謄本等の記載に基づくものである。相続放棄に関しては、本書面に記載
されない。また、被相続人の死亡に起因する相続手続及び年金等手続以外に利用することはできない。

整理番号　Ｓ００００○　　　　　１／　１

第10章　相続財産の諸手続

◆法定相続情報一覧図の保管及び交付の申出書

別記第1号様式

法定相続情報一覧図の保管及び交付の申出書

（補完年月日　令和　　年　　月　　日）

申出年月日	令和　　年　　月　　日	法定相続情報番号	－　　　－
被相続人の表示	氏　　名 最後の住所 生年月日　　　　年　　月　　日 死亡年月日　　　　年　　月　　日		
申出人の表示	住所 氏名 連絡先　　　　－　　　－ 被相続人との続柄　（　　　　　　　　）		
代理人の表示	住所（事務所） 氏名 連絡先　　　　－　　　－ 申出人との関係　□法定代理人　　□委任による代理人		
利用目的	□不動産登記　　　□預貯金の払戻し　　□相続税の申告 □年金等手続 □その他（　　　　　　　　　　　　　　　　　　　　）		
必要な写しの通数・交付方法	通　　（　□窓口で受取　□郵送　） ※郵送の場合、送付先は申出人（又は代理人）の表示欄にある住所（事務所）となる。		
被相続人名義の不動産の有無	（有の場合、不動産所在事項又は不動産番号を以下に記載する。） □有 □無		
申出先登記所の種別	□被相続人の本籍地　　　　□被相続人の最後の住所地 □申出人の住所地　　　　　□被相続人名義の不動産の所在地		

　上記被相続人の法定相続情報一覧図を別添のとおり提出し、上記通数の一覧図の写しの交付を申出します。交付を受けた一覧図の写しについては、被相続人の死亡に起因する相続手続及び年金等手続においてのみ使用し、その他の用途には使用しません。
　申出の日から3か月以内に一覧図の写し及び返却書類を受け取らない場合は、廃棄して差し支えありません。

（地方）法務局　　　　　　支局・出張所　　　　　　宛

※受領確認書類（不動産登記規則第247条第6項の規定により返却する書類に限る。）
戸籍（個人）全部事項証明書（　　通）、除籍事項証明書（　　通）戸籍謄本（　　通）
除籍謄本（　　通）、改製原戸籍謄本（　　通）戸籍の附票の写し（　　通）
戸籍の附票の除票の写し（　　通）住民票の写し（　　通）、住民票の除票の写し（　　通）

受領	確認1	確認2	スキャナ・入力	交付		受取

219

④ 不動産の相続登記

1．不動産の所有権移転登記

　相続または遺贈により土地または建物等の不動産を取得した相続人は、不動産の所在地を管轄する法務局ごとに、相続による所有権移転登記（相続登記）をしなければなりません。登記手続は、相続人自身が行うこともできますが、司法書士に委任することもできます。

※　不動産登記の事務は、法務局、地方法務局、支局または出張所が窓口機関になります。これらを本書では、「法務局」といいます。不動産登記法等では、登記の事務を司る「法務局」を「登記所」と呼んでいます。したがって、「法務局」と「登記所」は同義語です。

2．不動産の相続登記に必要な書類

　不動産の相続登記には、一般的に以下の書類が必要です。

(1)　遺言書または遺産分割協議書等

(2)　被相続人の出生から死亡までの連続する戸籍謄本等

(3)　被相続人の住民票の除票

(4)　相続人の戸籍全部事項証明書

(5)　相続人の住民票

(6)　相続人の印鑑証明書

(7)　固定資産税評価明細書

※　相続人住所記載済み法定相続情報一覧図を提示する場合には、(2)から(5)は不要です。

※　法定相続人が法定相続分で登記する場合や遺言書がなく相続人が1人だけの場合には、(1)は不要です。

第10章　相続財産の諸手続

３．所有権移転に関する費用

（１）登録免許税

　土地または建物等の不動産の所有権移転登記をするためには、登録免許税を国に納付しなければなりません。登録免許税の税額は、土地または建物の固定資産税評価額に一定の税率を乗じた金額になります。登録免許税の税率は、原則として、相続登記の場合は0.4％、贈与または遺贈による登記は2.0％です。

（２）不動産取得税

　土地または建物等の不動産を取得した者は、不動産取得税を都道府県に納付しなければなりません。不動産取得税の税額は、土地または建物の固定資産税評価額に4.0％（一定の住宅および土地の取得の場合には3.0％）の税率を乗じた金額になります。

　不動産取得税は、相続人以外の者への遺贈、通常の贈与、死因贈与、売買その他の原因によるに不動産の取得に対して課税します。ただし、相続または遺贈を原因とした不動産の取得に対しては、非課税となります。

（３）司法書士費用

　司法書士に所有権移転登記を委任した場合には、上記の登録免許税以外に司法書士報酬がかかります。

４．相続登記の申請義務化（不登法76の２）

（１）令和６年４月１日以後の相続等の取扱い

　令和６年４月１日から、相続または遺贈により取得した不動産の相続登記の申請が義務化されました。

　同日以後は、相続人は、相続により不動産の所有権を取得したこと

221

を知った日から３年以内に相続登記申請をすることが義務付けられました。そのため、正当な理由なく相続登記を怠った場合には、10万円以下の過料（行政上のペナルティー）が課される可能性があります。

（２）令和６年６月31日以前の相続等の取扱い

不動産の相続登記の義務化は、令和６年３月31日以前の相続についても適用対象となります。そのため、令和６年３月31日以前に相続または遺贈により取得した不動産についても、原則として、令和９年３月31日までに相続登記申請をすることが義務付けられました。そのため、同日までに登記をしていない者には、法務局の登記官が、相当の期間を定めて相続登記の申請をすべき旨を催告します。その催告にもかかわらず、正当な理由なく、その期間内に申請をしない場合には、10万円以下の過料が課される可能性があります。

👀 実務の着眼点（遺産分割協議前に相続人が死亡した場合）

被相続人甲の法定相続人は、配偶者乙、子Ａ、子Ｂの３人です。ただし、被相続人甲の遺産分割協議が成立する前に、子Ｂが死亡してしまいました。このような相続を、数次相続といいます。また、亡くなった子Ｂの相続人は、子Ｂの配偶者Ｂ´、Ｂの子ｂの２人でした。数次相続の場合の遺産分割協議は、どのように行うのでしょうか。

被相続人甲の遺産分割協議は、甲の相続人である配偶者乙、子Ａと子Ｂの相続人であるＢ´、ｂの４人で行います。この４人の全員が合意することにより、被相続人甲の財産および債務は、遺産分割されます。また、子Ｂが被相続人甲から相続した財産については、子Ｂの他の遺産に含めて、Ｂ´とｂで遺産分割協議を行うことになります。

第10章　相続財産の諸手続

5　金融資産等の相続手続

1．相続財産等の名義変更手続

　被相続人から相続または遺贈により金融資産等の財産を取得した者は、取得した財産の名義を被相続人から取得者に変更する相続手続を行います。

2．預貯金の名義変更手続

（1）金融機関への連絡

　被相続人の預貯金の預入先である銀行等の支店に、相続開始があったことを連絡します。そして、各金融機関に用意されている相続手続の書類を取得します。通知後は、相続手続が完了するまでは、預貯金は凍結され原則として引出し等はできなくなります。

（2）名義変更手続

①　遺言書または遺産分割協議書等がある場合
　相続人全員が、金融機関の相続手続の書類に署名押印等をし、遺言書または遺産分割協議書等と必要書類を添えて名義変更手続をします。

②　遺産分割協議前の名義変更手続
　遺言書または遺産分割協議書等がない場合であっても相続人全員が合意したときは、金融機関の相続手続の書類に署名押印等をし、必要書類を添えて、相続人代表を定めるなどして、その者に預貯金の名義変更手続をすることができます。この場合には、遺産分割協議の成立等の後に、遺産分割協議等の内容にあわせて精算することになります。

（3）残高証明書等の依頼

　相続人は、相続手続と同時に、相続税申告のために、各金融機関に対して被相続人の相続開始日の預金等の残高証明書の発行を依頼します。また、定期預金の既経過利息の計算書もあわせて依頼します。どちらも有料です。

（4）名義変更手続に必要な書類

　各金融機関により多少違いますが、通常は③2の相続手続に必要な書類が必要となります。

（5）相続預金払戻し制度（民法909の2）

　令和元年7月1日以後に開始した相続については、遺産分割協議の成立前に、各相続人の法定相続分の3分の1までの金額を、1金融機関につき150万円を上限として、他の相続人の同意を受けずに単独で、凍結中の被相続人の口座から預貯金を引き出すことができるようになりました。詳細は、第11章で解説します。

3．被相続人の債務の承継手続

（1）債務の承継

　相続人は、相続開始の時から、被相続人の財産に属した一切の権利義務を承継します（民法896）。そのため、被相続人の債務は、相続開始時に、法定相続人が、法定相続分に応じて共有することになります。

（2）少額の債務等

　未払いの医療費、カードローン等の少額な債務は、債務の承継人が完済すれば、手続は不要です。なお、団体生命保険付きの住宅ローンは、保険金が金融機関に支払われ、ローンは相続開始時に完済されます。

（3）アパートローンその他の債務

アパートローンなどの一括で返済できない債務の承継については、積極財産の相続とは異なり、銀行等の債権者の承認を得る必要があります。たとえば、遺言書または遺産分割協議書等で、債務の承継者および承継金額が定められた場合でも、債権者の承認が得られないときは、その債務は、法定相続人が法定相続分で承継したままになることがあります。

ただし、債権者が遺言書または遺産分割協議書等の承継内容を承認して、その債務の承継者との間で免責的債務引受契約を締結した場合には、その債務はその債務の承継者だけの債務として引き継がれます。

4．証券会社等の金融資産の口座移管手続

（1）証券会社への連絡

被相続人の特定口座等のある証券会社の支店に、相続開始があったことを連絡します。そして、各証券会社に用意されている相続手続の書類を取得します。通知後は、証券口座等の株式、債券、投資信託等の金融商品等の取引は、凍結されます。

（2）口座移管手続

相続人全員により、証券会社の相続手続の書類に署名押印等をし、遺言書または遺産分割協議書等と必要書類を添えて口座移管手続の申請をします。

証券会社の場合には、預貯金口座と異なり、原則として相続人に直接、証券口座等を解約して払戻しをすることができません。そのため、相続人は、その証券会社の証券口座等を開設し、被相続人の口座を相続人の口座に移管する手続をします。

その後は、相続人が、金融商品等の解約または継続して取引をすることになります。

（3）残高証明書等の依頼

　相続手続と同時に、相続税申告のために、有料ですが、各証券会社等に対して被相続人の相続開始日の金融資産の残高証明書の発行を依頼します。

（4）上場株式等の評価計算書

　証券会社は、通常、相続開始時の上場株式等の金融商品の相続税評価額の計算書を発行してくれます。有料ですが、この計算書の発行を依頼してください。

（5）名義変更手続に必要な書類

　各金融機関により多少違いますが、通常は③2の相続手続に必要な書類が必要となります。

⑥　公的医療保険制度の手続

１．公的医療保険制度の概要

　日本は、国民全員を公的医療保険に加入させ、国民は医療費の一部を負担しています。公的医療保険は、国民健康保険、後期高齢者医療保険、被用者健康保険に分類されます。遺族は、相続開始後、被相続人の公的健康保険の資格喪失届の提出と遺族の新たな公的健康保険の加入手続等をしなければなりません。

２．国民健康保険加入者

（1）国民健康保険加入者と窓口機関

　国民健康保険は、後期高齢医療保険および被用者健康保険加入者等以外の者が、各世帯主とその世帯員を単位として加入します。窓口となる機関は、被相続人の住所地の市区町村役場です。

第10章　相続財産の諸手続

（2）被相続人が世帯主の場合の相続手続

①　資格喪失届の提出

　被相続人が国民健康保険の世帯主の場合には、「国民健康保険資格喪失届」に必要事項を記載し、必要書類を添付して市区町村役場に提出して、被相続人の健康保険証を返還します。

②　世帯主の変更と新たな保険証の申請

　被相続人を世帯主としていた世帯員は、「世帯主の変更届」に必要事項を記載し、必要書類を添付して市区町村役場に提出して、新しい世帯主を定めます。そして、被相続人を世帯主として国民健康保険に加入していた世帯員の健康保険証の発行申請をして、古い保険証を返還して新しい保険証を取得します。

（3）被相続人が世帯主以外の場合の相続手続

　上記（2）①資格喪失届の提出の手続をします。

（4）葬祭費支給の申請など

　被相続人の葬式を行った場合に、市区町村役場に「国民健康保険葬祭費支給申請書兼請求書」に、葬式を行ったことを証する書類等を添付して申請すると、喪主に対して葬式代の一部として葬祭費が支給されます。

3．後期高齢者医療保険加入者と窓口機関

（1）後期高齢者医療保険

　後期高齢者医療保険は、年齢75歳以上の者の全員と65歳以上の一定の障害のある者が加入します。したがって、年齢が75歳になると、国民健康保険、被用者健康保険から後期高齢者医療保険に変更されます。窓口機関は、被相続人の住所地の市区町村役場です。

227

（2）被相続人が後期高齢者医療保険加入者の場合の相続手続

　被相続人が後期高齢者医療保険の加入者の場合には、「後期高齢者医療保険」、「介護保険資格喪失届」に必要事項を記載し、必要書類を添付して市区町村役場に提出して、被相続人の後期高齢者保険証および介護保険証を返還します。

（3）葬祭費支給の申請など

　被相続人の葬式を行った場合に、市区町村役場に「後期高齢者医療被保険者葬祭費等支給申請書」に、葬式を行ったことを証する書類等を添付して申請すると、喪主に対して葬式代の一部として葬祭費が支給されます。

４．被用者保険加入者と窓口機関

（1）被用者健康保険

　被用者保険を運営する団体は、大企業や同種業界によって独自に組織される健康保険組合、全国健康保険協会（協会けんぽ）、公務員や私学教職員のための共済組合に分類されます。被用者とは、これらの団体の運営する保険に加入している従業員等をいい、従業員等の一定の扶養家族もまた被用者保険に加入します。窓口は、各団体に加入している被相続人の勤務先です。

（2）被相続人が被用者健康保険加入者の場合の相続手続

① 資格喪失届の提出

　「健康保険・厚生年金保険被保険者資格喪失届」に必要事項を記載し、必要書類を添付して、勤務先を経由して、被相続人および被扶養者（扶養家族）の健康保険証を返還します。

② 扶養家族の手続

被相続人の資格喪失により、扶養家族も資格を喪失します。そのため、扶養家族は、他の親族等の被用者保険に扶養家族として加入しなければなりません。また、被用者保険に加入している親族等がいない場合には、住所地の市区町村役場で、国民健康保険に、本人が直接加入しなければなりません。

（3）埋葬料支給申請書の提出等

被相続人の葬式を行った場合に、被用者健康保険団体等に「健康保険埋葬料（費）支給申請書」等に、葬式を行ったことを証する書類等を添付して申請すると、喪主に対して葬式代の一部として葬祭費が支給されます。

5．高額療養費などの請求の手続

被相続人の医療費が一定額を超えるなど一定の場合には、住所地の市区町村役場に申請し、高額療養費などの支給を受けることができます。

7 公的年金制度の手続

1．公的年金制度の概要

（1）公的年金の分類

日本の公的年金制度は、国民年金（基礎年金）と、会社員や公務員等が加入する被用者年金保険に大別されます。

① 国民年金

国民年金（基礎年金）は、20歳以上60歳未満のすべての者が加入する年金をいいます。自営業者、民間の会社員、公務員、私学教職員やこれらの被扶養配偶者も加入する全国民共通の年金です。

② **被用者年金**

民間の会社員、公務員、私学教職員は、国民年金のほか、同時に被用者年金にも加入します。被用者年金は、厚生年金、国家公務員共済組合、地方公務員等共済組合、私立学校教職員共済の４つの組織で運営されてきました。しかし、被用者保険の一元化法により、平成27年10月から統合され、厚生年金だけになりました。

２．公的年金制度の相続手続

（１）手続の窓口

原則として、最寄りの年金事務所になります。ただし、街角の年金相談センターでも相談や一定の手続ができます。また、住所地の市区町村役場が窓口となる手続もあります。相続手続の詳細は、最寄りの年金事務所で確認してください。

（２）公的年金制度の手続

公的年金制度の主な相続手続には、以下のものがあります。
① 受給者の死亡届の提出
② 未支給年金の請求
③ 遺族年金の受給手続
④ 死亡一時金の受給手続

３．受給者の死亡届の提出

年金受給者が死亡した場合、年金の受給権はなくなります。そのため、年金受給者の遺族等は、原則として、「受給者死亡届（報告書）」に必要事項を記載し、必要書類を添付して、年金事務所に提出して年金の支給を停止します。

第10章　相続財産の諸手続

４．未支給年金の請求

（１）未支給年金の意義

　未支給年金とは、年金給付の受給権者が死亡した場合において、その死亡した者に支給すべき年金給付で、まだその者に支給しなかったものをいいます。

（２）受給権者

　受給権者は、その者の「配偶者」、「子」、「父母」、「孫」、「祖父母」、「兄弟姉妹」または「これらの者以外の３親等内の親族」であって、その者と生計を同じくしていたものをいいます。また、受給権者の順位は、上記の受給者の順序によりますので、順位の先のものが受給を受けることになります。

（３）未支給年金の請求

　未支給年金の受給権者は、「未支給年金請求書」に必要事項を記入し、必要書類を添付して、年金事務所に請求します。また、死亡した受給権者が、死亡前にその年金を請求していなかったときは、その年金を請求することができます。

（４）未支給年金の課税関係

　未支給年金は、相続税法の課税対象となる財産には該当しません。未支給年金は、年金受給者の一時所得として所得税および復興特別所得税が、課税されます。

５．遺族年金の受給手続

（１）遺族年金の種類

　遺族年金には、遺族基礎年金と遺族厚生年金があります。死亡した

者の年金の加入状況により、遺族基礎年金または遺族厚生年金もしく
はその両方が支給されます。

（2）遺族基礎年金

① 受給権者

国民年金に加入中の者が死亡した場合に、その者に生計を維持され
ていた一定の要件を満たす「子のある配偶者」または「子」が、遺族
基礎年金の受給権者になります。

この場合の「子」には、年齢制限があり、原則として18歳になった
年度末（3月31日）まで受給権があります。

② 請求手続

年金受給権者は、「年金請求書（遺族基礎年金）」に必要事項を記入
し、必要書類を添付して、原則として、年金事務所に請求します。

（3）遺族厚生年金

① 受給権者

厚生年金に加入中の者、一定の要件を満たす老齢厚生年金の受給権
者等が死亡した場合に、その者に生計を維持されていた一定の要件を
満たす「配偶者」、「子」、「父母」または「祖父母」が、遺族厚生年金
の受給権者になります。また、年金受給権者の順位は、上記の受給者
の順序によりますので、順位の先のものが受給を受けることになりま
す。

② 請求手続

年金受給権者は、「年金請求書（国民年金・厚生年金保険遺族給付）」
に必要事項を記入し、必要書類を添付して、年金事務所に請求します。

5．死亡一時金の請求手続

① 受給権者

死亡一時金は、国民年金の1号被保険者（20歳以上60歳未満の自営
業者等）で一定の要件を満たす者が、老齢基礎年金・障害基礎年金を

第10章　相続財産の諸手続

受けることなく死亡した場合に、その者と生計を同じくしていた一定の要件を満たす「配偶者」、「子」、「父母」、「孫」、「祖父母」または「兄弟姉妹」が、国民年金の一時金の受給権者になります。また、受給権者の順位は、前述の受給者の順序によりますので、順位の先のものが受給を受けることになります。

②　請求手続

　年金受給権者は、「国民年金死亡一時金請求書」に必要事項を記入し、必要書類を添付して、原則として、年金事務所に請求します。

8　その他の財産の相続手続等

1．車両等の動産の相続手続

　被相続人所有の自動車その他の動産の名義変更手続にも、原則として、遺言書または遺産分割協議書等が必要になります。

　自動車販売店等に依頼すると、車両用の相続手続用の書類を取得することができます。ただし、遺産分割協議書と同様に共同相続人全員の氏名の後に実印による押印が必要となります。

2．会員権等の相続手続

　ゴルフ会員権やリゾート会員権の名義変更手続にも、原則として、遺言書または遺産分割協議書等が必要になります。

　その際、ゴルフ場または運営会社等の専用の相続手続用の書類を指定される場合があります。また、名義書換料が発生する場合もありますので、ゴルフ場または運営会社等に連絡して必要書類等の確認をして手続をします。

3．携帯電話やプロバイダーの契約等の解約等

　被相続人が生前に契約していた携帯電話やプロバイダー契約、その

233

他の各種契約の解約等をしなければなりません。契約書等があり連絡先等がわかるものについては、直接連絡して解約等をします。契約書等のないものについては、各種契約による会費、手数料等の引落口座の預金残高をゼロに近くさせ、会費等の口座引落しができない状態にして、契約等の相手先からの連絡を待つのも一つの方法です。

第 11 章

財産評価の原則と
名義財産

　本章から財産評価について解説します。財産評価の原則と特則については、相続税本法と財産評価基本通達の規定とその内容の要約を記載しました。

　次に、相続税の対象となる財産を把握する方法について解説します。相続税の課税対象財産は、被相続人が実質的に所有する財産です。したがって、被相続人の所有財産であるが、名義だけが家族になっている名義財産は、相続財産になります。そのため、名義財産の判定、現金在り高の把握方法や預貯金の通帳分析は、相続税の申告実務の中で、相続財産を把握するための重要な業務となります。

1　財産評価の原則　236

2　個人の所有財産の判定　238

3　名義財産の判定　240

4　名義財産の具体例　243

5　現金の評価　246

6　預貯金の評価　248

7　預貯金等の通帳等の分析方法　252

① 財産評価の原則

1．相続税法の財産評価に関する規定の構成

　相続税法は、第22条（評価の原則）で財産の価額および債務の金額について規定しています。また、財産の時価および評価方法について、財産評価基本通達（以下、「評価通達」という）で規定しています。

2．相続税法の財産評価に関する規定

　相続税法および評価通達における財産評価の原則に関する規定等は、以下のとおりです。

（1）相続税法の財産評価の原則 （相法22）

　相続、遺贈または贈与により取得した財産の価額は、原則として、その財産の取得の時における時価により、その財産の価額から控除すべき債務の金額は、その時の現況によります。

（2）評価通達の原則 （評基通1）

　評価通達は、財産の評価について、以下を原則としています。
①　評価単位
　財産の価額は、評価通達に定める評価単位ごとに評価します。
②　時価の意義
　財産の価額は、時価によるものとし、時価とは、課税時期において、それぞれの財産の現況に応じ、不特定多数の当事者間で自由な取引が行われる場合に通常成立すると認められる価額をいい、その価額は、評価通達の定めによって評価した価額によります。
③　財産の評価
　財産の評価にあたっては、その財産の価額に影響を及ぼすべきすべての事情を考慮します。

第11章　財産評価の原則と名義財産

（3）財産評価の特則

① **評価方法の定めのない財産の評価**（評基通5）

　評価通達に評価方法の定めのない財産の価額は、評価通達に定める評価方法に準じて評価します。

② **評価通達の定めによりがたい場合の評価**（評基通6）

　評価通達の定めによって評価することが著しく不適当と認められる財産の価額は、国税庁長官の指示を受けて評価します。

3．相続税法の財産評価の規定の要約

　相続税法の財産評価の原則に関する規定を要約すると、以下のとおりです。

【相続税法の財産評価の原則と特則の要約】

　相続税法上の財産の価額は時価です。時価とは、不特定多数の第三者間で自由な取引が行われる場合に通常成立すると認められる価額をいいます。その価額は評価通達の定めにより評価することを原則とします。

　ただし、評価通達の定めによって評価することが著しく不適当と認められる財産の価額は、国税庁長官の指示を受けて個別に評価することがあります。

237

② 個人の所有財産の判定

1．個人が所有する財産

　個人が所有する財産とは、その個人が実質的に保有する財産で、その個人の意思により、自由に使用したり、運用して利益を得たり、処分等をすることができる財産をいいます。

2．所有する財産の意義

（1）所有する財産の意義

　生まれたばかりの子供は所有する財産が一切ありません。しかし、子供が、親族等からお年玉を1万円もらい、親が親権により開設した預金通帳に預け入れたとしたならば、その1万円は実質的に子供の所有する財産になります。なぜならば、この預金は、子供が親族から贈与により取得して、贈与税の課税対象になった後の財産だからです。もちろん、基礎控除以下の1万円には、贈与税の納税額は生じません。

　すなわち、個人が所有する財産となるためには、所得税、住民税、相続税、贈与税など何らかの租税の課税対象になる必要があるのです。つまり、財産は、納税額の有無にかかわらず、何らかの租税の課税対象になり、課税済みとなった財産は、はじめてその課税を受けた個人が実質的に所有する財産になります。

（2）課税済みの財産の具体例

①　個人が所得を得た後の課税済み財産

　個人が暦年において得た給与所得や事業所得には、所得税、復興特別所得税、住民税、事業税（以下、この章で「所得税等」という）が課税されます。所得税等が課税された後の課税済みの財産は、その個人が所有する財産になります。ただし、たとえば、1年間に得た所得が30万円の場合には、所得税等の基礎控除以下のため、所得税等は課税されません。しかし、この30万円の所得は、所得税等の課税対象とされた後の財産ですので、その個人が所有する財産になります。

第11章　財産評価の原則と名義財産

② 相続等により取得した後の課税済み財産

個人が相続、遺贈または贈与により取得した財産には、相続税や贈与税が課税されます。相続税や贈与税が課税された後の課税済み財産は、その個人が所有する財産になります。また、年間110万円の贈与を受けた場合には、暦年課税の基礎控除以下のため、贈与税額は課税されません。しかし、この贈与により取得した110万円は、贈与税の課税対象とされた後の財産ですので、その個人が所有する財産になります。

③ 非課税財産

遺族が支給を受ける遺族年金は、本来、所得税の課税の対象になりますが、国民年金法等により非課税の扱いになり、所得税等は課税されません。あくまでも非課税とされているにすぎず、遺族年金は、その個人が実質的に所有する財産となります。

また、被相続人から相続人が取得した仏壇仏具も、本来は相続税の課税の対象になりますが、非課税財産に該当します。こちらも、非課税とされているにすぎませんので、仏壇仏具はその個人が実質的に所有する財産となります。

👀 実務の着眼点（実質的な財産の所有者）

個人が財産を取得する場合は、何らかの租税の対象とされます。たとえば、給与は所得税等、相続財産は相続税、贈与財産は贈与税の課税対象とされます。したがって、何らかの租税の課税対象になった後の課税済みの財産が、その課税を受けた個人が所有する財産になります。

たとえば、専業主婦である妻が、給与所得者である夫の給与から生活費として渡された現金を節約して、残った現金を妻名義の預金に貯めていたとします。この預金の名義は妻ですが、この預金は夫に対してのみ所得税等が課税された後の財産ですので、実質的には、夫の所有する財産です。したがって、この預金は、夫の名義預金となります。

ただし、夫と妻で贈与契約書を締結し、妻が贈与税の申告を毎年していれば、その預金は妻の所有する財産であるという証明になります。

239

③ 名義財産の判定

1．相続税法と名義財産

　相続税法は、法律上の名義人が誰であるかにかかわらず、その財産の実質的な所有者に対して課税します。財産の実質的な所有者以外の者が、その財産の名義人になっている財産のことを名義財産といいます。

　そのため、相続税の申告等をする場合には、その財産が名義人に帰属する財産か、それとも、名義人以外の者に帰属する財産かを調査して、実質的な財産の所有者を検討したうえで、被相続人の相続財産であるかどうかを判断しなければなりません。

2．財産の帰属者の判断基準

　その財産が、実質的に誰に帰属するのかの判断は、下記の5つの観点から、被相続人と財産の名義人との関係性、その財産の名義が名義人となった経緯その他の状況等を考慮して、総合的に判断することになります。

- (1) 財産の購入資金等の提供者の観点
- (2) 金融資産等の原資の提供者の観点
- (3) 財産の管理・運用の観点
- (4) 財産からの利益の享受の観点
- (5) 贈与財産かどうかの観点

3．財産帰属者の5つの判断基準

（1）財産の購入資金等の提供者の観点

　購入した財産の実質的な所有者は、その財産の購入時に、その購入資金を提供した者になります。

第11章　財産評価の原則と名義財産

そのため、資産の名義人以外の者がその購入資金を支払った場合には、その財産の実質的な所有者は名義人ではなく、その購入資金の支払者であり、この財産は、その者の名義財産になります。

（2）金融資産等の原資の提供者の観点

①　預貯金の実質的な所有者

預貯金の実質的な所有者は、その預貯金の預け入れ原資の金銭提供者になります。

そのため、預貯金の名義人以外の者が、預け入れ原資の金銭提供者である場合には、その預貯金の実質的な所有者は、名義人ではなく、その預け入れ原資の金銭提供者であり、その預貯金は、その者の名義財産になります。

②　株式等の実質的な所有者

株式等の有価証券その他の金融資産等の実質的な所有者は、これらの最初の購入資金提供者です。

そのため、金融資産等の名義人以外の者が最初の購入資金提供者である場合には、その金融資産等の実質的な所有者は、名義人ではなく、その最初の購入資金提供者であり、その金融資産等は、その者の名義財産になります。

③　財産から生ずる利益の帰属者

預け入れ後の預貯金から生じた受取利息や金融資産等の取得後に生じた売却益または運用益は、名義にかかわらずこれらの財産の実質的な所有者に帰属します。

（3）財産の管理・運用の観点

財産の実質的な所有者であれば、その財産を自己のために使用したり、運用して利益を得たり、その財産を売却して処分することができます。反対に、財産の名義人がその財産を自由に使えないのであれば、その財産は名義人の財産ではなく、その財産を使用等することができる者の実質的な財産になります。

（4）財産からの利益の享受の観点

　財産の実質的な所有者であれば、その財産から生ずる利益の額を認識していますし、その利益を享受します。反対に、財産の名義人がその財産から生ずる利益の認識がなく、利益の享受もしていないのであれば、その財産は名義人の財産ではなく、利益を享受する者の実質的な財産になります。

（5）贈与財産かどうかの観点

　財産の名義人が、贈与契約によりその財産の名義人になり、その名義人自身がその財産の管理、運用をしているのであれば、その財産は、名義人の実質的な財産になります。

　しかし、贈与契約が形式的なものであり、贈与契約後も、財産の名義人は財産の管理・運用を一切せず、贈与前と変わらない状態で、かつ、贈与税の申告もされていないような場合には、その財産は名義財産と判断される可能性があります。

◑◑ 実務の着眼点（名義財産）

　相続財産は、その財産の名義にかかわらず、実質的な所有者が誰であるかによって被相続人の財産であるかどうかを判断します。したがって、法務局に登記されていない未登記の土地や建物であっても、実質的に被相続人に帰属するものは相続財産になります。また、本来は被相続人に帰属する現預金が、配偶者、子供または孫等の家族名義の預金等として銀行等に預け入れられていても、実質的に被相続人に帰属するものは名義財産として相続財産になります。証券会社の特定口座や生命保険についても同様です。このように被相続人の財産が被相続人以外の名義となっている財産を「名義財産」といいます。

第11章　財産評価の原則と名義財産

④　名義財産の具体例

1．相続税法の名義財産

相続税法において留意すべき名義財産は、以下のとおりです。

（1）被相続人が実質的所有者である財産

被相続人が実質的所有者である財産の名義が、被相続人の配偶者その他の親族の名義になっている場合には、その財産の名義にかかわらず、被相続人の相続財産として相続税の課税価格に算入しなければなりません。

（2）被相続人が実質的所有者でない財産

被相続人が実質的所有者でない財産の名義が、被相続人の名義になっている場合も考えられます。このような場合には、その財産の名義にかかわらず、その財産は、被相続人の相続財産ではありませんので相続税の課税価格に算入しません。

2．名義財産の具体例

名義財産には、以下のようなものなどがあります。

（1）名義預金

名義預金とは、被相続人が、生前に保有する金銭を預け入れた預貯金で、被相続人の配偶者その他の親族の名義になっているものをいいます。

たとえば、父が、子供が1歳の時に子供名義の預金通帳を開設し、毎年110万円の現金を贈与として入金していたとします。しかし、この預貯金通帳に登録された印鑑は、父名義の通帳と同じ印鑑であり、口座開設以降、父が管理し、子供はこの預貯金の存在について何も知らされていませんでした。

243

このような状態で父の相続が発生した場合には、子供はこの預貯金を自由に使うことができなかったばかりか、この預貯金の存在すら知らなかったのですから、この預貯金は父の名義預金となります。

（2）名義保険契約等

名義保険契約等とは、被相続人が生前に実質的に保険料を支払った生命保険契約等で、被相続人の配偶者その他の親族が契約者となっているものをいいます。

たとえば、父が満期になった1,000万円の定期預金で保険料を一括支払いし、保険契約者を子供にした一時払いの養老保険に加入したとします。この養老保険の契約者は、解約返戻金や満期保険金を受け取る権利があります。しかし、加入時に契約書に署名したのは父であり、子供はこの保険契約の存在について何も知らされていませんでした。

このような状態で父の相続が発生した場合には、子供はこの生命保険の契約書の署名をしていなかったばかりか、この保険契約の存在すら知らなかったのですから、この保険契約は父の名義保険契約等となります。

（3）名義有価証券等

名義有価証券等とは、被相続人が、生前に保有する金銭を預け入れて開設した証券会社の口座で購入した有価証券等で、口座名義が配偶者その他の親族になっているものをいいます。

たとえば、夫婦がそれぞれ現金10万円を入金してインターネットで運用する証券会社の口座を開設したとします。その後は、妻は証券口座の運用はせずに、夫のみが夫名義と妻名義の口座を使って運用していました。夫は、妻名義の口座の利益が多く出たときは夫名義の口座に資金を移し、夫名義の口座の利益が多く出たときは妻名義の口座に資金を移して2人の口座残高がおおむね同じになるようにしていました。

第11章　財産評価の原則と名義財産

このような状態で夫の相続が発生した場合には、2人の口座残高のうち、妻名義の口座の開設時の10万円は明らかに実質的に妻の財産ですが、それ以外の口座の残高は、夫の名義財産とされる可能性が高いです。

（4）名義不動産

名義不動産とは、被相続人が生前に保有する金銭により取得した土地、建物等の不動産で、被相続人の配偶者その他の親族の名義になっているものをいいます。

たとえば、父が生前にリゾートマンションの土地と建物を、祖父から相続した預貯金で購入したとします。ただし、土地、建物の名義は、父と子供とで各2分の1の共有名義としました。

このような状態で父の相続が発生した場合には、購入資金の提供者が父であるため、子供名義の2分の1の共有持分は、子供ではなく、父の名義不動産となります。

（5）名義不動産とならない場合

たとえば、父が生前にアパートの土地、建物を購入し、土地、建物の名義は、父と子供とで各2分の1の共有名義としました。ただし、父は購入資金のうち2分の1のみを預貯金で支払い、子供は購入資金の残りの2分の1を銀行から借入をして支払いました。その後、子供は、このアパートの家賃収入の2分の1から生ずる所得から銀行の返済をしたとします。

このような状態で父の相続が発生した場合には、父名義の2分の1の共有持分の土地、建物の実質的な所有者は、資金提供者の父です。ただし、子供名義の土地、建物は、子供自身が銀行借入により購入資金を提供していますので、子供が実質的な所有者となります。したがって、相続財産となるのは、父名義の2分の1の共有持分のみとなります。

245

⑤ 現金の評価

１．現金の評価 <small>（評基通４-３）</small>

　現金の評価は、邦貨（日本の貨幣）であれば、その金額により評価します。外貨（外国の貨幣）であれば、相続開始日の金融機関の対顧客直物電信相場（TTB）またはこれに準ずる相場により邦貨に換算して評価した金額が評価額になります。

２．被相続人所有の現金

　相続開始時の被相続人の所有する現金の在り高の把握は、難解な財産評価の１つです。しかし、相続税申告実務の中で、重要な業務ですから、時間をかけてしっかり把握する必要があります。また、通帳からの検証方法は、⑦で解説します。

　被相続人が所有していた現金としては、以下のもの等が考えられます。

　⑴　所持していた現金
　⑵　相続人その他の親族等に預けていた現金
　⑶　自宅等に保管された現金（たんす預金等）
　⑷　銀行等の貸金庫内の現金
　⑸　相続直前に家族が被相続人名義の口座から引き出した現金

３．現金在り高の把握方法

　以下、相続開始時に被相続人が保有していた現金在り高の把握方法を例示します。

（１）所持していた現金

　被相続人が、相続開始日に所持していた現金は、被相続人の財布その他の所持品等の中に所持していた現金をいいます。被相続人の所持していたバッグや財布等の中身を調べて把握します。

第11章　財産評価の原則と名義財産

（2）相続人その他の親族等に預けていた現金

　被相続人が亡くなる前に、相当期間にわたって入院していた場合等
は、被相続人は、看病してくれる相続人その他の親族等に預金通帳等
を預けることもあります。預金通帳等を預かった相続人その他の親族
等は、必要な現金を引き出して所持しているはずです。この場合の被
相続人の現金在り高は、相続人その他の親族等が把握しています。

（3）自宅等に保管された現金（たんす預金等）

①　同居している相続人その他の親族等がいる場合

　被相続人と同居している相続人その他の親族等が、被相続人の現預
金等を共同して管理していれば、その相続人その他の親族等が現金在
り高を把握しています。

　しかし、被相続人自身のみが現預金等を管理していた場合には、相
続人その他の親族等は被相続人の現金の保管場所等を見つけ出して、
現金在り高を把握する必要があります。

②　被相続人が1人暮らしの場合

　被相続人が1人暮らしの場合には、相続人その他の親族等は、自宅
の書斎の机、押入または金庫の中などを確認し、メモや金融機関から
の郵送書類等を整理しながら保管された現金を見つけ出して現金在り
高を把握します。

（4）銀行等の貸金庫内の預金

　被相続人が銀行等の貸金庫を借りている場合には、その中に現金が
保管されていることがありますので、貸金庫に行き、金庫内にある不
動産の権利証や他の財産とともに現金在り高を把握します。

（5）相続直前に相続人その他の親族等が被相続人名義の口
座から引き出した現金

　医師から被相続人の余命を宣言された場合に、相続人その他の親族
が医療費や葬儀費用の支払いに備えて、被相続人名義の口座から生前
に現金を引き出すことがあります。この引き出された現金も、被相続

247

人の所有していた現金です。引き出し日や金額は、金融機関の預金通帳を確認して把握します。

　なお、相続開始日後に、引き出した現金は、相続開始日の預金通帳の残額に含まれていますので、預金として評価されます。

👀 **実務の着眼点（金融機関の口座の凍結）**

　被相続人の金融機関の預金口座は、死亡届を提出し住民票や戸籍謄本に被相続人が死亡したことが登記されたことによって凍結されるわけではありません。被相続人の預金口座は、金融機関が口座名義人である被相続人が死亡したことを知った時に凍結されます。政治家や著名人の方であれば、死亡がテレビ等で報道されますのでその時点で凍結されます。ただし、一般人であれば、相続人等が金融機関に相続手続や残高証明書の発行を依頼しない限り、金融機関は被相続人の死亡を知るすべはありませんので、すぐには、口座の凍結はされません。

6 預貯金の評価

1．預貯金の評価 （評基通203）

（1）預貯金の評価の原則

　金融機関の預貯金の価額は、以下の算式により評価します。

① 相続開始時の預貯金の預入額（預貯金残額）

② 既経過利息の額

　ア 預貯金を相続開始日に解約した場合の受取利子の額

　イ アから源泉徴収される所得税、復興特別所得税および住民税利子割の額

　ウ ア－イ

③ 預貯金の評価額 ①＋②

248

第11章　財産評価の原則と名義財産

（2）預貯金の評価の特則

　上記（1）にかかわらず、定期預金、定期郵便貯金および定額郵便貯金以外の預金については、既経過利息の額が少額なものに限り、預入額だけで評価します。

（3）源泉徴収される所得税等

　銀行等が個人の預貯金に対して利息を支払う場合には、所得税法が規定する源泉徴収制度により、支払う利息総額から源泉所得税等を源泉徴収して、個人にはその残額が支払われることにより、課税関係が完了します。銀行等は、その徴収した源泉所得税等を翌月10日までに国等に納付します。個人が源泉徴収される源泉所得税等の税率は、所得税（15％）、復興特別所得税（15％×2.1％＝0.315％）、住民税利子割（5％）の合計20.315％です。銀行は、残りの79.685％（100％－20.315％）を個人の預貯金口座に振り込みます。

（4）既経過利息の計算例

　相続開始日に解約した場合の受取利子の額が100,000円の場合の既経過利息の額は、以下の金額になります。

　①　受取利子の額　　　　　　　100,000円（100％）
　②　源泉所得税等の額
　　ア　源泉所得税　　　　　　　15,000円（15％）
　　イ　復興特別所得税　　　　　　315円（15％×2.1％＝0.315％）
　　ウ　住民税利子割　　　　　　5,000円（5％）
　　エ　合計税額ア＋イ＋ウ＝　　20,315円
　③　既経過利息の額　①－②＝　79,685円（79.685％）

※　預金通帳には79,685円が振り込まれ、金融機関は、20,315円を翌月10日までに、国等に納付します。

249

（5）残高証明書と既経過利息の計算書の依頼

　預貯金の評価をする場合には、被相続人の預貯金口座のある金融機関に依頼して、相続開始日の被相続人の預貯金の残高証明書を発行してもらい、相続開始日の預貯金の預入額を確認します。その際に、定期預金等の既経過利息の計算書もあわせて依頼して、預貯金の評価をします。どちらの書類も有料です。

2．預貯金の凍結と相続手続

（1）預貯金口座の凍結

　残高証明書の発行を依頼すると、金融機関は被相続人の死亡を知りますので、その時点で被相続人の預金口座は凍結され、出入金をすることができなくなります。

（2）預貯金の凍結の解除

　預貯金の凍結を解除するには、相続人全員で各金融機関の相続手続をしなければなりません（第10章⑤2参照）。

3．遺産分割前の相続預金の払戻し制度

（1）相続預金の2種類の払戻し制度

　遺産分割協議が成立する前に、共同相続人全員の合意なく、相続人が単独で被相続人の預貯金を引き出すことは、原則としてできません。
　ただし、家庭裁判所の審判による払戻し制度と、令和元年7月1日から施行された民法の払戻し制度が、特例として設けられています。

（2）家庭裁判所の審判による払戻し制度

① 制度の概要

　相続人間で遺産分割の審判や調停が申し立てられている場合に、相

続人が家庭裁判所に申立てをする必要があります。家庭裁判所の審判を得たときは、その相続人は、単独で被相続人の相続預金から家庭裁判所が認めた金額を引き出して仮取得をすることができます。

　ただし、この制度は、その相続人の生活費の支払いのため等に仮払いの必要性が認められ、かつ、共同相続人の利益を侵害しない場合に限り、適用されます。

② **必要書類**
　ア　家庭裁判所の審判書謄本
　イ　払戻しをする者の印鑑証明書

（3）民法の払戻し制度（民法909の2）

① 民法の払戻し制度

　民法の改正により、令和元年7月1日以後に開始した相続については、遺産分割協議の成立前であっても各共同相続人は、被相続人の遺産に属する預貯金のうち、相続開始時の預貯金の額の3分の1相当額に、民法の法定相続分を乗じた金額までであれば、単独で払戻しができるようになりました。ただし、各共同相続人が払戻しをした預貯金の額は、その共同相続人が遺産の一部分割によりこれを取得したものとみなします。

② 払戻しの上限額

　各共同相続人が払戻しをすることができる金額は、標準的な当面の必要生計費等を勘案して法務省令により金融機関ごとに上限を150万円とされています。

③ 上限額の具体例

　相続人Aの法定相続分は2分の1であり、被相続人の相続開始時の預金残額が、甲銀行600万円、乙銀行1,200万円とした場合の相続人Aの払戻額の上限は以下のとおりです。

　ア　甲銀行の上限額　$600万円 \times \frac{1}{3} \times \frac{1}{2} = 100万円$
　　　$100万円 \leqq 150万円$　∴$100万円$
　イ　乙銀行の上限額　$1,200万円 \times \frac{1}{3} \times \frac{1}{2} = 200万円$
　　　$200万円 > 150万円$　∴$150万円$
　ウ　払戻し上限額　ア＋イ＝250万円

④ **必要書類**
ア　被相続人の出生から死亡までの連続する戸除籍謄本等
イ　相続人全員の戸籍全部事項証明書
ウ　払戻しをする者の印鑑証明書
※　法定相続情報一覧表を提出する場合には、アおよびイは省略できます。

⑦　預貯金等の通帳等の分析方法

1．預貯金等の通帳等の分析の必要性

　相続税の申告をするためには、被相続人の所有する財産を、もれなく申告しなければなりません。また、被相続人から相続人その他の親族への生前贈与の有無を確認し、生前贈与加算または相続時精算課税の申告もしなければなりません。

　そのため、被相続人の生前の預貯金等の通帳等の分析をする必要があります。預貯金等の通帳等を分析すると、生前贈与や名義預金の有無の確認ができます。また、相続人その他親族等が把握できていない被相続人の取引銀行または証券会社等や、高額な貴金属等の購入または友人への貸付金等が見つかるかもしれません。さらに、相続開始時にあるべき現金在り高を推測することもできます。

　以下、被相続人の生前の預貯金等の通帳等の分析方法について解説します。

2．被相続人の預貯金等の通帳等の収集

（1）預貯金等の通帳等の収集

①　同居している相続人その他の親族がいる場合

　被相続人と同居している相続人その他の親族がいる場合には、その相続人その他の親族に通帳等の収集を依頼します。通帳には、被相続人のメモ等がある場合があります。そのため、コピー等ではなく預貯金等の通帳等の原本を依頼します。

252

第11章　財産評価の原則と名義財産

② 被相続人が１人暮らしの場合

　被相続人が１人暮らしの場合には、相続人その他の親族に被相続人の自宅その他の場所を探してもらい、預貯金等の通帳等の収集を依頼します。また、被相続人のメモや金融機関からの郵送書類等の整理してもらい取引のある金融機関等を調べてもらいます。

（2）再発行の依頼等

　通帳の分析には、被相続人の所有するすべての通帳等を確認する必要があります。そのため、通帳等が見つからない場合には、必要に応じて、金融機関に依頼して過去の入出金明細を発行してもらいます。ただし、ほとんどの金融機関が、記録の保存期間を10年間としています。そのため、10年間分しか入手できないのが現実です。

３．通帳等の分析方法

（1）被相続人の預貯金残額の推移の把握

① 被相続人の預金残高の一覧表の作成・推移の確認

　収集した通帳等をもとに、被相続人が有するすべての預貯金等の通帳等を横軸に、年月を縦軸にした預金残高一覧表を作成します。その一覧表の１行目に、相続開始日の各預貯金等の残額を記入して預貯金等の合計残額を集計します。次に、相続開始日の１年前の各預貯金等残額を記入して、１年前の預貯金等の合計残額を集計します。同様にして、最低でも７年前までの預貯金等の合計残高を比較することができる一覧表を作成します。

253

預金残高一覧表

被相続人　○○○○様　　　　　　　　　　　　　　令和7年○月○日相続開始

銀行名	○○銀行	○○銀行	○○銀行	○○銀行	合計残高
種類	普通預金	普通預金	定期預金	定期預金	
口座番号	××××	××××	××××	××××	
R7. 8. 2					
R6. 8. 2					
R5. 8. 2					
R4. 8. 2					
R3. 8. 2					
R2. 8. 2					
RⅠ. 8. 2					

②　被相続人の預貯金残高の推移の確認

　一覧表の預貯金残額の7年間の推移を大きく把握します。被相続人の預貯金の合計残額の増減が大きな年は、預貯金の通帳を詳細に分析して増減の理由を解明する必要があります。

（2）多額の支出額がある場合

　預貯金の合計残額の多額な減少がある年には、以下の事項が生じている可能性がありますので、振込先等を調べて調査をする必要があります。

①　生前贈与

　贈与日、受贈者氏名および贈与金額等を調べて、生前贈与加算または相続時精算課税の申告をします。

②　名義財産

　名義人の氏名、名義財産の種類および金額等を調べて、名義人が相続人等であれば、課税価格に含めます。

③　高額資産の取得等

　購入先、取得資産の種類等を調べて、未計上であれば課税価格に計上します。

※　ただし、口座振込みでない現金の引き出しがあった場合には、必ず、その使途を解明しなければなりません。

第11章　財産評価の原則と名義財産

（3）多額の入金額がある場合

　預金の合計残額の多額な増加がある年には、以下の事項が生じている可能性がありますので、振込者を調べて調査する必要があります。

①　資産の売却

　売買契約書、所得税の譲渡の申告書等により売却金額等を調査します。

②　退職金等の受給

　退職所得の源泉徴収票等で金額等を調査します。

③　相続、遺贈、贈与による預貯金の取得

　分割協議書、遺言書、贈与契約書、税務申告等により調査します。

　※　ただし、口座振込でない預貯金への多額の現金の入金は、通常はあり得ないことですので、必ず、その理由を解明しなければなりません。

（4）相続人等の預金残高の一覧表の作成

　被相続人の預貯金等に多額の現金支出等が頻繁にある場合等には、必要に応じて、配偶者、同居者その他の親族の預貯金についても、被相続人と同様の方法で1年ごとの預金の残高合計一覧表を作成します。

（5）被相続人の推定生活費の把握

　通帳等から毎月引き出される金額を確認して、被相続人の生活費を推定します。生活費とは、被相続人やその扶養義務者等の衣食住の費用、医療費、学費、娯楽費などの現金支出をいいます。引き出し金額が毎月10万円の人もいれば毎月100万円を超える人もいます。その中からたんす預金等をしているかもしれません。そのため、毎月の生活費のおおまかな使途を調べて支出額と比較する必要があります。ただし、通帳等で長期間確認してみると、人それぞれですが、生活費の引出し金額はおおむね一定していますので、ある程度推測することができます。また、下記（6）の現金在り高の推測に必要なため、7年間の現金引き出し額の累計額は計算しておきます。

255

（6）通帳の分析から推測される現金在り高

　相続開始以前の7年間の被相続人等の預貯金等の通帳等を入手して、上記（1）から（5）の分析を行った場合、被相続人が相続開始時に所有しているべき現金在り高は、以下の①の金額から、②と③を控除した金額であると推測されます。

　　①　相続開始日以前7年間に被相続人の預貯金等の通帳等から現金として引き出された金額の累計額
　　②　①の金額のうち、使途が特定された金額
　　③　相続開始日以前7年間の被相続人の推定生活費の累計額

（7）相続開始時の現金在り高の検証

　相続人等から聴取した相続開始時の現金在り高と、上記（6）の推定額とを比較します。実際の現金在り高と推測額がおおむねあっていれば、その実際在り高は正しいと判断できます。ただし、実際の現金在り高と推測額との差額が大きい場合には、以下のように対処します。

①　実際の現金在り高が推測額よりも多い場合は、生活費の見積額が過大であったなどの原因が考えられます。この場合には、相続財産の計上もれの可能性は少ないと考えられます。そのため、実際の現金在り高を相続財産として、相続税の申告をします。

②　実際の現金在り高が推測額よりも少ない場合には、たんす預金等の現金、名義預金、贈与財産、把握できていないその他の財産等が存在する可能性があります。そのため、さらなる調査が必要となります。

第 12 章

不動産の基礎と
家屋の評価

　土地や家屋等の不動産の評価をするためには、不動産に関する法律その他の基礎知識が必要になります。そのため、本章では、不動産の評価に必要な不動産登記の知識、公図、測量図、建物図面等の知識、都市計画法や建築基準法等の基本事項について解説します。また、家屋の評価と令和6年度から適用される居住用区分建物の評価について、計算例を示して解説します。

1 不動産の所有権　258

2 公図・登記事項証明書等　260

3 都市計画法と建築基準法　269

4 家屋の評価　271

5 居住用区分所有財産の評価　274

① 不動産の所有権

1. 所有権

（1）所有権 （民法206）

　民法は、所有者は法令の制限内において、自由にその所有物の使用、収益および処分をする権利を有すると規定しています。

　具体的には、土地の所有者は、その土地に住宅を建築して居住し、または、アパートを建築して家賃を得る権利があります。また、その土地を売却して金銭を取得する権利もあります。

（2）所有権の登記

　土地、建物等の不動産については、不動産登記法により、その所在地、所有者その他の情報が法務局に登記されています。この登記情報により、所有者は不動産の所有者であることを第三者に対して対抗することができます。

　なお、令和6年4月1日以後、相続等により取得した不動産の相続登記の申請が義務化されました（第10章④参照）。

2. 不動産の所有権

（1）単独所有

　単独所有の不動産とは、1つの不動産を1人の者が所有していることをいいます。そのため、その所有者は自己の意思で自由に権利を行使することができます。

（2）共　有

①　共有の不動産

　共有の不動産とは、1つの不動産を複数の者が所有することをいい

ます。この複数の所有者を共有者といい、共有の不動産を共有物といいます。各共有者が共有物に対して有する権利の割合を、共有持分といいます。共有持分は、登記事項になります。共有の不動産は、以下の②③等の制限を受けます。

② **共有物の使用と変更**（民法249、251）

各共有者は、共有物の全部について、共有持分に応じた使用をすることができます。ただし、各共有者は、共有者の同意を得なければ、共有物の形状や効用を著しく変更することはできません。

③ **共有物の処分**（民法206）

各共有者は、他の共有者の同意なしで、自己の共有持分を自由に処分することができます。ただし、共有物全体や他の共有者の持分を処分することはできません。

（3）共有物の分割（民法256、所基通33-1の7）

共有物の分割とは、原則として、共有不動産の共有を解消して、分割後の不動産を単独所有等にすることをいいます。各共有者は、いつでも共有物の分割の請求をすることができます。そして、共有者全員の協議により、共有物の分割が成立した場合には、共有物の分割協議書等を作成して登記をします。

税法上は、共有物の分割により各共有者が取得した単独所有物等の価額の共有物全体の価額に占める割合が、分割前の共有割合と同じ場合には課税関係は生じませんが、異なる場合には、所得税または贈与税の課税関係が生じます。

3．区分所有建物

（1）区分所有建物

区分所有建物とは，１棟の建物のうち、構造上独立した２以上の部屋を有し、かつ、区分された部屋は、住居、店舗、事務所等の用途に使用でき、その独立した各部屋が所有権として登記できる建物をいい

ます。構造上の独立性とは、壁、床、天井等により各部屋が物理的に
区分されていることをいいます。

　具体的には、自宅兼賃貸住宅、玄関が別の独立した二世帯住宅、住
宅用分譲マンション、テナントビル等が該当します。

　区分所有建物においては、独立した各部屋の専有部分については、
単独所有権を有し、外壁、廊下、階段、エレベータ等の共用部分につ
いては共有所有権を有することになります。

（２）敷地権

　区分所有建物では、１棟の建物のうち専有部分の建物が区分されて、
各々、単独所有権として登記されます。建物の区分所有等に関する法
律により、その専有部分の建物に係る建物の権利と敷地の権利は、基
本的には、一体化して登記されます。この建物と一体化して登記され
た敷地の権利を、敷地権といいます。敷地権の設定がされた区分所有
建物は、専有部分の建物と敷地権を分離して処分することができなく
なります。

② 　公図・登記事項証明書等

1. 公　図

（１）公図とは

　公図とは、法務局が管理し公開している公的図面で、土地の形状、
地番、道路、水路等を表しているものです。公図には、次の２種類が
あります。あわせて公図ということもあります。

① 　地図（14条地図）
　地図とは、不動産登記法第14条第１項（以下、「14条の地図」とい
う）により法務局に備え付けられた土地の面積や距離、形状、位置等
の正確性が高い図面をいいます。

第12章　不動産の基礎と家屋の評価

②　地図に準ずる図面（公図）

　地図に準ずる図面（公図）とは、明治時代に作成された旧土地台帳附属地図で、14条の地図に比べて正確性の低い図面です。国は、地図の作成を進めていますが、現在の日本の土地のうち約6割が14条の地図であり、約4割がこの地図に準ずる図面（公図）です。図面（公園）は、14条の地図が備え付けられるまでの間、これに代わるものとして法務局に備え付けられることになっています。

（2）地　番

　地番とは、公図上で区分された各土地に付された番号をいいます。この地番ごとに、登記簿謄本が作成されています。ただし、もともと課税の対象でない公図上の道路または水路などの土地には、地番が付されていないことがあります。

　また、土地の数え方は、1つの地番の土地を1筆（ひとふで・いっぴつ）、2つの地番の土地を2筆（ふたふで・にひつ）と数えます。

（3）分筆・合筆

　1筆の土地を、複数の筆の土地に分割して登記することを分筆（ぶんぴつ）といいます。たとえば、地番が120番の土地を2筆の土地に分筆する場合には、分筆する土地の地番は120番1になり、分筆された土地の地番は120番2となります。

　また、複数の地番の土地を合わせて1つの地番にして登記することもできます。これを合筆（ごうひつ）といいます。分筆、合筆の登記は、土地家屋調査士に依頼して行います。

261

◆公図

表示年月日:2025/02/24

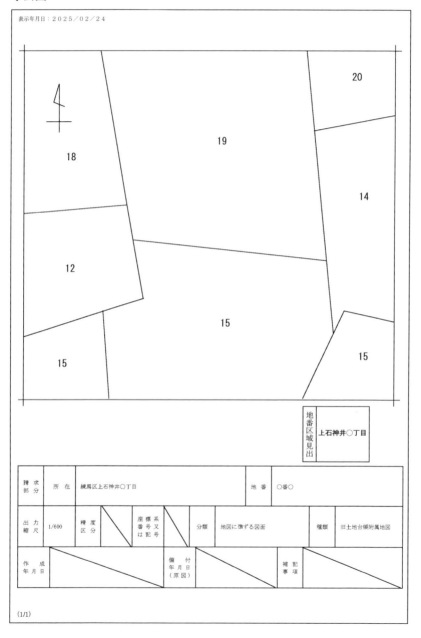

第12章　不動産の基礎と家屋の評価

２．登記事項証明書

（１）登記事項証明書とは

　土地、建物等の不動産については、不動産登記法により、その所在地、所有者その他の情報が法務局に登記されています。登記事項証明書とは、法務局に登記された不動産登記等の内容を証明するものです。

（２）登記簿謄本等と登記事項証明書

　従前は、登記事項を直接登記用紙に記載していました。この用紙を複写し、登記事項の全部を証明したものが登記簿謄本で、一部を証明したものが登記簿抄本です。現在、すべての法務局はコンピュータ化され、登記事項を磁気ディスクに記録しています。この磁気ディスクの内容を証明したものが、登記事項証明書です。登記事項証明書には、全部事項証明書、一部事項証明書、現在事項証明書、閉鎖事項証明書の４種類があります。登記簿謄本等と登記事項証明書とは名称は異なりますが、登記事項を証明するという同じ効力があります。

（３）土地の全部事項証明書の情報

　土地の全部事項証明書の情報は、以下のとおりです。
① **表題部（土地の表示）**
　土地の所在、地番、地目、地積等の情報が記載されています。
② **権利部（甲区）（所有権に関する事項）**
　土地の所有権をいつ、何の原因で、誰が有しているかなどの情報が記載されています。
③ **権利部（乙区）（所有権以外の権利に関する事項）**
　所有権以外の抵当権、地上権等の権利がいつ、何の原因で、誰が設定しているかなどの情報が記載されています。

263

◆土地の全部事項証明書

東京都練馬区上石神井一丁目○−○·○				全部事項証明書		（土地）

表　題　部　　（土地の表示）		調製	余　白		不動産番号	０１１６００１４４３５３２
地図番号	余　白	筆界特定	余　白			
所　在	練馬区上石神井四丁目			余　白		
①　地　番	②地　目	③　　地　　積　　　　㎡		原因及びその日付［登記の日付］		
４７９番５９	宅地	３１｜０４		４７９番１９から分筆 〔令和５年１月２３日〕		

権　利　部　（　甲　区　）　　（所　有　権　に　関　す　る　事　項）			
順位番号	登　記　の　目　的	受付年月日・受付番号	権　利　者　そ　の　他　の　事　項
1	所有権移転	平成○○年１０月１９日 第１２３４号	原因　平成○○年１０月　９日売買 所有者　練馬区上石神井一丁目○番○号 　　　　株式会社○○

権　利　部　（　乙　区　）　　（所　有　権　以　外　の　権　利　に　関　す　る　事　項）			
順位番号	登　記　の　目　的	受付年月日・受付番号	権　利　者　そ　の　他　の　事　項
1	根抵当権設定	平成○○年９月１２日 第５６７８号	原因　平成○○年９月１２日設定 極度額　金１億２,０００万円 債権の範囲　銀行取引　手形債権　小切手債権 債務者　練馬区上石神井一丁目○番○号 　　　　株式会社○○ 抵当権者　千代田区○○４番１号 　　　　株式会社○○銀行 　　　　（取扱店　○○支店） 共同担保　目録(ろ)第１２３４号

これは、登記記録に記録されている事項の全部を証明した書面である。
（東京法務局管轄）
令和○年○月○日
東京法務局練馬出張所　　　　　　　　　　　　　　　　　　　登記官　　　練馬　一郎

※　「登記の目的」欄に「相続人申告」と記載されている冬季は、所有権の登記名義人（所有者）の相続人からの申出に基づき

　　登記官が職権で、申出があった相続人の住所・氏名当を付記したものであり、権利関係を公示するものではない。

※　河川のあるものは末梢事項であることを示す。　　　　　　　　　　　　整理番号　K12345　（1/1）　　1/1

第12章　不動産の基礎と家屋の評価

（4）建物の全部事項証明書の情報

建物の全部事項証明書の情報は、以下のとおりです。

①　表題部（主である建物の表示）

建物の所在、家屋番号、種類、構造、床面積等の情報が記載されます。

②　権利部（甲区）（所有権に関する事項）

建物の所有権をいつ、何の原因で、誰が有しているかなどの情報が記載されています。

③　権利部（乙区）（所有権以外の権利に関する事項）

所有権以外の抵当権、地上権などの権利がいつ、何の原因で、誰が設定しているかなどの情報が表示されています。

（5）区分所有建物の全部事項証明書の情報

区分所有建物の全部事項証明書の情報は、**本章⑤6**を参照してください。

3．公図・登記事項証明書等の取得方法

誰でも日本中の公図や登記事項証明書等を取得することができます。法務局から窓口または郵送で取得する方法、インターネットの「登記・供託オンライン申請システム」で取得する方法等があります。

なお、証明書の発行ではなく、登記内容の確認のみであれば、インターネットの「登記情報提供サービス」で、法務局の登記情報を閲覧したり、PDFファイルで取得する方法があります。どの方法も有料になります。

◆建物の全部事項証明書

東京都練馬区上石神井一丁目○−○-○			全部事項証明書	（建物）

表　題　部	（主である建物の表示）	調製	余　白	不動産番号	０００００００００００００

所在図番号	余　白	

所　　在	練馬区上石神井一丁目　○○番地○○、○○番地○○	余　白

家屋番号	○○番○○	余　白

①　種　類	②　構　造	③　床　面　積　㎡	原因及びその日付［登記の日付］
共同住宅 事務所	鉄筋コンクリート造陸屋根 3階建	1階　　２１１：０５ 2階　　２００：００ 3階　　２００：００	平成○○年1月10日新築 ［平成○○年1月２０日］

権　利　部　（　甲　区　）　（　所　有　権　に　関　す　る　事　項　）			
順位番号	登　記　の　目　的	受付年月日・受付番号	権　利　者　そ　の　他　の　事　項
1	所有権保存	平成○○年１０月9日 第１２３４号	所有者　練馬区上石神井一丁目○番○号 　　　株式会社○○○○

権　利　部　（　乙　区　）　（　所　有　権　以　外　の　権　利　に　関　す　る　事　項　）			
順位番号	登　記　の　目　的	受付年月日・受付番号	権　利　者　そ　の　他　の　事　項
1	抵当権設定	昭和５５年8月２５日 第３７８９９号	原因　平成１９年１０月１９日設定 極度額　金1億2,000万円 債権の範囲　銀行取引　手形債権　小切手債権 債務者　練馬区上石神井一丁目○番○号 　　　株式会社○○ 抵当権者　千代田区○○4番1号 　　　株式会社○○銀行 　　　（取扱店　○○支店） 共同担保　目録（ろ）第１２３４号

これは、登記記録に記録されている事項の全部を証明した書面である。
（東京法務局管轄）
令和○年○月○日
東京法務局練馬出張所　　　　　　　　　　　　　　　　　登記官　　練馬一郎

※　「登記の目的」欄に「相続人申告」と記載されている冬季は、所有権の登記名義人（所有者）の相続人からの申出に基づき

　　登記官が職権で、申出があった相続人の住所・氏名当を付記したものであり、権利関係を公示するものではない。

※　下線のあるものは抹消事項であることを示す。

整理番号　Ｋ１２３４５　　（1/1）　　1/1

第12章　不動産の基礎と家屋の評価

４．測量図

　測量図とは、１筆の土地の地積を測量してその結果を示した図面です。測量図は、測量士または土地家屋調査士が、土地を測量して作成します。測量図には、以下の３種類があります。

（1）現況測量図

　現況測量図は、隣接地との境界確認を得ないで、土地所有者が推測する境界をもとに作成した測量図です。そのため、建物の建築確認申請には使えますが、売買には使えません。

（2）確定測量図

　確定測量図は、隣接地との境界について、官民すべての隣接地の所有者と境界確認を行い、それを基礎として作成した測量図です。境界確認書により境界が確定していますから、土地の売買にも使えます。ただし、土地所有者が紛失した場合には、新たに作成しなければなりません。

（3）地積測量図

　地積測量図とは、法務局が管理公開している土地の地積や境界を示す公的図面です。土地の分筆登記、合筆登記をする場合には、地積測量図が必要となります。

５．建物図面

　建物図面とは、法務局が管理し公開している建物の形状と敷地の位置関係を示す図面です。また、各階平面図とは、建物の各階の形状と床面積等を記載した図面です。あわせて、建物図面といいます。

◆地積測量図

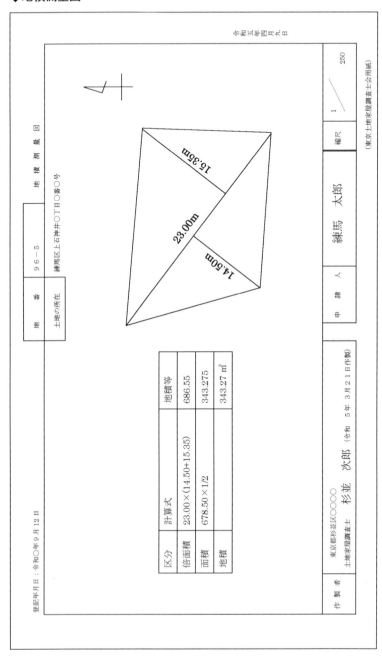

第12章　不動産の基礎と家屋の評価

③　都市計画法と建築基準法

１．都市計画法および建築基準法

（１）都市計画法

　都市計画法は、まちづくりのルールを定めた法律です。各都道府県は、市街地を中心とする都市計画地域とその周辺の準都市計画地域を指定します。この都市計画地域と準都市計画地域内の宅地の開発行為や建築等については、都道府県知事等による許認可制や区域、地域または地区に応ずる建築等の規制を受けます。

（２）建築基準法

　建築基準法は、建築物の敷地、構造、設備および用途に関する最低限の基準を定めた法律です。建築基準法は、全国どこでも適用される単体規定と、都市計画区域と準都市計画地区域に限り適用される集団規定等から構成されています。

（３）建築基準法の建築規制

　都市計画地域と準都市計画地域内の建築物に対しては、以下の建築規制がなされています。

①　接道義務

　建築物の建築をするためには、その敷地が建築基準法に規定する道路（原則として幅員４ｍ以上の道路）に最低２ｍ以上接道していなければなりません。したがって、同法施行時に幅員４ｍ未満の道路（建基法42②）に接道している既存建物を再建築する場合には、一般的には、道路の中心線から並行して２ｍまでの部分には建物の建築ができません。そのため、その部分は、道路用地として提供し、それ以外の敷地に建物を建築しなければなりません。これを、セットバックといいます。

269

② **用途規制**

　都市計画法により指定された用途地域ごとに、建築制限が設けられています。たとえば、第一種低層住居専用地域内であれば、原則として住宅等のみの建築が認められ、高さ制限や日照規制などの諸規制がなされます。

③ **形態規制**

　建築物の敷地に対する容積率や建ぺい率を定めて、建築物の建築面積等について規制しています。容積率とは敷地面積に対する延床面積をいい、建ぺい率とは、敷地面積に対する建築面積の割合をいいます。

　たとえば、容積率100％、建ぺい率50％の地域で、地積100㎡の宅地に建物を建築する場合には、建築面積が50㎡（100㎡×50％）以内、延床面積が100㎡（100㎡×100％）以内の建物、つまり、最大で1階50㎡で2階50㎡の2階建の建物が建築できることになります。

　ア　建ぺい率（50％）……上から見る

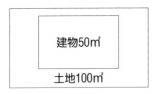

　イ　容積率（100％）……横から見る

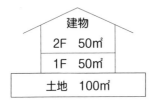

2．尺貫法

　尺貫法とは、メートル法とは別の日本の長さ、面積の計量単位で、「畳」や「坪」等は建物や土地の単位として現在でも使われます。そ

第12章　不動産の基礎と家屋の評価

の他、古い測量図等で使われています。尺貫法の主な単位は、以下のとおりです。

※　カッコ内のメートル法による単位はすべて概数です。

①　長　さ

尺貫法	1寸	1尺	1間	1町	1里
	10分	10寸	6尺	60間	36町
メートル法 (概数)	3.03cm	30.30cm	1.82m	109.09m	3.93km

②　面　積

尺貫法	1坪	1畝	1反	1町
	※	30坪	10畝	10反
メートル法 (概数)	3.30㎡	99.17㎡	991.73㎡	9,917.35㎡

※　1坪は、タタミ2畳分の面積です。

④　家屋の評価

1．家屋の定義

　評価通達における家屋とは、旧家屋台帳法の家屋と同一で、固定資産税法の家屋および不動産登記法の建物と同じ意義であるといわれています。したがって、家屋とは、住家、店舗、工場（発電所および変電所を含む）、倉庫その他の建物であり、登記簿に登記されるべき建物をいいます。

　また、不動産登記規則第111条では、建物は、屋根および周壁またはこれらに類するものを有し、土地に定着した建造物であって、その目的とする用途に供し得る状態にあるものでなければならないと規定しています。

271

2．家屋の評価単位 （評基通88）

家屋は、原則として1棟ごとに評価します。

3．家屋の評価

（1）自用家屋の評価 （評基通89）

自用家屋の価額は、以下のとおりに評価します。

家屋の固定資産税評価額×1.0

※　自用家屋とは、自己の居住用家屋、自己の事業用家屋、自己の別荘などの家屋をいいます。

（2）建築中の家屋の評価 （評基通91）

建築中の資産の価額は、以下のとおりに評価します。

その家屋の費用現価×70％

※　費用現価とは、課税時期までに投下された建築費用の額を課税時期の価額に引き直した額の合計額をいいます。費用現価は、課税時期までに支払った金額ではなく、建築費の総額に進捗割合等を考慮して計算した金額です。

（3）附属設備等の評価 （評基通92）

附属設備等の評価は、以下によります。

①　家屋と構造上一体となっている設備の評価

家屋の所有者が有する電気設備、ガス設備、衛生設備、給排水設備、昇降機等で、その家屋に取り付けられ、その家屋と構造上一体となっているものは、その家屋の価額に含めて評価します。これらの設備は、固定資産税評価額に含まれると考えられますので、別途評価はしません。

②　門等の附属設備の評価

門、塀、外井戸等の附属設備の価額は、以下のとおりに評価します。

（再建築価額−償却費の額または減価の額）×70％

272

第12章　不動産の基礎と家屋の評価

再建築価額とは、課税時期に新たにその財産を建築等するために要する費用の合計額をいいます。業者の見積等を参考にします。

償却費の額は、法定耐用年数による定率法で、1年未満を切り上げて計算します。

③　庭園設備の評価

庭木庭石、あずまや、庭池等の庭園設備の価額は、以下のとおりに評価します。

調達価額×70%

調達価額とは、課税時期にその財産の現況により取得する場合の価額をいいます。業者等の見積等を参考にします。

（4）貸家の評価

貸家（建物の所有者以外の者に賃貸されている家屋）の価額は、以下のとおりに評価します。

自用家屋の評価額×（1－借家権割合30%×賃貸割合）

賃貸割合とは、貸家の総床面積のうち、課税時期に賃貸の用に供されている床面積の割合をいいます。したがって、貸家に空室がある場合には、その部分は自用家屋として評価します。ただし、継続して賃貸されていた各独立部分が一時的に空室であった場合は、貸家として評価することができます。

（5）自用家屋と貸家の併用家屋の評価

1棟の建物に自用家屋部分と貸家部分がある場合には、家屋の総床面積に対するそれぞれの部分の床面積の割合に応じて、自用家屋と貸家とに区分して評価します。

〔具体例〕

以下の住居兼貸家の家屋の評価額は、以下のとおりになります。

前提条件　固定資産税評価額1,000万円、貸家は満室

　　　　　全体の床面積100㎡（自用家屋40㎡、貸家60㎡）

273

ア　自用家屋の評価額
　　1,000万円×40㎡／100㎡＝400万円
　イ　貸家の評価額
　　1,000万円×60㎡／100㎡×（1−0.30×100％）＝420万円

4．固定資産税評価額

　固定資産税評価額とは、市区町村または都税事務所が固定資産税を賦課課税するための課税標準の基礎となる土地または建物の評価額をいいます。固定資産税評価額は、3年おきの基準年度に評価替えを行い、翌年以後2年間は評価額を据え置きます。令和6年が基準年度でしたので、次の基準年度は令和9年で、以下3年おきの年になります。

⑤　居住用区分所有財産の評価

1．制度新設の経緯

　令和5年9月28日付で、国税庁から、「居住用の区分所有財産の評価について」の法令解釈通達（課評2-74、2-16）が公表されました。

　都心およびその周辺の戸建住宅の土地建物の相続税評価額は、実際の売買価額のおおよそ6割程度の金額であるのに対して、居住用区分マンションの相続税評価額は、売買価額のおおよそ3割強程度の金額だといわれています。

　また、高層マンションの1階の部屋と最上階の部屋の売買価額は、明らかに差があるにもかかわらず、居住用区分マンションの家屋や土地の相続税評価額の計算においては、この差額を反映できませんでした。

　この法令解釈通達は、近年の居住用区分財産の取引実態等を踏まえて創設されました。なお、この通達は、令和6年1月1日以降の相続、遺贈または贈与により取得した一定の居住用区分所有財産に対して適用されます。

第12章　不動産の基礎と家屋の評価

2．居住用区分所有財産

（1）居住用区分所有財産の範囲

　居住用区分所有財産（一室の区分所有権等）とは、一棟の区分所有建物に存する居住の用に供する専有部分一室に係る区分所有権（共用部分の共有持分を含む）および敷地利用権をいいます。専有部分一室に係る区分所有権とは、建物の区分所有権をいい、敷地利用権とは、土地の敷地権をいいます。居住用とは、登記上の種類が居宅であるものをいいます（**本章**①3参照）。

（2）居住用区分所有財産に該当しないもの

　以下のものは、居住用区分所有財産に該当しませんので、本通達は適用されません。

　①　区分所有登記がされていない建物（共有物である建物を含む）

　②　地階を除く総階数が2階以下の居住用区分所有建物（低層集合住宅）

　③　1棟の区分所有建物の専有部分の部屋数が3室以下で、かつ、そのすべてを区分所有者またはその親族が居住の用に供しているもの

　④　個人の不動産業者が、取得した棚卸資産に該当するもの

　⑤　居住用以外の事業用、テナント用のもの

3．　居住用区分所有財産の評価額

（1）一室に係る区分所有権（建物部分）の評価

　①　従前の区分所有権の評価額
　　　専有部分の固定資産税評価額×1.00

　②　一室に係る区分所有権の評価額
　　　①×区分所有補正率

275

（2）一室の区分所有権に係る敷地利用権の評価

① 従前の敷地利用権の評価額
　専有建物に対応する敷地利用権の自用地評価額
② 一室に係る区分所有権に係る敷地利用権の評価額
　①×区分所有補正率

4．区分所有補正率

（1）区分所有補正率

評価水準の区分	区分補正率
評価水準　＜　0.6	評価乖離率×0.6
0.6≦評価水準≦1.0	補正なし（従前の評価額）
1.0　＜　評価水準	評価乖離率

（2）評価水準の算式

1　÷　評価乖離率

（3）評価乖離率の算式

A＋B＋C＋D＋3.220

A　一棟の区分所有建物の築年数×△0.033
※　築年数は、建物の建築の時から課税時期までの年数（1年未満切上）

B　建物の総階数指数×0.239（小数点以下4位切捨）
※　総階数指数＝地階を除く総階数を33で除した数（小数点以下4位切捨、1を越える場合は1）

C　専有部分の所在階数×0.018
※　専有部分が複数階のもの（メゾネットタイプ）は、階数が低いほうの階数を所在階数とします。また、専有部分が地階である場合には、所在階数は零階とし、Cの値は零とします。

第12章　不動産の基礎と家屋の評価

　　D　敷地持分狭小度×△1.195（小数点以下4位切上）
　　※　敷地持分狭小度＝敷地利用権の地積÷専有部分の床面積（小数点以下
　　　4位切上）
　　※　敷地利用権の地積（小数点以下3位切上）は、以下によります。
　　　ア　敷地権の場合　敷地権土地の地積×敷地権割合
　　　イ　ア以外の場合　敷地の地積×敷地の共有持分割合

5．居住用区分所有財産の評価の具体例

（1）前提条件

　課税時期は令和6年9月3日で、家屋の築年数は、5年10か月です。
　①　家屋の専有部分の相続税評価額
　　　　　2,000万円（固定資産税評価額×1.00）
　②　敷地権の相続税の自用地評価額
　　　　　8,000万円（区分所有補正率適用前の価額）
　③　区分所有建物の情報は、P.280の区分所有建物の全部事項証明
　　書のとおりです。

（2）区分所有補正率

　P.279の国税庁ホームページの「居住用区分所有財産の評価に係る
区分所有補正率の計算明細書（エクセル版）」に、評価に必要な数値
等（❶から❻）を、P.280の区分所有建物の全部事項証明書の❶から
❻から転記等をすることによって、区分所有補正率が自動計算されま
す。本具体例の区分所有補正率は、補正率の計算明細書⑫に示すとお
り1.773になります。

（3）相続税評価額

　①　家屋の評価額　　2,000万円×1.773＝　　3,546万円
　②　敷地権の評価額　8,000万円×1.773＝1億4,184万円
　③　評価額合計　　　①＋②＝　　1億7,730万円

277

6．区分所有建物の全部事項証明書の情報

区分所有建物の全部事項証明書の情報は、以下のとおりです（P.280〜参照）。

① 専有部分の家屋番号

区分所有された建物すべての専有部分の家屋番号が記載されています。

② 表題部（一棟の建物の表示）

建物全体の所在、建物の名称、構造、床面積等の情報が記載されています。

③ 表題部（敷地権の目的である土地の表示）

敷地権の設定された土地について、土地の符号、所在および地番、地目、地積等の情報が記載されています。

④ 表題部（専有部分の建物の表示）

専有部分の建物の名称、種類、構造、床面積等の情報が記載されています。

⑤ 表題部（敷地権の表示）

土地の符号、敷地権の種類、敷地権の割合等の情報が記載されています。

⑥ 権利部（甲区）（所有権に関する事項）

区分所有建物の所有権をいつ、何の原因で、誰が有しているかなどの情報が記載されています。

⑦ 権利部（乙区）（所有権以外の権利に関する事項）

所有権以外の抵当権などの権利がいつ、何の原因で、誰が設定しているかなどの情報が記載されています。

278

第12章　不動産の基礎と家屋の評価

◆居住用の区分所有財産の評価に係る区分所有補正率の計算明細書

居住用の区分所有財産の評価に係る区分所有補正率の計算明細書

（住居表示）所在地番	（　　　　　　　　　　　　　　　　　　　　　　　　　　　　）
家屋番号	

（令和六年一月一日以降用）

区分所有補正率の計算	A	① 築年数（注1）　❻　　6 年			①×△0.033　△0.198
	B	② 総階数（注2）　❶　　13 階	③ 総階数指数（②÷33）（小数点以下第4位切捨て、1を超える場合は1）　0.393		③×0.239（小数点以下第4位切捨て）　0.093
	C	④ 所在階（注3）　❷　　12 階			④×0.018　0.216
	D	⑤ 専有部分の面積　❸　153.34 ㎡	⑥ 敷地の面積　❹　1,500.20 ㎡	⑦ 敷地権の割合（共有持分の割合）　❺　3,200／100,000	⑨×△1.195（小数点以下第4位切上げ）　△0.376
		⑧ 敷地利用権の面積（⑥×⑦）（小数点以下第3位切上げ）　48.01 ㎡	⑨ 敷地持分狭小度（⑧÷⑤）（小数点以下第4位切上げ）　0.314		
	⑩ 評価乖離率（A＋B＋C＋D＋3.220）　2.955				
	⑪ 評価水準（1÷⑩）　0.3384094755				
	⑫ 区分所有補正率（注4・5）　1.773				
備考					

(注1)　「① 築年数」は、建築の時から課税時期までの期間とし、1年未満の端数があるときは1年として計算します。

(注2)　「② 総階数」に、地階（地下階）は含みません。

(注3)　「④ 所在階」について、一室の区分所有権等に係る専有部分が複数階にまたがる場合は階数が低い方の階とし、一室の区分所有権等に係る専有部分が地階（地下階）である場合は0とします。

(注4)　「⑫ 区分所有補正率」は、次の区分に応じたものになります（補正なしの場合は、「⑫ 区分所有補正率」欄に「補正なし」と記載します。）。

区　　　　　　分	区 分 所 有 補 正 率※
評　価　水　準　＜　0.6	⑩　×　0.6
0.6　≦　評　価　水　準　≦　1	補正なし
1　＜　評　価　水　準	⑩

※　区分所有者が一棟の区分所有建物に存する全ての専有部分及び一棟の区分所有建物の敷地のいずれも単独で所有（以下「全戸所有」といいます。）している場合には、敷地利用権に係る区分所有補正率を1を下限とします。この場合、「備考」欄に「敷地利用権に係る区分所有補正率は1」と記載します。

ただし、全戸所有している場合であっても、区分所有権に係る区分所有補正率には下限はありません。

(注5)　評価乖離率が0又は負数の場合は、区分所有権及び敷地利用権の価額を評価しないこととしていますので、「⑫ 区分所有補正率」欄に「評価しない」と記載します（全戸所有している場合には、評価乖離率が0又は負数の場合であっても、敷地利用権に係る区分所有補正率は1となります。）。

279

◆区分所有建物の全部事項証明書

東京都品川区品川○丁目○-○-○					全部事項証明書	（建物）

専有部分の家屋番号	227-1-101 227-1-102 227-1-201 227-1-202
	227-1-301 227-1-302 227-1-401 227-1-402
	227-1-501 227-1-502 227-1-601 227-1-602
	227-1-701 227-1-702 227-1-801 227-1-802
	227-1-901 227-1-902 227-1-1001 227-1-1002
	227-1-1101 227-1-1102 227-1-1201 227-1-1202
	227-1-1301 227-1-1302

表　題　部	（一棟の建物の表示）		調製	余　白		所在図番号	余　白

所　在	品川区品川○丁目○番地○		余　白

建物の名称	○○品川マンション		余　白

①　構　　造	②　床　面　積　　　㎡		原因及びその日付［登記の日付］
鉄骨鉄筋コンクリート造陸屋	1階	472：80	余　白
根地下1階付13階建	2階	416：57	
	3階	442：92	
	4階	442：92	
	5階	442：92	
	6階	442：92	
	7階	442：92	
	8階	442：92	
	9階	442：92	
	10階	442：92	
	11階	442：92	
	12階	442：92	
❶	13階	442：92	
	地下1階	40：22	

表　題　部	（敷地権の目的である土地の表示）					
①土地の符号	②　所　在　及　び　地　番	③地目	④　地　積　　　㎡		登　記　の　日　付
1	品川区品川○丁目○番地○	宅地	❹	1,500：20	平成30年10月21日

表　題　部	（専有部分の建物の表示）			不動産番号	0103000123456

所　在	品川区品川○丁目○番地○の1201		余　白

建物の名称	1201号室		余　白

①　種　類	②　構　造	③　床　面　積　　❸　　㎡	❻　原因及びその日付［登記の日付］
居宅	鉄骨鉄筋コンクリート造1階建	❷ 12階部分　153：34	平成30年10月9日新築
		：	

表　題　部	（敷地権の表示）		
①土地の符号	②敷地権の種類	③　敷　地　権　の　割　合	原因及びその日付［登記の日付］
1	所有権	❺　10万分の3,200	平成30年10月9日　敷地権
			［平成30年9月26日］

※　「登記の目的」欄に「相続人申告」と記載されている冬季は、所有権の登記名義人（所有者）の相続人からの申出に基づき

登記官が職権で、申出があった相続人の住所・氏名当を付記したものＰであり、権利関係を公示するものではない。

※　河川のあるものは末梢事項であることを示す。　　　　　　　　整理番号　K2234　(1/1)　　1/2

第12章　不動産の基礎と家屋の評価

権　利　部　（甲　区　）　　（所　有　権　に　関　す　る　事　項）			
順位番号	登　記　の　目　的	受付年月日・受付番号	権　利　者　そ　の　他　の　事　項
1	所有権保存	平成30年10月21日 第1234号	東京都杉並区○○ 　○　○　株　式　会　社 順位1位の登記を移記
2	所有権移転	令和6年1月31日 第2345号	原因　令和6年1月31日売買 所有者　東京都練馬区○○ 　株　式　会　社　○　○ 順位2位の登記を移記

権　利　部　（乙　区　）　　（所　有　権　以　外　の　権　利　に　関　す　る　事　項）			
順位番号	登　記　の　目　的	受付年月日・受付番号	権　利　者　そ　の　他　の　事　項
1	根抵当権設定	平成29年9月3日 第8888号	原因　平成296年9月12日設定 極度額　金95億8,000万円 債務の範囲　銀行取引　手形債権　小切手債権 債務者　東京都杉並区○○ 　○　○　株　式　会　社 根抵当権者　千代田区○○ 　株式会社○○ 　（取扱店　○○支店） 共同担保　目録(た)第2222号 順位1番)の登記を移記 共同担保 目録(た)第5000／0123号
2	根抵当権設定	令和6年1月31日 第7777号	原因　令和6年1月31日設定 極度額　金2億1,000万円 債務の範囲　銀行取引　手形債権　小切手債権 債務者　東京都練馬区○○ 　株　式　会　社　○　○ 根抵当権者　千代田区○○ 　株式会社○○ 　（取扱店　○○支店）

これは、登記記録に記録されている事項の全部を証明した書面である。
（東京法務局管轄）
令和○年○月○日
東京法務局練馬出張所　　　　　　　　　　　　　　　　登記官　　　佐藤　○男

※　「登記の目的」欄に「相続人申告」と記載されている冬季は、所有権の登記名義人（所有者）の相続人からの申出に基づき
　　登記官が職権で、申出があった相続人の住所・氏名当を付記したものPであり、権利関係を公示するものではない。

※　河川のあるものは末梢事項であることを示す。　　　　　　　整理番号　K2234　（1/1）　　2/2

●●）実務の着眼点（兄弟姉妹の共有物の分割）

　２つに分割できない広さの兄の自宅の敷地を、相続により兄と妹が２分の１ずつ共有取得したとします。この場合に兄妹の共有を解消する方法は、以下の３つがあります。

① 兄が妹から土地を時価で購入し、妹が譲渡所得税を払う。
② 妹が土地を兄に贈与または遺贈をして、兄が贈与税または相続税を払う。
③ 兄妹が第三者に土地を売却して譲渡所得税を払い、現金で２分の１ずつ分ける。

　どの方法も税金が課税されます。そのため、兄弟姉妹の不動産の共有は、できればしない方がよいといわれています。分割可能な広い土地であれば、最初から２つの土地に分筆して兄妹で単有する方がすっきりします。同族会社の株式も同様です。

第 13 章

土地の評価

　土地の相続税評価額は高額であるため、多くの場合、相続税の課税価格に占める土地の価額の割合は大きくなります。そのため、土地の評価額により相続税額そのものが大きく変動します。土地の評価方法は、地目、地積、所在地等により多岐にわたります。本章では、路線価方式による宅地の評価を中心にして解説します。また、権利関係のある宅地の評価方法を解説し、具体例により、国税庁の公表する土地評価明細書の記載方法も示します。さらに、小規模宅地等の減額特例についても解説します。

1 土地の評価単位　284

2 土地の時価とは　289

3 倍率方式の評価方法　292

4 路線価方式の評価方法　294

5 路線価評価額（自用地）　300

6 路線価評価額（権利関係のある宅地等）　305

7 小規模宅地等の減額特例　312

① 土地の評価単位

１．土地の地目区分

（１）土地の地目区分 （評基通7）

　土地の価額は、原則として、次に掲げる地目別に評価します。この場合の地目は登記簿上の地目にかかわらず、課税時期における土地の現況によって判断します。

① 宅地　② 田　③ 畑　④ 山林　⑤ 原野　⑥ 牧場
⑦ 池沼　⑧ 鉱泉地　⑨ 雑種地

（２）2以上の地目の場合

　一体として利用されている一団の土地が2以上の地目からなる場合には、その一団の土地は、そのうちの主たる地目からなるものとして、その一団の土地ごとに評価します。

２．宅地の評価単位 （評基通7-2）

（１）評価単位

　宅地は、1画地の宅地を評価単位とします。1画地の宅地とは、利用の単位となっている1区画の宅地のことをいいます。必ずしも1筆の宅地からなるとは限らず、2筆以上の宅地からなる場合もあります。また、1筆の宅地が、2画地以上の宅地として利用されている場合もあります。

（２）1画地の宅地の判定

① 自用地

　隣接する自用地は、1画地の宅地となります。自用地とは、宅地の所有者以外の者の権利がなく、所有者自身が自由にその宅地の使用収

第13章　土地の評価

益を得ることができる土地をいいます。なお、下記③の使用貸借契約のある宅地は、自用地として評価します。

②　所有者以外の者の権利がある宅地

所有者以外の者の権利がある宅地、たとえば、宅地所有者の賃貸用家屋が建てられている宅地（貸家建付地）や宅地所有者以外の者の建物が建てられ、地代を得ている宅地（貸宅地）は、その権利の種類ごとに、また、権利者の異なるごとに1画地の宅地となります。

③　使用貸借（民法593）

使用貸借により貸し付けられている宅地については、自用地として評価します。使用貸借とは、当事者の一方がある物を無償で相手方に貸し付け、相手方はその物を使用し収益を得て、契約終了時、相手方は権利を主張することなくその物を当事者に返還することを約する契約をいいます。

たとえば、親の土地に子が建物を建築して、無償で使用する場合等が該当します。また、地代の支払いがあったとしても、それが土地の固定資産税額程度の場合は使用貸借とされます。

👀👀 **実務の着眼点（「縄伸び」と「縄縮み」）**

　法律上の言葉ではありませんが、公簿地積よりも実測地積が多くなる状態を「縄伸び（なわのび）」といいます。逆に、公簿地積よりも実測地積が少なくなる状態を「縄縮み（なわちぢみ）」といいます。江戸時代には、年貢を土地の地積に対して課していたため検地が行われていました。測量は縄を使って距離を測る方法で行われ、それが「縄伸び」の由来であるといわれます。年貢を少なくするために地積が少なくなるような縄を使うこともあったそうです。また、江戸時代の検地台帳をもとに、明治時代に行われた地租改正事業では、土地の調査、所有者の確定、所在地、地価の決定、地券 の交付、地図・台帳の作成などが行われ、今日の土地に関する情報の基礎となりました。

3．宅地の地積（評基通8）

宅地の地積は、全部事項証明書（登記簿謄本）に記載されています。全部事項証明書に記載されている公簿地積（登記上の地積）と測量図等の地積が異なる場合には、宅地の地積は、課税時期における実際の面積によります。

4．評価単位の例示

① 宅地A、Bは甲が所有し、宅地Aに甲所有の居住用家屋、宅地Bに甲所有の事業用家屋が建築されている場合

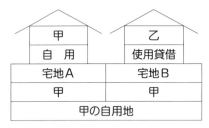

宅地Aと宅地Bを合わせて1画地（甲の自用地）として評価します。

② 宅地A、Bは甲が所有し、宅地Aに甲所有の家屋、宅地Bに使用貸借による乙所有の家屋が建築されている場合

宅地Aと宅地Bを合わせて1画地（甲の自用地）として評価します。

第13章　土地の評価

③ **宅地A、Bは甲が所有し、宅地Aに甲所有の家屋、宅地Bには家屋はなく、駐車場として貸し付けていた場合**

甲	
自　用	賃貸駐車場
宅地A	雑種地B
甲	甲
甲の自用地	甲の自用地

　宅地Aは1画地（甲の自用地）、宅地Bは1画地（甲の自用の雑種地）として評価します。公簿の地目は宅地でも、駐車場の地目は雑種地となります。

④ **宅地A、Bは甲が所有し、宅地Aに甲所有の家屋、宅地Bに甲所有で賃貸借契約により他の者に賃貸している家屋が建築されている場合**

甲	甲
自　用	賃貸用
宅地A	宅地B
甲	甲
甲の自用地	甲の貸家建付地

　宅地Aは1画地（甲の自用地）、宅地Bは1画地（甲の貸家建付地）として評価します。

⑤ **宅地A、Bは甲が所有し、宅地Aに甲所有の家屋、宅地Bに土地賃貸借契約（借地契約）により乙の家屋が建築されている場合**

甲	乙
甲の自用	乙の自用
宅地A	宅地B
甲	甲
甲の自用地	乙の借地権
	甲の貸宅地

　宅地Aは1画地（甲の自用地）、宅地Bは1画地（甲の貸宅地）として評価します。

287

⑥ 宅地Aは甲が所有、宅地Bは乙が所有し、甲が乙と土地賃貸借契約（借地契約）を締結して、宅地Aと宅地Bの上に甲所有の事業用家屋一棟が建築されている場合

甲	
甲の事業用	
宅地A	宅地B
甲	乙
甲の自用地	甲の借地権
	乙の貸宅地

　宅地Aと宅地Bは、甲の家屋の敷地であるため、まず、宅地Aと宅地Bを合わせて1画地（自用地）として評価します。その評価額を、宅地Aと宅地Bの地積に応じて按分し、宅地Aは甲の自用地、宅地Bは甲の借地権として評価します。

⑦ 宅地Aと宅地Bを所有している甲の父が死亡し、遺産分割により、宅地Aとその上の建物は甲が取得し、宅地Bは甲の弟の乙が取得した場合（宅地Bは、間口1m、奥行き10m、地積10㎡で、単独では利用が困難な宅地のため、不合理分割に該当する）

甲	
甲の自用	
宅地A	宅地B
甲	乙
1画地で評価し、地積で按分	

　宅地Aと宅地Bを個別に評価するのが原則ですが、宅地Bは狭小で単独では利用が困難な宅地のため、不合理分割に該当します。そのため、まず、宅地Aと宅地Bを合わせて1画地（自用地）として評価します。その評価額を、宅地Aと宅地Bの地積に応じて按分して、宅地A部分は甲、宅地B部分は乙の自用地として評価します。

第13章　土地の評価

② 土地の時価とは

1．土地の価額の指標

（1）土地の価額の指標

　土地の価額を示す指標には、様々なものがあります。主な土地の価額の指標としては、実勢価格、不動産鑑定価額、公示価格、基準地価、固定資産税評価額、相続税路線価などがあります。

（2）実勢価格

　実勢価格とは、第三者間で土地が実際に売買された価額をいいます。つまり、取引実例による時価をいいます。ただし、常に同じ価格で取引できるわけではありません。国土交通省サイトの「不動産情報ライブラリ」では、不動産取引当事者へのアンケート調査をもとに、517万件（令和6年3月31日時点）の実勢価格（取引価格）情報を公表しています。

（3）不動産鑑定評価額

　不動産鑑定評価額は、国家資格を持つ不動産鑑定士が、土地を調査・分析し、不動産鑑定基準に基づいて適正に計算した土地の価額です。土地に係る裁判、親族間の土地の売買等、適正な評価額が公的に求められる場合に使われます。不動産鑑定評価額は、不動産鑑定士に依頼して個別に評価してもらいます。

（3）公示価格

　公示価格は、国土交通省土地鑑定委員会が、地価公示法に基づいて、その年1月1日現在の標準地の正常な価格を毎年3月に公表するもので、2名以上の不動産鑑定士により鑑定評価され決定されます。実勢価格に近い金額といわれており、国土交通省の「不動産情報ライブラリ」と一般財団法人資産評価システム研究センターの「全国地価マップ」のサイトで公表されています。

289

（4） 基準地価

　基準地価は、各都道府県が、国土利用計画法に基づいてその年の7月1日現在の基準地の正常な価格を毎年9月に公表するもので、1名以上の不動産鑑定士により鑑定され算出されます。「不動産情報ライブラリ」と「全国地価マップ」で公表されています。

（5） 固定資産税評価額

　固定資産税評価額は、市区町村（東京23区は東京都）が、固定資産税評価基準に基づいて、固定資産税の賦課課税をするために公表する土地の価格です。土地の固定資産税評価額は、公示価格の7割程度とされています。3年ごとの基準年度に評価額の見直しが行われ、令和9年が基準年度に該当します。固定資産税評価額は、一般に公表されていませんので、土地所有者が、固定資産税納付書と一緒に市区町村から送付される課税明細または市町村等の名寄帳で確認できます。また、固定資産税評価額算出の基礎となる固定資産税路線価は、「全国地価マップ」で公表されています。

（6） 相続税路線価

　相続税路線価は、市街地的形態を形成する地域に所在する土地の相続税評価額の計算のために、国税庁が毎年7月1日に公表する価額で、道路に面した土地のその年の1月1日現在における1㎡当たりの価額をいいます。相続税路線価は、公示価格の約8割程度とされており、国税庁のホームページと「全国地価マップ」で公表されています。

第13章　土地の評価

《各土地価格指標を公表しているサイト》

土地価格指標　　　　　サイト	全国地価マップ	不動産情報ライブラリ	国税庁 HP
実勢価格（取引価格）		○	
公示価格	○	○	
基準地価（地価調査）	○	○	
固定資産税路線価	○		
相続税路線価	○		○

２．相続税法上の土地の価額

（１）相続税法上の土地の価額 （評基通１）

　相続税法上の土地の価額は、時価によるものとし、時価とは、課税時期において、不特定多数の当事者間で自由な取引が行われる場合に通常成立すると認められる価額をいい、その価額は、評価通達の定めによって評価した価額によります。

（２）宅地の相続税評価額の評価方式 （評基通11）

　宅地の評価は、原則として、次に掲げる区分に従い、それぞれ次に掲げる方式によって行います。
　　①　市街地的形態を形成する地域にある宅地　路線価方式
　　②　①以外の宅地　倍率方式

291

③ 倍率方式の評価方法

1. 倍率方式による宅地の評価 (評基通21)

（1）倍率方式

① 倍率方式による評価

　倍率方式とは、固定資産税評価額に国税局長が一定の地域ごとにその地域の実情に即するように定める倍率を乗じて計算した金額によって評価する方式をいいます。宅地の所在、形状等の要素は倍率に織り込まれていますから、公図等の有無にかかわらず評価することができます。

② 倍率表

　その年分の倍率表（次ページ参照）は、毎年7月1日に国税庁のホームページで公開されます。評価する土地が倍率表のどの地域に該当するかは、その土地の所在場所から、倍率表の適用地域名の区分により判定します。その際、その土地が市街化調整区域や農業振興地等に所在するかどうかなどは、適宜、市区町村の各部署に問い合わせて確認が必要となる場合もあります。

（2）倍率方式による宅地の評価額

$$その土地の固定資産税評価額 \times 倍率表の倍率 \times \frac{実際地積}{台帳地積}$$

292

◆宅地評価の倍率表（抜粋）

令和 6年分　　　倍　率　表　　　1頁

市区町村名：入間郡越生町　　　　　　　　　　　　川越税務署

音順	町（丁目）又は大字名	適用地域名	借地権割合	固定資産税評価額に乗ずる倍率等						
			%	宅地	田	畑	山林	原野	牧場	池沼
う	上野	市街化区域	50	1.1	比準	比準	比準	比準		
		市街化調整区域								
		1　農業振興地域内の農用地区域			純3.3	純5.4				
		2　上記以外の地域								
		（1）後谷、滝合、宮附、稲荷前、地生、石田、北原、南原、青木、椿久保、諏訪、小原、宮ノ腰、新屋敷、渕ノ上、大橋								
		イ　主要地方道飯能・寄居線沿	40	1.1	—	中9.7	中18	—		
		ロ　上記以外の地域	40	1.1	中4.3	中8.3	中14	中13		
		（2）上記以外の地域	30	1.1	中4.3	中8.3	中4.5	純4.3		
	上野東1～4丁目	全域	50	1.1	比準	比準	比準	比準		
	上野東5丁目	市街化調整区域								
		1　主要地方道飯能・寄居線沿	40	1.1	中5.3	中11	中23	中31		
		2　上記以外の地域	30	1.1	中4.4	中8.4	中21	中24		
お	大谷	市街化区域	50	1.1	比準	比準	比準	比準		
		市街化調整区域								
		1　農業振興地域内の農用地区域			純3.4	純6.3				
		2　上記以外の地域								
		（1）主要地方道飯能・寄居線沿　主要地方道東松山・越生線沿	40	1.1	中4.9	中11	中11	中14		
		（2）上記以外の地域	30	1.1	中4.5	中8.3	純6.1	純7.4		
	越生	市街化区域								
		1　県道越生停車場線沿　主要地方道飯能・寄居線沿	60	1.1	比準	比準	比準	比準		
		2　上記以外の地域	50	1.1	比準	比準	比準	比準		
		市街化調整区域	30	1.1	—	中9.2	中3.6	純4.7		
	越生東1～6丁目	全域	50	1.1	比準	比準	比準	比準		
	越生東7丁目	全域		—	中4.6	中9.2	—	中25		
か	鹿下	市街化調整区域								
		1　農業振興地域内の農用地区域			純3.4	純6.1				

293

4 路線価方式の評価方法

1. 路線価方式による宅地の評価 (評基通13)

　路線価方式とは、その宅地の面する路線に付された路線価をもととし、評価通達15（奥行価格補正）から20-7（容積率の異なる2以上の地域にわたる宅地の評価）までの定めにより計算した金額によって評価する方式をいいます。

2. 路線価図の表示内容

(1) 路線価と借地権割合

　路線価図の道路には、数字とその後ろにAからGのアルファベットが記載されています。この数字は、その道路に面する土地の1㎡当たりの千円単位の価格です。したがって400Cであれば、この道路に面している土地の1㎡当たりの路線価は400千円すなわち40万円となります。AからGのアルファベットは、借地権割合を表しています。借地権割合は、借地人（家屋所有者）の土地の権利割合をいいます。

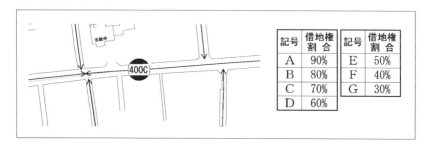

(2) 地区区分の分類

　路線価図の地区区分は、ビル街地区、高度商業地区、繁華街地区、普通商業・併用住宅地区、中小工場地区、大工場地区および普通住宅地区の7地区に分類され、地区ごとに下記（3）の地区記号が使われ

ます。土地の評価をするにあたり、分類された地区に応じた補正率が適用されます。

（3）地区記号

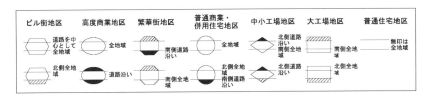

　地区記号は、道路の幅に対してはみ出して表記されています。そのはみ出た部分には、以下の表示がされています。その表示は、地区区分の範囲を示しています。
① **地区記号のはみ出た部分の両側とも何も表示がない場合**
　道路を中心として道路の両側の全地域が、地区記号の範囲となります。
② **地区記号のはみ出た部分の片側が斜線の場合**
　道路を中心として斜線のない側のみが、地区記号の範囲となります。
③ **地区記号のはみ出た部分の両側が黒塗りの場合**
　道路を中心として道路の両側の道路沿いのみが、地区記号の範囲となります。
④ **地区記号のはみ出た部分の片側が黒塗りの場合**
　道路を中心として黒塗り側は道路沿いのみ、反対側は全地域が地区記号の範囲となります。
⑤ **地区記号のはみ出た部分の片側が黒塗り、反対側が斜線の場合**
　道路を中心として黒塗り側の道路沿いのみが、地区記号の範囲となります。

第13章　土地の評価

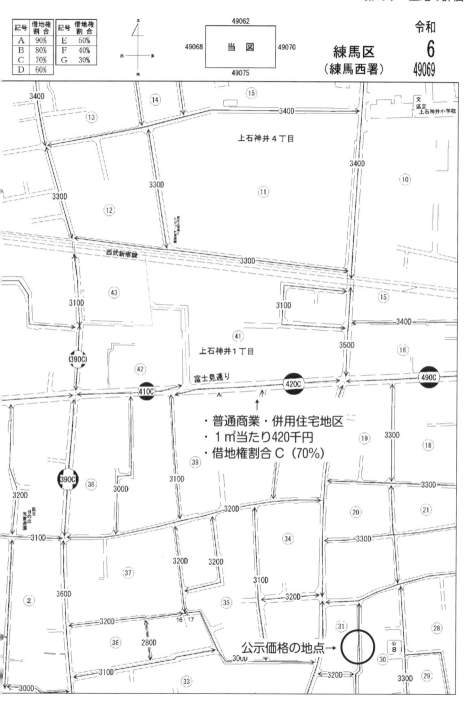

3．路線価評価に必要な基礎知識

（1）間口距離

　間口距離とは、原則として宅地が道路と接する部分の距離をいいます。

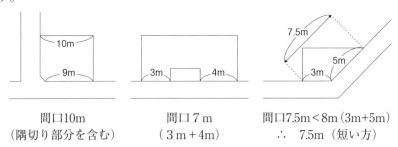

間口10m
（隅切り部分を含む）

間口7m
（3m＋4m）

間口7.5m＜8m（3m＋5m）
∴　7.5m（短い方）

（2）想定整形地

　評価対象地全体を含む、正面路線に面する長方形または正方形の想定地をいいます。想定整形地の奥行距離は、不整形地の奥行距離の計算で使用します。また、想定整形地の地積（間口距離×奥行距離）は、不整形地の評価の計算で使用します。

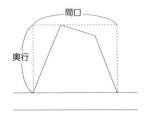

（3）奥行距離

① 想定整形地の奥行距離　　　〇m
② 評価宅地の地積÷間口距離＝△m
③ ①または②の短い方　　　∴〇m → 奥行価格補正率を適用

（4）正面路線

正面路線とは、評価対象地が接道している複数の路線のうち、奥行価格補正率適用後の価額が最も高い路線をいいます。ただし、同じ価額の路線がある場合には、間口距離の長い方の路線とします。

（5）角地、準角地

① 角地とは、異なる二系統の路線の交差する地点に位置する土地をいいます。

 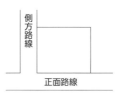

② 準角地とは、一系統の路線の屈折部の内側に位置する土地をいいます。

（6）二方路線

二方路線とは、正面と裏面の二方の路線に接道する土地をいいます。

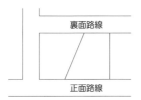

5 路線価評価額（自用地）

1．土地評価明細書

（1）土地評価明細書の概要

　相続税の申告をする場合において、相続財産に土地があるときは、土地の相続税評価額の計算過程を示すために、国税庁が公表している「土地及び土地の上に存する権利の評価明細書」（以下、「土地評価明細書」という）を添付して相続税の申告をします（P309〜310参照）。

　この土地評価明細書は、土地の相続税評価額の計算に必要な評価通達の規定のすべてを網羅し、これを公式化した計算式を示した明細書です。そのため、この土地評価明細書に従って土地の評価をすると、評価通達の規定どおりの相続税評価額が計算できるようになっています。また、この明細書は、土地の評価方法が改正されるたびに改定されます。したがって、令和6年分以降用の土地評価明細書には、居住用区分所有財産の評価方法の改正（**第12章5参照**）も反映されています。

　とにかく、非常に優れた相続税の財産評価明細書の1つです。

　土地評価明細書は、第1表（P.309）と第2表（P.310）からなっています。以下、この土地評価明細書の解説をしながら、土地の相続税評価額の計算方法の解説をします。

　なお、国税庁のホームページから土地評価明細書をダウンロードして、明細書の構造を確認していただければ、より理解が深まると思います。

（2）土地評価明細書第1表の構造

① 土地情報の表示

　土地評価明細書第1表の上段は、土地の所在地番、所有者、使用者、地目、地積、路線価、間口距離、奥行距離などの土地の情報を記載します。

第13章　土地の評価

②　接道状況・形状等に応じた路線価の調整

　土地評価明細書第1表の中段の計算式1（一路線に接する宅地）から10（私道）までに示された計算式のうち該当するものを、上から順に調整計算します。これにより、その土地の接道する路線の数、土地の形状、地積の大小など、その土地の状況を斟酌した路線価の調整を行うことができ、評価通達の規定に適合した「自用地1㎡当たりの価額」を計算することができます。

③　自用地の価額

　土地評価明細書第1表の最終行は、自用地1㎡当たりの価額に地積を乗じて、評価対象地の自用地評価額を計算します。

（3）土地評価明細書第2表の構造

①　利用規制などのある土地の評価

　土地評価明細書第2表の上段のNからSの評価額は、法令等による利用規制などのある以下の土地の評価方法を示しています。

　　ア　セットバックを必要とする宅地の評価
　　イ　都市計画道路予定地の区域内にある宅地の評価額
　　ウ　大規模工場用地等の評価額
　　エ　区分所有財産に係る敷地利用権の評価額

②　権利関係のある土地の評価

　土地評価明細書第2表の下段TからABでは、所有者以外の者の権利がある土地のその権利関係を勘案した場合の評価額の計算式を示しています。

　その土地の利用区分に応じて、権利関係について最初に「貸宅地」の計算式、次に「貸家建付地」の計算式と、上から順次計算できるようになっています。

（4）評価調整率表

　国税庁は、土地評価明細書において、土地の評価の計算をする場合に必要な調整率等をA4用紙1枚にまとめた「土地及び土地の上に存する権利の評価についての調整率表」（以下、「評価調整率表」とい

301

う）を公表しています（P.311参照）。土地の評価をする場合に使用する
「奥行価格補正率」など、各種補正率が一覧となっており、土地評価
には欠かせないものです。

2．土地評価明細書第1表の価額の計算

　以下、土地評価明細書第1表における「自用地1㎡当たりの価額」
を算出するための、A（一路線に面する宅地）からL（私道）までの
計算の概要を説明します。

（1）一路線に接道する宅地の1㎡当たりの価額（第1表A）

　　正面路線価×奥行価格補正率

　※　一路線に接道する宅地は、正面路線価に、地区区分ごとの奥行価格補正率
　　を乗じて計算します（1円未満は切捨。以下同様）。

（2）二路線に接道する宅地の1㎡当たりの価額（第1表B）

　　（1）＋（側方路線価※×奥行価格補正率×側方路線影響加算率）

　※　上記（1）の価額に側方路線の補正価額を加算して計算します。

（3）三路線に接道する宅地の価額（第1表C）

　　（2）＋（側方路線価※×奥行価格補正率×側方路線影響加算率）

　※　上記（2）の価額にもう一方の側方路線の補正価額を加算して計算しま
　　す。

（4）四路線に接道する宅地の価額（第1表D）

　　（3）＋（裏面路線価※×奥行価格補正率×二方路線影響加算率）

　※　上記（3）の価額に二方路線の補正価額を加算して計算します。

（5）間口が狭小な宅地等の価額（第1表E）

$$\left(\begin{array}{c}（1）から（4）までのうち\\該当するもの\end{array}\right) \times \begin{array}{c}間口狭小\\補正率\end{array} \times \begin{array}{c}奥行長大\\補正率\end{array}$$

302

第13章　土地の評価

※　補正率は端数処理をしないで続けて掛算をします。また、この規定は、（6）との選択適用になります。

（6）不整形地の価額（第1表F）

$$\left(\begin{array}{c}（1）から（4）までのうち\\該当するもの\end{array}\right) × 不整形地補正率※$$

※　不整形地補正率

① $\begin{array}{c}想定整形地\\の地積\end{array}$（㎡）＝想定整形地の間口距離×想定整形地の奥行距離

② かげ地割合（％）＝ $\dfrac{想定整形地の地積－不整形地の地積}{想定整形地の地積}$

③ 不整形地補正率
　　次のア、イのいずれか低い率（0.60を下限とする）
　ア　不整形地補正率×間口狭小補正率(小数点以下2位未満切捨)
　イ　奥行長大補正率×間口狭小補正率(小数点以下2位未満切捨)
　　※　この規定は、（5）との選択適用となります。

（7）地積規模の大きな宅地の価額（第1表G）

$$\left(\begin{array}{c}（1）から（6）までのうち\\該当するもの\end{array}\right) × 規模格差補正率※$$

※　$\begin{array}{c}規模格差\\補正率\end{array}$ ＝ ｛(地積×Ⓑ※＋Ⓒ※) ÷地積｝ ×0.8

（小数点以下2位未満切捨）

※　評価調整率表（P.311）の「⑧規模格差補正率を算定する際の表」イまたはロのいずれか該当する地積に応じ、ⒷまたはⒸに示されている率または数字

（8）無道路地の価額（第1表H）

$$\left(\begin{array}{c}（6）または（7）のうち\\該当するもの\end{array}\right) × （1－無道路地補正率※）$$

※　無道路地補正率
① （正面路線価×通路部分の地積）

303

② （（6）または（7）のうち該当するもの）×評価対象地の地積

③ ①÷② 　　　（0.4を上限とする）※

※ ③の割合は、切捨等せずそのまま使用します。

（9）がけ地の価額（第1表I）

$$\left(\begin{array}{c}（1）から（8）までのうち\\該当するもの\end{array}\right)×がけ地補正率※$$

※ 評価調整率表の「⑨ がけ地補正率表」に示されている率

（10）土砂災害特別警戒区域内にある宅地の価額（第1表J）

$$\left(\begin{array}{c}（1）から（8）までのうち\\該当するもの\end{array}\right)×特別警戒区域補正率※$$

※ 評価調整率表の「⑩ 特別警戒区域補正率表」に示されている率
　　なお、（9）のがけ地補正率の適用がある場合には、特別警戒区域補正率にがけ地補正率を乗じた割合（小数点以下2位未満切捨）をがけ地補正率に代えて適用します。この場合には、0.5を下限にします。

（11）容積率の異なる2以上の地域にわたる宅地の価額（第1表K）

$$\left(\begin{array}{c}（1）から（10）までのうち\\該当するもの\end{array}\right)×（1−容積控除割合※）$$

※ 評価通達20-7に規定している率をいいます。解説は省略します。

（12）私道の価額（第1表L）

$$\left(\begin{array}{c}（1）から（11）までのうち\\該当するもの\end{array}\right)×私道割合（0.3）$$

（13）自用地の評価額（第1表M）

自用地1㎡当たりの価額※×地積＝自用地の評価額（総額）

※ 上記（1）から（12）の補正後の価額のうち、1番下位の行の価額が該当します。
　　この自用地の評価額が、土地評価明細書第2表の計算の基礎となる価額になります。

第13章　土地の評価

6　路線価評価額（権利関係のある宅地等）

1．土地評価明細書第2表の価額の計算

土地評価明細書第2表の主な計算項目について、解説していきます。

（1）セットバックを必要とする宅地の評価額（第2表N）

建築基準法施行時に幅員4m未満の道路（建基法42②）に接道した既存建物を再建築する場合には、一般的には、道路の中心線から並行して2mまでの部分には、建物の建築ができません。そのため、その部分は道路用地として提供し、それ以外の敷地に建物を建築しなければなりません。これをセットバックといい、セットバック部分については、評価減ができます（第12章③1（3）参照）。

① 　自用地の評価額

② 　自用地の評価額×$\dfrac{セットバック地積}{総地積}$

③ 　①－②×0.7

（2）都市計画道路予定地の区域内にある宅地の評価額（第2表O）

都市計画法により、将来の都市計画道路予定地の指定を受けている土地は、一定の補正率による減額をすることができます。

自用地の評価額　×　都市計画道路予定地の補正率※

※　都市計画予定地の補正率は、評価通達24-7に規定している率をいいます。

（3）大規模工場用地等の評価額（第2表P）

都市計画法の工業専用地域内などの大規模工場用地は、きわめて大きな地積の土地のため、接道状況や形状等を斟酌しないで正面路線価に地積を乗じて評価します。

305

（4）ゴルフ場用地等（第2表Q）

宅地とした場合の評価額の60％相当額から造成費を控除して評価します。

（5）区分所有財産に係る敷地利用権の評価額（第2表R、S）

上段Rは、居住用区分所有財産の敷地利用権の計算方法が示されており、自用地評価額に敷地利用権を乗じて計算します。下段Sは、令和6年1月1日以後に開始する相続に適用される居住用の区分所有財産の敷地利用権の計算方法が示されており、自用地評価額に区分所有補正率を乗じて計算します。

居住用区分所有財産の敷地利用権の評価の詳細については、**第12章**⑤で解説しています。

（6）貸宅地（第2表T）

建物の所有を目的とする土地賃貸借契約により、借地人所有の建物がその宅地の上に建築されている宅地を貸宅地といいます。

土地所有者である地主は、土地の所有権（底地権）を有します。土地所有には、土地の所有権に対して固定資産税等が課税されます。しかし、借地借家法により、土地の利用権（借地権）は借地人が有しています。そのため、土地の利用権の制限を考慮して、土地所有者の有する底地権（土地の評価上は貸宅地という）の評価は、自用地価額に（1－借地権割合）を乗じた価額となります。

（7）貸家建付地（第2表U）

自己所有の宅地の上に貸家を建築して、その建物が、建物賃貸借契約により賃貸の用に供されている宅地を貸家建付地といいます。

貸家建付地は、借地借家法により貸家を賃借している賃借人の借家権が、利用制限を与えていますので、自用地評価額に（1－借地権割合×借家権割合0.3）の割合を乗じて評価します。ただし、借家権は、現に賃貸している建物に生じるものです。そのため、賃貸用の共同住

第13章　土地の評価

宅のうち空室部分については借家権が生じませんので、その部分に相当する宅地は、自用地として評価します。

　ただし、継続して賃貸されていた各独立部分が一時的に空室であった場合には、貸家建付地として評価することができます。

　また、1棟の家屋に自用家屋部分と貸家部分がある場合のその家屋の敷地の評価は、その敷地の地積にその家屋の総床面積のうち自用家屋部分の床面積の割合を乗じた地積は自用地として評価し、貸家部分の床面積の割合を乗じた地積は貸家建付地として評価します。

【具体例】

　被相続人所有の宅地の上に、被相続人所有の木造2階建の家屋（1階自用家屋床面積60㎡、2階貸家床面積40㎡）が建築されているとします。この場合のこの宅地の評価は、以下のとおりとなります。ただし、この宅地の評価通達による自用地評価は、1,000万円、借地権割合は60％とします。

① 自用地評価額

$$1{,}000万円 \times \frac{60㎡}{100㎡} \times 1.00 = 600万円$$

② 貸家建付地の評価額

$$1{,}000万円 \times \frac{40㎡}{100㎡} \times （1 - 0.6 \times 0.3） \times 1.00 = 328万円$$

③敷地全体の評価額

　①＋②＝928万円

（8）借地権（第2表W）

　建物の所有を目的とする土地賃貸借契約により、賃借した土地の上に自己所有の建物を建築した場合には、借地人は、借地借家法により借地権を有することになります。借地権とは、土地の利用権であり、その土地の更地価額に借地権割合を乗じた価額となります。

※　第2表V、XからADまでの解説は省略します。

2．土地評価明細書の評価の記載例

(1) 土地の概要

① 4路線に面する。
② 賃貸アパート（満室）の敷地。
③ 方位は北。

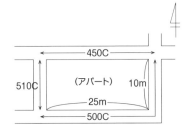

(2) 計算過程

① 正面路線の判定
　ア　正面路線（南）
　　500,000円×奥行価格補正率（10m:1.00）＝500,000円
　イ　側方路線（東）
　　500,000円×奥行価格補正率（25m:0.97）＝485,000円
　ウ　側方路線（西）
　　510,000円×奥行価格補正率（25m:0.97）＝494,700円
　エ　二方路線（北）
　　450,000円×奥行価格補正率（10m:1.00）＝450,000円
　※　アからエのうち最も金額の大きいア（南）が正面路線になります。
② 1㎡当たりの価額の計算
　ア　正面路線（南）　500,000円×1.00＝500,000円
　イ　側方路線（東）　500,000円×0.97×0.02（準角地）＝9,700円
　ウ　側方路線（西）　510,000円×0.97×0.03（角　地）＝14,841円
　エ　二方路線（北）　450,000円×1.00×0.02＝9,000円
　オ　ア＋イ＋ウ＋エ＝533,541円
③ 宅地の自用地評価額
　②×250.00㎡＝133,385,250円
④ 貸家建付地の評価額
　③×（1－0.7×0.3）＝105,374,347円

第13章　土地の評価

◆土地及び土地の上に存する権利の評価明細書（第１表）

土地及び土地の上に存する権利の評価明細書（第１表）　　局（所）　署　年分　ページ

所在地番	(住居表示) ( )	所有者	住所(所在地)		使用者	住所(所在地)		
			氏名(法人名)			氏名(法人名)		

地目		地積		路　　線　　価					地形図及び参考事項
(宅地) 山林 田 畑 雑種地		250.00 ㎡	正面 500,000 円	側方 500,000 円	側方 510,000 円	裏面 450,000 円	

間口距離 25.00 m　奥行距離 10.00 m

利用区分：自用地　貸宅地　（貸家建付地）　借地権　私道　貸家建付借地権　転貸借地権　（ ）

地区区分：ビル街地区　高度商業地区　繁華街地区　普通商業・併用住宅地区　（普通住宅地区）　中小工場地区　大工場地区

地形図：450C（アパート）510C　25m　500C　10m

（令和六年分以降用）

	1 一路線に面する宅地 （正面路線価）　　　　　（奥行価格補正率） 500,000 円 × 1.00	（1㎡当たりの価額）円 500,000	A
自 用 地 1 平 方 メ ー ト ル 当 た り の 価 額	2 二路線に面する宅地 （A）　　　（側方・裏面 路線価）　（奥行価格補正率）　（側方・二方 路線影響加算率） 500,000 円 + (500,000 円 × 0.97 × 0.02)	（1㎡当たりの価額）円 509,700	B
	3 三路線に面する宅地 （B）　　　（側方・裏面 路線価）　（奥行価格補正率）　（側方・二方 路線影響加算率） 509,700 円 + (510,000 円 × 0.97 × 0.03)	（1㎡当たりの価額）円 524,541	C
	4 四路線に面する宅地 （C）　　　（側方・裏面 路線価）　（奥行価格補正率）　（側方・二方 路線影響加算率） 524,541 円 + (450,000 円 × 1.00 × 0.02)	（1㎡当たりの価額）円 533,541	D
	5-1 間口が狭小な宅地 （AからDまでのうち該当するもの）　（間口狭小補正率）　（奥行長大補正率） 　　円 × (　. 　 × 　. 　)	（1㎡当たりの価額）円	E
	5-2 不　整　形　地 （AからDまでのうち該当するもの）　　不整形地補正率※ 　　円 × 　0. ※不整形地補正率の計算 （想定整形地の間口距離）　（想定整形地の奥行距離）　（想定整形地の地積） 　　m × 　　m = 　　㎡ （想定整形地の地積）　（不整形地の地積）　（想定整形地の地積）　　（かげ地割合） (　㎡ − 　㎡) ÷ 　㎡ = 　% （不整形地補正率の補正率）（間口狭小補正率）　（小数点以下2位未満切捨て）　不整形地補正率 0. × 　. = 0. ①　（①、②のいずれか低い （奥行長大補正率）　　（間口狭小補正率）　　　　　　　　　　率、0.6を下限とする。） 　. × 　. = 0. ②　0.	（1㎡当たりの価額）円	F
	6 地積規模の大きな宅地 （AからFまでのうち該当するもの）　　規模格差補正率※ 　　円 × 0. ※規模格差補正率の計算 （地積（Ⓐ））　（Ⓑ）　（Ⓒ）　　（地積（Ⓐ））　（小数点以下2位未満切捨て） ((　㎡ × 　 + 　) ÷ 　㎡) × 0.8 = 0.	（1㎡当たりの価額）円	G
	7 無　　道　　路　　地 （F又はGのうち該当するもの）　　　（※） 　　円 × (1 − 0.) ※割合の計算（0.4を上限とする。） （正面路線価）　　（通路部分の地積）　　（F又はGのうち該当するもの）　　（評価対象地の地積） (　円 × 　㎡) ÷ (　円 × 　㎡) = 0.	（1㎡当たりの価額）円	H
	8-1 がけ地等を有する宅地〔南、東、西、北〕 （AからHまでのうち該当するもの）　　（がけ地補正率） 　　円 × 0.	（1㎡当たりの価額）円	I
	8-2 土砂災害特別警戒区域内にある宅地 （AからHまでのうち該当するもの）　　特別警戒区域補正率※ 　　円 × 0. ※がけ地補正率の適用がある場合の特別警戒区域補正率の計算（0.5を下限とする。） 〔南、東、西、北〕 （特別警戒区域補正率表の補正率）（がけ地補正率）　（小数点以下2位未満切捨て） 0. × 0. = 0.	（1㎡当たりの価額）円	J
	9 容積率の異なる2以上の地域にわたる宅地 （AからJまでのうち該当するもの）　　（控除割合（小数点以下3位未満四捨五入）） 　　円 × (1 − 0.)	（1㎡当たりの価額）円	K
	10 私　　道 （AからKまでのうち該当するもの） 　　円 × 0.3	（1㎡当たりの価額）円	L
自用地の評価額	自用地1平方メートル当たりの価額 （AからLまでのうちの該当記号） （ D ） 533,541 円	地　積 250.00 ㎡	総　　額 （自用地1㎡当たりの価額）×（地積） 133,385,250 円	M

（注）1 5-1の「間口が狭小な宅地」と5-2の「不整形地」は重複して適用できません。
　　　2 5-2の「不整形地」の「AからDまでのうち該当するもの」欄の価額について、AからDまでの欄で計算できない場合には、（第2表）の「備考」欄で計算してください。
　　　3 「がけ地等を有する宅地」であり、かつ、「土砂災害特別警戒区域内にある宅地」である場合については、8-1の「がけ地等を有する宅地」欄ではなく、8-2の「土砂災害特別警戒区域内にある宅地」欄で計算してください。

（資4-25-1-A4統一）

309

◆土地及び土地の上に存する権利の評価明細書（第2表）

土地及び土地の上に存する権利の評価明細書（第2表）

		算式		総額	記号
セットバックを必要とする宅地の評価額	（自用地の評価額） 円 －	（自用地の評価額） 円 × $\dfrac{\text{（該当地積）}\ \text{m}^2}{\text{（総地積）}\ \text{m}^2}$ × 0.7		（自用地の評価額） 円	N
都市計画道路予定地の区域内にある宅地の評価額	（自用地の評価額） 円 × 0.	（補正率）		（自用地の評価額） 円	O
大規模工場用地等の評価額	○ 大規模工場用地等 （正面路線価） 円 ×	（地積） m² ×	（地積が20万m²以上の場合は0.95）	円	P
	○ ゴルフ場用地等 （宅地とした場合の価額）（地積） （ 円 × m²×0.6） －	$\left(\begin{array}{c}1\,\text{m}^2\text{当たり}\\ \text{の造成費}\end{array}\right)$ （ 円×	（地積） m²）	円	Q
区分所有財産に係る敷地利用権の評価額	（自用地の評価額） 円 ×	（敷地利用権（敷地権）の割合）		（自用地の評価額） 円	R
	居住用の区分所有財産の場合 （自用地の評価額） 円 ×	（区分所有補正率）		（自用地の評価額） 円	S

総額計算による価額	利用区分	算式	総額	記号
	貸宅地	（自用地の評価額） 円 × (1－ 0. | （借地権割合）)	円	T
	貸家建付地	（自用地の評価額又はV） 133,885,250 ※ アパートの床面積は230m² × (1－ 0. 70 ×0. 30 ×$\dfrac{230\,\text{m}^2}{230\,\text{m}^2}$ ※)	（借地権割合）（借家権割合）（賃貸割合）	105,374,347	U
	目的となっている土地の権利	（自用地の評価額） 円 × (1－ 0. | （ 割合）)	円	V
	借地権	（自用地の評価額） 円 × 0.	（借地権割合）	円	W
	貸家建付借地権	（W,ADのうちの該当記号）（ ） 円 × (1－ 0.	（借家権割合）（賃貸割合） × $\dfrac{\text{m}^2}{\text{m}^2}$	円	X
	転貸借地権	（W,ADのうちの該当記号）（ ） 円 × (1－ 0. | （借地権割合）)	円	Y
	転借権	（W,X,ADのうちの該当記号）（ ） 円 × 0.	（借地権割合）	円	Z
	借家人の有する権利	（W,Z,ADのうちの該当記号）（ ） 円 × 0.	（借家権割合）（賃借割合） × $\dfrac{\text{m}^2}{\text{m}^2}$	円	AA
	権利が競合する場合の土地に関する権利	（自用地の評価額） 円 × 0.	（ 割合）	円	AB
		（T,Vのうちの該当記号）（ ） 円 × (1－ 0. | （ 割合）)	円	AC
	他の権利と競合する場合の権利	（W,ABのうちの該当記号）（ ） 円 × (1－ 0. | （ 割合）)	円	AD
備考				

（注）区分地上権と区分地上権に準ずる地役権とが競合する場合については、備考欄等で計算してください。

（資4-25-2-A4統一）

◆土地及び土地の上に存する権利の評価についての調整率表

土地及び土地の上に存する権利の評価についての調整率表（平成31年1月分以降用）

① 奥行価格補正率表

奥行距離m ＼ 地区区分	ビル街	高度商業	繁華街	普通商業・併用住宅	普通住宅	中小工場	大工場
4未満	0.80	0.90	0.90	0.90	0.90	0.85	0.85
4以上6未満		0.92	0.92	0.92	0.92	0.90	0.90
6〃8〃	0.84	0.94	0.95	0.95	0.95	0.93	0.93
8〃10〃	0.88	0.96	0.97	0.97	0.97	0.95	0.95
10〃12〃	0.90	0.98	0.99	0.99	1.00	0.96	0.96
12〃14〃	0.91	0.99	1.00	1.00		0.97	0.97
14〃16〃	0.92	1.00				0.98	0.98
16〃20〃	0.93					0.99	0.99
20〃24〃	0.94					1.00	1.00
24〃28〃	0.95				0.97		
28〃32〃	0.96		0.98		0.95		
32〃36〃	0.97		0.96	0.97	0.93		
36〃40〃	0.98		0.94	0.95	0.92		
40〃44〃	0.99		0.92	0.93	0.91		
44〃48〃	1.00		0.90	0.91	0.90		
48〃52〃		0.99	0.88	0.89	0.89		
52〃56〃		0.98	0.87	0.88	0.88		
56〃60〃		0.97	0.86	0.87	0.87		
60〃64〃		0.96	0.85	0.86	0.86	0.99	
64〃68〃		0.95	0.84	0.85	0.85	0.98	
68〃72〃		0.94	0.83	0.84	0.84	0.97	
72〃76〃		0.93	0.82	0.83	0.83	0.96	
76〃80〃		0.92	0.81	0.82			
80〃84〃		0.90	0.80	0.81	0.82	0.93	
84〃88〃		0.88		0.80			
88〃92〃		0.86			0.81	0.90	
92〃96〃	0.99	0.84					
96〃100〃	0.97	0.82					
100〃	0.95	0.80			0.80		

② 側方路線影響加算率表

地区区分	加算率（角地の場合）	加算率（準角地の場合）
ビル街	0.07	0.03
高度商業、繁華街	0.10	0.05
普通商業・併用住宅	0.08	0.04
普通住宅、中小工場	0.03	0.02
大工場	0.02	0.01

③ 二方路線影響加算率表

地区区分	加算率
ビル街	0.03
高度商業、繁華街	0.07
普通商業・併用住宅	0.05
普通住宅、中小工場	0.02
大工場	0.02

④ 不整形地補正率を算定する際の地積区分表

地区区分 ＼ 地積区分	A	B	C
高度商業	1,000㎡未満	1,000㎡以上1,500㎡未満	1,500㎡以上
繁華街	450㎡未満	450㎡以上700㎡未満	700㎡以上
普通商業・併用住宅	650㎡未満	650㎡以上1,000㎡未満	1,000㎡以上
普通住宅	500㎡未満	500㎡以上750㎡未満	750㎡以上
中小工場	3,500㎡未満	3,500㎡以上5,000㎡未満	5,000㎡以上

⑤ 不整形地補正率表

かげ地割合 ＼ 地積区分	高度商業、繁華街、普通商業・併用住宅、中小工場 A	B	C	普通住宅 A	B	C
10%以上	0.99	0.99	1.00	0.98	0.99	0.99
15%	0.98	0.99	0.99	0.96	0.98	0.99
20%	0.97	0.98	0.99	0.94	0.97	0.98
25%	0.96	0.98	0.99	0.92	0.95	0.97
30%	0.94	0.97	0.98	0.90	0.93	0.96
35%	0.92	0.95	0.98	0.88	0.91	0.94
40%	0.90	0.93	0.97	0.85	0.88	0.92
45%	0.87	0.91	0.95	0.82	0.85	0.90
50%	0.84	0.89	0.93	0.79	0.82	0.87
55%	0.80	0.87	0.90	0.75	0.78	0.83
60%	0.76	0.84	0.86	0.70	0.73	0.78
65%以上	0.70	0.75	0.80	0.60	0.65	0.70

⑥ 間口狭小補正率表

間口距離m ＼ 地区区分	ビル街	高度商業	繁華街	普通商業・併用住宅	普通住宅	中小工場	大工場
4未満	−	0.85	0.90	0.90	0.90	0.80	0.80
4以上6未満	−	0.94	1.00	0.97	0.94	0.85	0.85
6〃8〃	−	0.97		1.00	0.97	0.90	0.90
8〃10〃	0.95	1.00			1.00	0.95	0.95
10〃16〃	0.97					1.00	0.97
16〃22〃	0.98						0.98
22〃28〃	0.99						0.99
28〃	1.00						1.00

⑦ 奥行長大補正率表

奥行距離 ÷ 間口距離 ＼ 地区区分	ビル街	高度商業	繁華街	普通商業・併用住宅	普通住宅	中小工場	大工場
2以上3未満	1.00			1.00	0.98	1.00	1.00
3〃4〃				0.99	0.96	0.99	
4〃5〃				0.98	0.94	0.98	
5〃6〃				0.96	0.92	0.96	
6〃7〃				0.94	0.90	0.94	
7〃8〃				0.92		0.92	
8〃				0.90		0.90	

⑧ 規模格差補正率を算定する際の表

イ 三大都市圏に所在する宅地

地積㎡ ＼ 地区区分	普通商業・併用住宅、普通住宅 Ⓑ	Ⓒ
500以上1,000未満	0.95	25
1,000〃3,000〃	0.90	75
3,000〃5,000〃	0.85	225
5,000〃	0.80	475

ロ 三大都市圏以外の地域に所在する宅地

地積㎡ ＼ 地区区分	普通商業・併用住宅、普通住宅 Ⓑ	Ⓒ
1,000以上3,000未満	0.90	100
3,000〃5,000〃	0.85	250
5,000〃	0.80	500

⑨ がけ地補正率表

がけ地地積 ÷ 総地積 ＼ がけ地の方位	南	東	西	北
0.10以上	0.96	0.95	0.94	0.93
0.20〃	0.92	0.91	0.90	0.88
0.30〃	0.88	0.87	0.86	0.83
0.40〃	0.85	0.84	0.82	0.78
0.50〃	0.82	0.81	0.78	0.73
0.60〃	0.79	0.77	0.74	0.68
0.70〃	0.76	0.74	0.70	0.63
0.80〃	0.73	0.70	0.66	0.58
0.90〃	0.70	0.65	0.60	0.53

⑩ 特別警戒区域補正率表

特別警戒区域の地積 ÷ 総地積	補正率
0.10以上	0.90
0.40〃	0.80
0.70〃	0.70

（資4-85-A4統一）

7 小規模宅地等の減額特例

1．特例の趣旨

　被相続人等の事業の用または居住の用に供されていた宅地等を、相続または遺贈により取得した親族等が、継続して土地等を事業の用または居住の用に供する場合には、事業継続のため、または居住用財産の保全のために、相続税の負担を軽減させる必要があります。そのため、一定の事業用または居住用の宅地等については、課税価格を減額させる特例が規定されています。

2．小規模宅地等の減額特例

（1）特例の対象となる宅地等

　特例の適用対象は、特定事業用宅地等、特定同族会社事業用宅地等、特定居住用宅地等および貸付事業用宅地等の4種類の宅地等です。

（2）適用要件

　特例の対象となる土地は、以下の要件のすべてを満たす宅地等です。
　① 相続または遺贈により取得された宅地等（借地権等を含む）であること。
　② 建物、構築物、一定の郵便局の敷地の用に供されている宅地等（借地権等を含む）であること。
　③ 相続税の申告期限までに分割されていること。ただし、申告期限内に「申告期限後3年以内の分割見込書」を提出して、3年以内に分割された場合には適用されます。

第13章　土地の評価

3．特定事業用宅地等

（1）特定事業用宅地等の範囲

　特定事業用宅地等とは、次の宅地等をいいます。ただし、事業は、不動産賃貸、駐車または駐輪場業および事業に準ずる事業※（以下、「貸付事業」という）を除きます。また、相続開始前3年以内に新たに事業の用に供された宅地等は、一定の場合を除き、該当しません。

　①　被相続人の事業用宅地等を取得した親族が、その事業を承継し、申告期限までその事業を継続して行い、かつ、所有している宅地等

　②　生計一親族の事業用宅地等を取得したその生計一親族が、相続直前から申告期限まで事業を継続して行い、かつ、所有している宅地等

　※　事業に準ずる事業とは、事業と称するに至らない不動産の貸付け等で、相当の対価を得て継続的に行うものをいいます。

（2）対象地積と減額割合（下記7の制限あり）

　最大400㎡まで、課税価格が80％減額されます。

4．特定同族会社事業用宅地等

（1）特定同族会社事業用宅地等の範囲

　被相続人の親族のうち特定同族会社の経営権のある役員（法法二十五）が取得した次の①から③の宅地等で申告期限まで所有されていたものをいいます。ただし、特定同族会社の行う事業は、貸付事業等を除きます。

　①　被相続人から特定同族会社に貸し付けられていた宅地等

　②　被相続人の所有で特定同族会社に賃貸している建物の敷地である宅地等

　③　生計一親族所有で特定同族会社に無償貸付けしている建物の敷地である宅地等

313

（2） 特定同族会社の範囲

特定同族会社とは、相続開始直前に被相続人およびその親族その他特別の関係のある者等が発行済株式の50％超を有する法人をいいます。

（3） 対象地積と減額割合（下記7の制限あり）

最大400㎡まで、課税価格が80％減額されます。

5． 特定居住用宅地等

（1） 特定居住用宅地等の範囲

被相続人または生計一親族の居住用の家屋等で、以下に掲げるものの用に供されていた宅地等をいいます。ただし、区分所有建物以外の一棟の建物の場合には、親族居住用の部分も被相続人の居住用家屋とします。

① 被相続人所有の被相続人の居住用の家屋
② 被相続人所有で、生計一親族の居住用として無償貸付けしている家屋
③ 被相続人から敷地を無償で借りている親族所有の家屋で、被相続人がその親族から無償で借りて居住の用に供している家屋

なお、被相続人の居住用家屋であったが、被相続人が老人ホーム等に入居したため相続開始直前に居住用でない一定の家屋の敷地である宅地等は、特定居住用宅地等に該当します。

（2） 被相続人の居住用家屋の敷地で、特定居住用宅地等となる場合

① 配偶者が取得した場合
② 同居親族が取得し、申告期限まで居住し、かつ、所有した場合
③ 以下の要件をすべて満たす別居親族が取得し、申告期限まで所有した場合

314

第13章　土地の評価

　　ア　被相続人に配偶者がなく同居法定相続人がないこと
　　イ　相続開始前3年以内に、自己または配偶者、3親等内の親族、
　　　これらの者が発行済株式数の50％超を有する法人のいずれかが
　　　所有する日本国内にある家屋に居住したことがないこと
　　ウ　その親族が相続開始時に居住している家屋を、相続開始前の
　　　いずれの時においても所有したことがないこと

（3）被相続人の生計一親族の居住用家屋の敷地で、特定居住用宅地等となる場合

　①　配偶者が取得した場合
　②　生計一親族が取得し、申告期限まで居住し、かつ、所有した場合

（4）対象地積と減額割合（下記7の制限あり）

最大330㎡まで、課税価格が80％減額されます。

6．貸付事業用宅地等

（1）貸付事業用宅地等の範囲

①　貸付事業用宅地等

　貸付事業の用に供されていた以下の宅地等をいいます。この場合の貸付事業とは、「不動産賃貸業」、「駐車場業」、「自転車駐車場業」および事業と称するに至らない不動産の貸付けその他これらに類する行為で相当の対価を得て継続的に行う「準事業」をいいますので、事業的規模でなくても対象となります。
　　ア　被相続人の貸付事業用宅地等を取得した親族が、その事業を承継し、申告期限までその事業を継続して行い、かつ、所有している宅地等
　　イ　生計一親族の貸付事業用宅地等を取得したその生計一親族が、相続直前から申告期限まで事業を継続して行い、かつ、所有している宅地等

315

② **3年以内貸付宅地等の除外**（措通69の4 -24の4）

　相続開始前3年以内に新たに貸付事業の用に供された宅地等は、上記①の貸付事業用宅地等の対象になりません。

　ただし、相続開始日まで、3年を超えて引続き特定貸付事業（準事業以外の貸付事業）を行っていた被相続人等の貸付事業の用に供されていた宅地等については、3年以内宅地等に該当しません。

　したがって、被相続人等の貸付事業が準事業の場合には、相続開始前3年以内に貸付事業の用に供された宅地等は、この特例の対象になりません。

（2）対象地積と減額割合（下記7の制限あり）

　最大200㎡まで、課税価格が50％減額されます。

7．特例の対象地積の制限

小規模宅地等の区分	適用最大地積		減額割合
①特定事業用	①②合計で400㎡以下	①②と③を併用する場合は、合計で730㎡以下	80％
②特定同族会社事業用			
③特定居住用	③単体で330㎡以下		80％
④貸付事業用	④単体で200㎡以下 ④と①②、③を併用する場合（注）		50％

（注）④貸付事業用と①特定事業用および②特定同族会社事業用、③特定居住用を併用する場合には、以下の算式を満たす各宅地等の地積の組み合わせた地積を上限とします。そのため、各宅地等の地積の組み合わせた地積を検討して、有利判定をして選択適用をすることになります。

（貸付事業用宅地との併用時の算式）

$$①②地積 \times \frac{200㎡}{400㎡} + ③地積 \times \frac{200㎡}{330㎡} + ④地積 \leqq 200㎡$$

第 14 章

株式の評価

　株式の評価方法は、市場での売買が可能な上場株式等の株式と取引相場の
ない同族会社等の株式の評価に大別されます。同族会社の同族株主が所有す
る株式は、売買することが難しく、相続税の課税対象となるため、親から子
へ事業承継をする際の相続税負担は避けられません。そのため、同族株主は、
その評価方法を理解しておく必要があります。

　本章では、上場株式等と取引相場のない株式の評価方法の概要を解説しま
す。また、具体例により、国税庁の公表する取引相場のない株式の評価明細
書の記載方法は詳細に解説します。

1 株式の種類と評価方法　318

2 取引相場のない株式の評価（配当還元方式）　320

3 取引相場のない株式の評価（原則的評価方式）　323

4 類似業種比準価額の計算　326

5 純資産価額の計算　330

6 取引相場のない株式の計算例　332

① 株式の種類と評価方法

１．株式の種類

　評価通達は、株式を上場株式、気配相場のある株式、取引相場のない株式の３つに区分して評価方法を規定しています。

２．上場株式

（１）上場株式の意義

　上場株式とは、金融商品取引所に上場されている株式をいいます。

（２）評価方法（評基通169）

　金融商品取引所が公表する次の①から④うち、最も低い価額で評価します。
　① 　課税時期の最終価格
　② 　課税時期の属する月の毎日の最終価格の月平均額
　③ 　課税時期の属する月の前月の毎日の最終価格の月平均額
　④ 　課税時期の属する月の前々月の毎日の最終価格の月平均額

３．気配相場のある株式

（１）気配相場のある株式の意義

　気配相場のある株式とは、以下の株式をいいます。
　① 　日本証券業協会において、登録銘柄として登録された株式および店頭管理銘柄として指定された株式
　② 　公開途上にある株式

第14章　株式の評価

（2）登録銘柄および店頭管理銘柄の株式の評価方法 （評基通174）

　日本証券業協会が公表する次の①から④うち、最も低い価額で評価します。ただし、高値と安値が双方について公表されている場合にはその平均額とします。

　①　課税時期の取引価格
　②　課税時期の属する月の毎日の取引価格の月平均額
　③　課税時期の属する月の前月の毎日の取引価格の月平均額
　④　課税時期の属する月の前々月の毎日の取引価格の月平均額

（3）公開途上にある株式の評価方法 （評基通174）

　①　株式の上場または登録に際して公募または売出しが行われる場合には、その株式の公開価格によって評価します。
　②　株式の上場または登録に際して公募または売出しが行われない場合には、課税時期以前の取引価格等を勘案して評価します。

4．取引相場のない株式

（1）取引相場のない株式の意義

　取引相場のない株式とは、上場株式および気配相場のある株式以外の株式をいいます。

（2）評価方法

　取引相場のない株式の評価方法の詳細は、②以下で解説します。

319

② 取引相場のない株式の評価(配当還元方式)

1. 取引相場のない株式の評価方法

　取引相場のない株式の評価方法には、原則的評価方式と特例的評価方法である配当還元方式の2種類の評価方式があります。

　同族株主等が取得した株式は、原則的評価方式で評価します。ただし、同族株主等のうち、議決権割合が5％未満の一定の少数株式所有者が取得した株式については、配当還元方式により評価します。また、同族株主等以外の株主等が取得した株式は、配当還元方式により評価します。

　2種類の評価方式のうち、適用する評価方式の判定は、国税庁が公表している「取引相場のない株式(出資)の評価明細書」(以下、「株式評価明細書」という)の第1表の1(評価上の株主の判定及び会社規模の判定の明細書)で行います。

2. 同族株主等および評価方法の判定

(1) 同族株主等の判定要素

① 議決権割合での判定

　同族株主等であるか同族株主等以外の株主であるかの判定は、株式の相続、遺贈または贈与による異動後における持株数に応じた議決権割合を基礎として判定します。また判定は、株主本人だけではなく、株主本人とその同族関係者(以下、「株主グループ」という)が有する議決権割合の合計割合を基礎として判定します。

② 同族関係者の範囲 (法令4)

　同族関係者とは、株主の親族、株主と婚姻関係と同様の関係にある者、株主の使用人、株主から生計の支援を受けている者とその生計一の親族およびこれらの者の支配する法人により支配されている法人等をいいます。第1章⑥親族関係図を参照してください。

第14章　株式の評価

（2）同族株主等の判定要素の定義

①　同族株主の意義（評基通188）

　同族株主とは、議決権の最も多い株主とその同族関係者（以下、「筆頭株主グループ」という）の有する議決権割合が30％以上である株主グループに属する株主をいいます。ただし、筆頭株主グループの議決権割合が50％超の場合には、その筆頭株主グループの株主のみが同族株主となります。

②　中心的な同族株主の意義（評基通188）

　中心的な同族株主とは、同族株主のうち、本人、配偶者、直系血族、兄弟姉妹、一親等の姻族およびこれらの者またはこれらの者が支配する法人が支配する法人の有する株式の議決権割合が25％以上である株主をいいます。

③　中心的な株主（評基通188）

　中心的な株主とは、同族株主のいない会社の議決権割合が15％以上である株主グループに属する株主のうち、議決権割合が単独で10％以上の株主をいいます。

④　役員の意義（法令71）

　役員とは、代表取締役、社長、副社長、専務、常務等の経営に従事するものをいいます。したがって、肩書きのない平取締役や使用人兼務役員は、判定上の経営権のある役員には含まれません。

321

3．評価方法の判定のまとめ

判定基準		納税者の属する株主グループの議決権割合				評価の方法
	区分	筆頭株主グループの持株割合			株主の区分	
		50％超	30％以上 50％以下	30％未満		
	割合	50％超	30％以上	15％以上	同族株主等 ※一定の少数株式所有者を除く	原則的評価方式
		50％以下	30％未満	15％未満	同族株主等以外の株主 ※一定の少数株式所有者を含む	配当還元方式

※　一定の少数株式所有者とは以下の者をいいます。
①　中心的同族株主がいる会社の株主のうち、中心的な同族株主以外の株主で、議決権割合が5％未満であり、経営に従事する役員以外の株主をいいます。
②　中心的株主がいる同族株主のいない会社の株主のうち、議決権割合が15％以上の株主グループに属するが、議決権割合が5％未満であり、経営に従事する役員以外の株主をいいます。

4．配当還元方式による評価方法

（1）評価方法の趣旨

　同族株主以外の株主および一定の少数株式所有者は、株主ではありますが、会社経営への影響力は低く、実質的には配当を受ける権利のみを有しています。そのため、評価手続の簡便性も考慮して、評価会社の直前期末以前2年間の配当の平均額が1割（10％）と仮定した場合の価額を基礎として下記（2）②の評価方法により評価します。

　株式評価明細書第3表（一般の評価会社の株式及び株式に関する権利の価額の計算明細書）の2.配当還元方式による価額の欄で計算を行います。

第14章　株式の評価

（2）評価方法 （評基通189）

①　１株を50円とした場合の年配当金額

下記④3（2）の類似業種比準価額の計算における評価会社の「１株（50円）当たりの年配当金額」を、下記②の「その株式に係る年配当金額」として計算します。

②　評価方法

$$\frac{その株式に係る年配当金額^※}{10\%} \times \frac{その株式の１株当たりの資本金等の額}{50円}$$

※　年配当金額が、２円50銭未満の場合には、２円50銭とします。

③　取引相場のない株式の評価（原則的評価方式）

１．一般の評価会社と特定の評価会社の評価方法

（1）一般の評価会社の評価方法

下記（2）の特定の評価会社以外の一般の評価会社の原則的評価方式は、評価会社をその規模に応じて大会社、中会社、小会社に区分し、類似業種比準価額方式または純資産価額方式あるいは、その併用方式により評価します。

会社規模の判定は、株式評価明細書の第１表の２（評価上の株主の判定及び会社規模の判定の明細書（続））で行います。

（2）特定の評価会社の株式の評価方法

特定の評価会社は、株式評価明細書の第２表（特定の評価会社の判定の明細書）で判定します。特定の評価会社は、以下の６種類がありますが、本書では、これらの特定の評価会社の株式の評価方法の解説を省略します。

①　比準要素数１の会社

②　株式等保有特定会社

323

③　土地保有特定会社
④　開業後３年未満の会社等
⑤　開業前または休業中の会社
⑥　清算中の会社

２．一般の評価会社の会社規模の判定

（１）判定要素

会社規模の判定要素は、以下の３つがあります。

①　直前期末の総資産価額（帳簿価額）

評価会社の直前期末の貸借対照表における各資産の帳簿価額の合計額をいいます。ただし、減価償却資産については、償却累計額を控除した直前期末の未償却残額によります。また、貸倒引当金は、各資産の帳簿価額から控除しません。

②　直前期末以前１年間における従業員数

直前期末以前１年間に週30時間以上勤務した継続勤務従業員の数と、継続勤務従業員以外の従業員の労働時間の合計時間数を、1,800時間で除した数の合計額で判定します。ただし、評価会社の経営に従事する役員（法令71）は含まれません。

③　直前期末以前１年間の取引金額

取引金額とは、評価会社の直前期末の損益計算書の営業収益に計上された売上高をいいます。

（２）判定方法

評価会社の会社規模の判定は、上記（１）の判定要素の①直前期末の総資産価額と②直前期末以前１年間における従業員数のいずれか下位の区分と、③直前期末以前１年間の取引価額のいずれか上位の区分により、株式評価明細書第１表の２の表に当てはめて大会社、中会社、小会社に判定します。

第14章　株式の評価

３．一般の評価会社の会社区分ごとの評価方法

（１）大会社の評価方法

　大会社と判定された株式は、類似業種比準価額により評価します。ただし、純資産価額が類似業種比準価額よりも低い場合は、純資産価額により評価することができます。

（２）中会社の評価方法

①　中会社と判定された株式の評価算式

$$\left(\begin{array}{c}類似業種\\比準価額^{※1}\end{array}\right) \times Lの割合 + \left(\begin{array}{c}純資産\\価額^{※2}\end{array}\right) \times （1－Lの割合）$$

※１　純資産価額が、類似業種比準価額よりも低い場合は、純資産価額とします。ただし、この場合の純資産価額は、※２の80％相当額とはできません。

※２　議決権割合が50％以下の株主グループの株式は、純資産価額の80％相当額とします。

②　Lの割合

　　ア　中会社の上位区分→　0.90

　　イ　中会社の中位区分→　0.75

　　ウ　中会社の下位区分→　0.60

（３）小会社の評価方法

　小会社と判定された株式は、純資産価額により評価します。

　ただし、次の算式により計算した金額が、純資産価額よりも低い場合は、次の算式の金額により評価することができます。

　類似業種比準価額×0.50＋純資産価額[※]×0.50

※　議決権割合が50％以下の株主グループの株式は、純資産価額の80％相当額とします。

325

④ 類似業種比準価額の計算

1. 類似業種比準価額

類似業種比準価額は、原則として、大会社の株式評価に用いられます。大会社の事業規模は、上場会社の事業規模に類似するため、上場会社の平均株価をもとにした評価方法となっています。具体的には、評価会社の事業に類似する上場会社の比準要素と、評価会社の比準要素を比較して、比準割合を計算し、類似する上場会社の平均株価に比準割合を乗じて計算した金額に、評価会社の会社規模に応じた斟酌割合を乗じて算出します。

この場合の比準要素とは、「年配当金額」、「年利益金額」および「純資産価額」の３要素で、国税庁が平均株価とともに公表しています。

公表される比準要素は、１株当たりの資本金等の額を50円とした場合の金額ですので、評価会社の比準要素の金額も１株当たりの資本金等の額を50円とした場合の金額に割り戻して比較することになります。

類似業種比準価額は、株式評価明細書第４表（類似業種比準価額等の計算明細書）により計算を行います。

2. 類似業種の区分 (評基通181、181-2)

評価会社が何の業種に該当するかは、日本標準産業分類による業種区分によります。類似業種比準価額の計算上の類似業種は、「日本標準産業分類の分類項目と類似業種比準価額計算上の業種目との対比表」による業種目とします。

類似業種は、その業種目が小分類に区分されているものは小分類による業種目、小分類に区分されていない中分類のものは中分類の業種目によります。ただし、選択により業種目が小区分の場合には小区分と中区分のいずれかを、中区分の場合には中区分と大区分のいずれかを類似業種とすることができます。そのため、有利判定をします。

第14章　株式の評価

３．評価会社の１株（50円）当たりの年配当金額（評基通183）

（１）年配当金額

① 期中の配当金額[※1]

② 非経常的な配当額[※2]

③ ①－②

※1　期中の配当金額とは、法人税申告書別表四の「1」所得金額の行の③社
　　外流出（配当）欄の金額をいいます。

※2　非経常的な配当金額とは、特別配当、記念配当等の毎期継続しないもの
　　をいいます。

（２）1株（50円）当たりの年配当金額

① 直前期および直前々期の年配当金額の合計額÷2＝○円○銭

② ①÷1株50円の株式数[※]＝○円○銭

※　1株50円の株式数とは、評価会社の１株当たりの資本金額を50円とした場
　　合の発行済株式数をいいます。期末資本金額を50円で除して算出します。以
　　下同じです。

４．評価会社の１株（50円）当たりの年利益金額（評基通183）

（１）年利益金額

① 法人税の課税所得金額[※1]

② 非経常的な利益金額[※2]

③ 受取配当等の益金不算入額[※3]

④ ③に係る源泉所得税額[※4]

⑤ 損金に算入された繰越欠損金の控除額

⑥ 差引利益金額　①－②＋③－④＋⑤＝×××千円

※1　法人税の課税所得金額とは、法人税申告書別表四の「52」所得金額の行
　　の①総額の欄の金額をいいます。

327

※2　非経常的な利益とは、決算書の損益計算書のうち特別利益をいいます。

※3　受取配当等の益金不算入額とは、法人税申告書別表四の「14」所得金額の行の①総額の欄の金額をいいます。

※4　計算例における受取配当等に係る源泉所得税額とは、法人税申告書別表六㈠の「12」の控除を受ける所得税額の欄の金額をいいます。

（2）1株（50円）当たりの年利益金額

① 　直前期の年利益金額÷1株50円の株式数＝○円○銭

② 　ア　直前期および直前々期の年利益金額の合計×1/2

　　　イ　ア÷1株50円の株式数＝○円○銭

③ 　①または②のいずれか低い金額

5．評価会社の1株(50円)当たりの純資産価額(評基通183)

（1）直前期末の純資産価額

① 　資本金等の金額[※1]

② 　利益剰余金の金額[※2]

※1　資本金等の金額とは、法人税申告書別表五㈠の「36」差引合計額の行の④差引翌期首現在資本金等の額の欄の金額をいいます。

※2　利益剰余金の金額とは、法人税申告書別表五㈠の「31」差引合計額の行の④差引翌期首現在利益積立金額の欄の金額をいいます。

（2）1株（50円）当たりの純資産価額

（1）÷1株50円の株式数＝○円

第14章　株式の評価

6．類似業種比準価額の計算方法

（1）類似業種比準価額の計算方法

$$
\left(\begin{array}{c}\text{類似業種の}\\\text{平均株価 A}\end{array}\right)\times\text{比準割合}^{※}\times\text{斟酌割合}
$$

※　小数点以下 3 位未満切捨

（2）類似業種の平均株価 A （評基通182）

次の 5 つの株価のうち、最も低い株価をいいます。

① 　課税時期の属する月の平均株価

② 　課税時期の属する月の前月の平均株価

③ 　課税時期の属する月の前々月の平均株価

④ 　課税時期の前年の平均株価

⑤ 　課税時期の属する月以前 2 年間の平均株価

（3）比準割合（各比準割合は、小数点以下 3 位未満切捨）

$$
\text{比準割合}=\frac{\dfrac{ⓑ}{（B）}+\dfrac{ⓒ}{（C）}+\dfrac{ⓓ}{（D）}}{3}
$$

［比準割合の計算要素］

（B）＝類似業種の 1 株当たりの年配当金額

ⓑ 　＝評価会社の 1 株当たりの年配当金額

（C）＝類似業種の 1 株当たりの年利益金額

ⓒ 　＝評価会社の 1 株当たりの年利益金額

（D）＝類似業種の 1 株当たりの純資産価額

ⓓ 　＝評価会社の 1 株当たりの純資産価額

329

（4） 斟酌割合

① 大会社→0.7
② 中会社→0.6
③ 小会社→0.5

5 純資産価額の計算

1．純資産価額の趣旨

　純資産価額は、原則として、小会社の株式評価に用いられます。小会社の株式は、市場での流通性がありません。そのため、会社を清算した場合の分配可能な純資産価額をもとにした評価方法となっています。具体的には、評価会社の課税時期における各資産の相続税評価額の合計額から各負債の相続税評価額の合計額および評価差額に対する法人税額等相当金額を控除して計算した金額をいいます。1株当たりの純資産価額は、純資産価額を課税時期における発行済株式数で除して算出します。

　純資産価額は、類似業種比準価額のように評価会社の収益性等は反映していませんが、相続税評価額による法人税額控除後の純資産額ですので、評価時期における残余財産に相当する金額を表しています。

　純資産価額の計算は、原則として課税時期に仮決算を行うことを原則としますが、課税上弊害がない場合には、直前期の決算額に課税時期の属する年分の財産評価基準を適用して計算した金額をもとにして計算しても差し支えないこととされています。

　純資産価額は、株式評価明細書第5表（1株当たりの純資産価額（相続税評価額）の計算明細書）により計算をします。

第14章　株式の評価

２．純資産価額による評価方法

（１）各資産の相続税評価額 （評基通185）

　原則として、各資産の課税時期における相続税評価額を、評価通達に基づいて評価します。

　ただし、課税時期前３年以内に取得した土地等および家屋等の価額は、課税時期における通常の取引価額により評価します。

　通常の取引価額は、土地等または家屋等の帳簿価額（取得価額）が課税時期における通常の取引価額に相当すると認められる場合には、帳簿価額によることができます。

　また、生命保険金請求権、未収還付税金、借地権等は、帳簿価額の有無にかかわらず、資産の合計額に含めます。ただし、前払費用、繰延資産等の財産性のないものは、資産の合計額から除きます。

（２）各負債の合計額 （評基通186）

　原則として、各負債の課税時期における相続税評価額を、評価通達に基づいて評価します。課税時期の未納租税公課、未払利息、死亡退職金（弔慰金を除く）等は、帳簿価額の有無にかかわらず負債の合計額に含めます。

（３）評価差額に対する法人税額等相当金額

　評価差額に対する法人税額等は、相続税評価額による純資産価額から、帳簿価額による純資産価額を控除した金額の37％相当額になります。

（４）課税時期現在の純資産価額 （相続税評価額）

　（１）－（２）－（３）

（５）課税時期現在の１株当たりの純資産価額 （相続税評価額）

　（４）÷課税時期現在の発行済株式数

331

（6）同族株主等の議決権割合が50％以下の場合の特例

　納税義務者の属する株主グループの議決権割合が50％以下の場合の課税時期現在の１株当たりの純資産価額（相続税評価額）は、上記（5）の80％相当額とします。

6　取引相場のない株式の計算例

　取引相場のない株式の相続税評価額の計算例を、以下に示します。
　本計算例は、Ａが、令和６年４月15日に父である甲から相続により、甲が所有する株式会社Ｔ・Ａ・Ｏ（資本金１億円、発行済株式総数2,000株）の株式2,000株を取得したことを前提条件とします。株式会社Ｔ・Ａ・Ｏは、一般評価会社である取引相場のない株式に該当します。
　以下の情報により国税庁が公表している株式評価明細書を記載しながら、株式会社Ｔ・Ａ・Ｏの株式の評価を行います。この株式評価明細書も非常に優れた相続税の財産評価明細書の一つです。なお、国税庁のホームページから株式評価明細書をダウンロードして、実際に明細書の記載をしていただければ、より理解が深まると考えます。

1．取引相場のない株式の評価の概要

（1）評価の概要

①　原則的評価方式と配当還元方式
　一般評価会社の取引相場のない株式の評価は、同族株主等が取得した場合には、原則的評価方式で評価をし、それ以外の株主が取得した場合には、配当還元方式で評価します。
　株式取得者が、同族株主等に該当するかどうかは、株式評価明細書第１表の１で判定します。
　本計算例では、原則的評価方式による株式評価明細書の記載を示します。配当還元方式での評価額は、計算過程をP.341に示します。

332

第14章　株式の評価

　なお、本計算例では、以下の評価明細書を使用します。

第1表の1（評価上の株式の判定及び会社規模の判定の明細書）
第1表の2（評価上の株主の判定及び会社規模の判定の明細書（続））
第3表（一般の評価会社の株式及び株式に関する権利の価額の計算明細書）
第4表（類似業種比準価額等の計算明細書）
第5表（1株あたりの純資産価額（相続税評価額）の計算明細書）

② **評価会社の区分**

　第1表の2において、評価会社の純資産帳簿価額、従業員数および年取引金額の大小により、評価会社を大会社、中会社、小会社に区分します。中会社は、さらに上位、中位、下位に3区分します。

③ **1株当たりの株式の価額の計算**

　1株当たりの株式の価額の計算は、第3表で計算されます。

　原則的評価方式の場合には、大会社は、第4表で計算された類似業種比準価額で評価します。ただし、選択により、第5表で計算された純資産価額で評価することもできます。

　また、中会社は、第4表で計算された類似業種比準価額と第5表で計算された純資産価額とをLの割合に応じて折衷した金額で評価します。会社規模に応じて、中会社のLの割合は、3区分（上位0.90、中位0.75、下位0.60）とされます。

　小会社は、第5表で計算された純資産価額で評価します。ただし、選択により、Lの割合を0.50として、中会社の株式の評価方法で評価することができます。

2．株式評価明細書第1表の1、第1表の2の記載方法

（1）株式評価明細書第1表の1の記載方法

　株式評価明細書第1表の1は、以下のとおり記載します。

　上段に、P.350の法人税申告書別表一のデータから会社名（株式会社 T・A・O）、本店所在地（東京都練馬区○○○1-1-1）、代表者名

333

（A）、課税時期（令和6年4月15日）、直前期（令和6年3月31日）、事業内容（各種商品小売業）と記載します。

中段左側の「1.株主及び評価方法の判定」の欄に、相続等による取得後の株主名をA、株数を2,000株と記載し②③④の計算をします。中段右側の「判定基準」の欄で、同族株主等に該当するかどうかを判定します。Aは、同族株主等に該当しますので、「判定」の欄で同族株主等を囲みます。

（2）株式評価明細書第1表の2の記載方法

株式評価明細書第1表の2は、以下のとおり記載します。

① 上段3つの「判定要素」の記載

1つ目の判定要素である「直前期末の総資産価額（帳簿価額）」は、P.354の貸借対照表の❶貸倒引当金加算後の資産合計額245,348千円を転記します。2つ目の「直前期末以前1年間の取引金額」は、損益計算書の売上高❷702,000千円を転記します。3つ目の「直前期末以前1年間における従業員数」は、明細書に記載したとおりです。

② 中段の「判定基準」の記載

上記①の3要素が該当する欄に○をつけます。左側の総資産価額と従業員数のいずれか下位の区分と右側の年取引額とのいずれか上位の区分を選択し、選択した行の一番右の列に記載された区分が、評価会社の会社規模とLの割合になります。

評価会社は、中会社の上位に該当し、Lの割合は0.90になります。

3．株式評価明細書第4表の記載方法

株式評価明細書第4表は、類似業種比準価額の計算明細書です。
なお、類似業種比準価額の計算には、次の資料が必要です。

① 直前3期分の評価会社の法人税申告書（直前期分はP.350～353参照）

② 直前3期分の評価会社の決算書（直前期分はP.354～355参照）

③ 業種別株価等一覧表（P.344参照）

第14章　株式の評価

（1）「1.1株当たりの資本金等の額等の計算」の欄の記載

　直前期末の資本金等の額は100,000千円、直前期末の発行済株式数は2,000株、1株当たりの資本金等の額は50,000円、1株当たりの資本金等の額を50円とした場合の発行済株式数は2,000,000株になります。国税庁の公表する比準要素は、1株50円を単位としています。そのため、評価会社の比準要素の金額を算定する場合には、評価会社の年配当金額、年利益金額、純資産価額の金額を、評価会社の発行済株式総数を1株（50円）とした場合の2,000,000株で除して計算します。

（2）「2.比準要素等の金額の計算」の欄の記載

　下記「4.類事業種比準価額の計算に必要な資料（P.338）」のデータから比準要素等の金額の計算に必要な金額を❸〜❽に転記していきます。

　4（1）の年配当金額を❸に転記して計算すると、1株（50円）当たりの年平均配当金額Ⓑは、2円になります。4（2）の年利益金額の金額を❹、❺、❻に転記して計算すると、1株（50円）当たりの年利益金額は、4円になります。4（3）の純資産価額の金額を❼、❽に転記して計算すると、1株（50円）当たりの純資産額の金額Ⓓは、83円になります。

　なお、純資産額の金額は、決算書の純資産の金額ではなく、法人税申告書の別表五㈠（P.352）の❼、❽の金額を基礎としています。

（3）「3.1株（50円）当たりの比準価額の計算」の欄の記載

① 「類似業種と業種目番号」の記載
　類似業種は、小区分に区分されていない中区分の場合には、中区分の業種目によりますが、選択により、大区分と中区分のいずれかを類似業種とすることができます（P.326参照）。そのため、1株（50円）当たりの比準価額の計算は、「日本標準産業分類（P.343）」の大区分のNo.79小売業と中区分の No.80各種商品小売業の比準価額の2とおりの計算をして有利選択をします。上段の「類似業種と業種目番号」に

335

は、大区分の「小売業 No.79」と記載して、それぞれ以下の計算をします。

② **大区分（No.79）の類似業種比準価額の計算**

ア 「類似業種の株価」の記載

「類似業種の株価」の欄に、「業種別株価等一覧表（P.344）」の❾の大区分 No.79の５つの株価、課税時期の属する月の株価495円、前月505円、前々月490円、全年平均456円、前２年平均450円を転記します。そのうち、最も低いもの450円を⑳に記載します。

イ 「比準割合の計算」の記載

「比準割合の計算」の類似業種の行のB、C、Dに、「業種別株価等一覧表」の❿の大区分 No.79の比準要素の金額のB配当金額6.8円、C利益金額43円、D簿価純資産価額310円の金額を転記します。

次に、上記（２）で計算した評価会社の比準要素の金額を®に２円、©に４円、®に83円と転記します。

「要素別比準割合」の行に、評価会社の各比準要素を類似業種の各比準要素で除した割合（小数点以下３位未満切捨）をそれぞれ、®／B＝0.29、©／C＝0.09、®／D＝0.26と記載します。

この３つの割合の合計額0.64を３で除した比準割合0.21（小数点以下３位未満切捨）を計算して「㉑」に記載します。

ウ 「１株（50円）当たりの比準価額」の記載

上記アの株価に、上記イの比準割合と中会社の斟酌割合0.6を乗じて計算します。比準価額は、56円70銭（450円×0.21×0.6）になります。これを「㉒」に記載します。

③ **中区分（No.80）の類似業種比準価額の計算**

「業種別株価等一覧表」の中区分の No.80の金額をもとに②同様に以下のとおり計算します。

ア 「類似業種の株価」の記載

「類似業種の株価」の欄に、「業種別株価等一覧表」の❾の中区分 No.80の５つの株価、課税時期の属する月の株価305円、前月297円、前々月295円、全年平均280円、前２年平均275円を転記します。そのうち、最も低いもの275円を㉓に記載します。

第14章　株式の評価

　イ　「比準割合の計算」の記載
　「比準割合の計算」の類似業種の行のB、C、Dに、「業種別株価
等一覧表」の❿の中区分No.80の比準要素の金額のB配当金額3.5円、
C利益金額26円、D簿価純資産価額288円の金額を転記します。
　次に、上記（2）で計算した評価会社の比準要素の金額を⑧に2
円、⑥に4円、⑩に83円と転記します。
　「要素別比準割合」の行に、評価会社の各比準要素を類似業種の
各比準要素で除した割合（小数点以下3位未満切捨）をそれぞれ、⑧
／B＝0.57、⑥／C＝0.15、⑩／D＝0.28と記載します。
　この3つの割合の合計額1.00を3で除した比準割合0.33（小数点以
下3位未満切捨）を計算して「㉔」に記載します。
　ウ　「1株（50円）当たりの比準価額」の記載
　上記アの株価に、上記イの比準割合と中会社の斟酌割合0.6を乗
じて計算します。比準価額は、54円40銭（275円×0.33×0.6）にな
ります。これを「㉕」に記載します。

（4）「1株当たりの比準価額」の記載

　上記（3）の1株（50円）当たりの比準価額の②ウ56円70銭と③ウ
54円40銭のうち低い方の54円40銭を、有利選択します。
　また、1株（50円）当たりの比準価額を、評価会社の1株の額面
50,000円に相当する金額にするため、1,000倍（50,000÷50円）します。
　したがって、評価会社の1株当たりの類事業種比準価額は、54,400
円（54.40円×1,000）になります。

337

4．類似業種比準価額の計算に必要な資料

（1）年配当金額

区　　分	直前期	直前々期	直前々期の前期
年配当金額[※1]	5,000,000円	3,000,000円	5,000,000円
非経常的な配当金額[※2]	0円	0円	0円

※1　年配当金額とは、法人税申告書別表四の「1」所得金額の行の③社外流出（配当）欄の金額をいいます。

※2　非経常的な配当金額とは、特別配当、記念配当等の毎期継続しないものをいいます。

（2）年利益金額

区　　分	直前期	直前々期	直前々期の前期
法人税の課税所得金額[※1]	10,000,000円	12,000,000円	9,000,000円
非経常的な利益[※2]	881,700円	0円	342,000円
受取配当等の益金不算入額[※3]	50,000円	50,000円	50,000円
源泉所得税額[※4]	20,420円	20,420円	20,420円

※1　法人税の課税所得金額とは、法人税申告書別表四の「52」所得金額の行の①総額の欄の金額をいいます。

※2　非経常的な利益とは、決算書の損益計算書のうち、特別利益をいいます。

※3　受取配当等の益金不算入額とは、法人税申告書別表の「14」所得金額の行の①総額の欄の金額をいいます。

※4　計算例における受取配当等に係る源泉所得税額とは、法人税申告書別表六（一）の「12」の控除を受ける所得税額の欄の金額をいいます。

第14章　株式の評価

（3）純資産価額

区　　　　分	直前期	直前々期
資本金等の金額※1	100,000,000円	100,000,000円
利益剰余金の金額※2	67,405,842円	57,500,652円

※1　資本金等の金額とは、法人税申告書別表五㈠の「36」差引合計額④の行の差引翌期首現在資本金等の額の欄の金額をいいます。

※2　利益剰余金の金額とは、法人税申告書別表五㈠の「31」差引合計額の行の④差引翌期首現在利益積立金額の欄の金額をいいます。

5．株式評価明細書第5表の記載方法

株式評価明細書第5表は、純資産価額の計算明細書になります。

（1）上段の貸借対照表の金額の記載

①　帳簿価額による資産の部および負債の部の記載

資産の部および負債の部の帳簿価額の列に、P.354の貸借対照表の資産の部および負債の部の帳簿価額の金額（千円未満切捨）を転記して合計額を計算します。

②　相続税評価額による資産の部および負債の部の記載

資産の部および負債の部の相続税評価額の列に、相続税評価額（千円未満切捨）を記載して計算します。相続税評価額が帳簿価額と異なる下記（2）は、別途計算します。

339

（2）相続税評価額が帳簿価額と異なるものの一覧

科目名	相続税評価額	帳簿価額
建　　物	87,360千円	55,200千円
建物附属設備	※1　　0円	3,840千円
車両運搬具	2,400千円	4,000千円
土　　地	107,500千円	85,000千円
繰延資産	※2　　0円	1,760千円

※1　建物附属設備は、建物（家屋）の評価に含まれています。
※2　繰延資産は、財産性がないため、評価しません。

（3）下段の1株当たりの純資産価額の計算

　相続税評価額による1株当たりの純資産価額は、第5表下段において、以下のとおりに計算します。
　① 相続税評価額による純資産価額
　　292,808千円 − 67,078千円 = 225,730千円
　② 評価差額に対する法人税額等相当額
　　ア 帳簿価額による純資産価額
　　　245,348千円 − 67,078千円 = 178,270千円
　　イ 評価差額に相当する金額　①−②ア = 47,460千円
　　ウ 評価差額に対する法人税額等相当額　イ×37% = 17,560千円
　③ 課税時期現在の純資産価額　①−②ウ　= 208,170千円
　④ 課税時期現在の発行済株式数　2,000株
　　課税時期現在の1株当たりの純資産価額　③÷④ =　104,085円

6．株式評価明細書第3表の記載方法

　株式評価明細書第3表は、一般評価会社の株式の1株当たりの相続税評価額の計算明細書です。

第14章　株式の評価

（1）原則的評価方式による価額の欄の記載

　１株当たりの株式の価額の計算の基となる金額欄の①に第４表で計算された類似業種比準価額の金額54,400円を転記します。また、②に第５表で計算された純資産価額の金額104,085円を転記します。

（2）１株当たりの株式の価額の計算の欄の記載

　評価対象会社は、中会社の上位に該当しますので、中会社の株式の価額の行で、Ｌの割合を0.90として計算します。これにより、評価会社の原則的評価方式による１株当たりの株式の価額は、59,368円と計算されます。

７．配当還元方式による株式の価額の計算

　上記計算例による取引相場のない株式の取得者が、同族株主等以外である場合には、株式の価額は、特例的評価方式である配当還元方式により計算されます。

　上記計算例の場合の配当還元方式による１株当たりの株式の価額は、以下のとおりです。

（1）年平均配当金額

$$\frac{5,000千円 +3,000千円}{2} \div \frac{100,000千円}{50円} = 2円00銭 （10銭未満切捨）$$

２円00銭＜２円50銭　∴２円50銭

（2）配当還元価額

$$\frac{2円50銭}{10\%} \times \frac{（100,000千円 \div 2,000株）^※}{50円} = 25,000円$$

※　１株当たりの資本金等の額

25,000円≦　原則的評価額　59,368円　∴25,000円

341

8．取引相場のない株式の検証

本計算例では、A は、相続により株式会社 T・A・O の株式2,000株を相続により取得しました。A は、同族株主等に該当しますので、（1）の原則的評価方式の評価額が相続税の課税価格となります。

（1）原則的評価方式の評価額

① 1 株当たりの株式の価額は、59,368円
② 2,000株の相続税評価額
　　①×2,000株＝ 1 億1,873万6,000円

同族株主等以外の者が取得した場合には、（2）の配当還元方式の評価額が相続税の課税価格となります。

（2）配当還元方式の評価額

① 1 株当たりの株式の価額は、25,000円
② 2,000株の相続税評価額
　　①×2,000株＝ 5,000万円

第14章　株式の評価

◆日本標準産業分類の分類項目と類似業種比準価額計算上の業種目との対比表　抜粋

◆業種別株価等一覧表　抜粋

業種目別株価等一覧表(令和6年3・4月分)

(単位：円)

業　種　目 大　分　類 中　分　類 小　分　類	番号	B 配当金額	C 利益金額	D 簿価純資産価額	A(株価)									
					3月分					4月分				
					① 課税時期の属する月以前2年間の平均株価	② 前年平均株価	③ 課税時期の属する月の前々月	④ 課税時期の属する月の前月	⑤ 課税時期の属する月	① 課税時期の属する月以前2年間の平均株価	② 前年平均株価	③ 課税時期の属する月の前々月	④ 課税時期の属する月の前月	⑤ 課税時期の属する月
小　　売　　業	79	6.8	43	310	446	456	486	490	505	450	456	490	505	495
各種商品小売業	80	3.5	26	288	273	280	289	295	297	275	280	295	297	305
織物・衣服・身の回り品小売業	81	9.5	66	351	702	738	739	743	763	707	738	743	763	731
飲食料品小売業	82	5.5	33	286	353	355	408	427	440	357	355	427	440	437
機械器具小売業	83	8.5	54	337	339	339	348	348	354	341	339	348	354	360
その他の小売業	84	7.5	45	345	531	540	602	601	625	536	540	601	625	610
医薬品・化粧品小売業	85	7.6	58	395	745	756	830	815	838	750	756	815	838	796
その他の小売業	86	7.5	40	329	448	458	514	516	540	454	458	516	540	536
無店舗小売業	87	4.0	30	191	346	356	334	335	344	345	356	335	344	329

- 11 -

344

第14章　株式の評価

◆原則的評価方式の記入例－1－

第1表の1　評価上の株主の判定及び会社規模の判定の明細書

整理番号

（取引相場のない株式（出資）の評価明細書）

会社名	（電話　　　　　　　） 株式会社　T・A・O
代表者氏名	A
課税時期	令和6年　4月　15日
直前期	自　令和5年　4月　1日 至　令和6年　3月　31日

本店の所在地　練馬区〇〇〇1-1-1

事業内容	取扱品目及び製造、卸売、小売等の区分	業種目番号	取引金額の構成比
	各種商品小売業	80	100.0

（令和六年一月一日以降用）

1．株主及び評価方式の判定

氏名又は名称	続柄	会社における役職名	④株式数 （株式の種類）	議決権数	⑤議決権割合 （④/④）
A	納税義務者	代表取締役	株 2,000	個 2,000	100

判定基準

納税義務者の属する同族関係者グループの議決権割合（⑤の割合）を基として、区分します。

区分	筆頭株主グループの議決権割合（⑥の割合）			株主の区分
	50%超の場合	30%以上50%以下の場合	30%未満の場合	
⑤の割合	50%超	30%以上	15%以上	同族株主等
	50%未満	30%未満	15%未満	同族株主等以外の株主

判定

同族株主等（原則的評価方式等）　　同族株主等以外の株主（配当還元方式）

「同族株主等」に該当する納税義務者のうち、議決権割合（⑥の割合）が5%未満の者の評価方式は、「2．少数株式所有者の評価方式の判定」欄により判定します。

2．少数株式所有者の評価方式の判定

項　目	判　定　内　容
氏　名	
㋑役員	である（原則的評価方式等）・でない（次の㋺へ）
㋺納税義務者が中心的な同族株主	である（原則的評価方式等）・でない（次の㋩へ）
㋩納税義務者以外に中心的な同族株主（又は株主）	がいる（配当還元方式）・がいない（原則的評価方式等）（氏名　　　　　）
判　定	原則的評価方式等　・　配当還元方式

所有状況

自己株式

	②	⑤（②/④）
納税義務者の属する同族関係者グループの議決権の合計数	2,000	100
筆頭株主グループの議決権の合計数	③ 2,000	⑥（③/④） 100
評価会社の発行済株式又は議決権の総数	① 2,000	④ 2,000	100

345

◆原則的評価方式の記入例－２－

第1表の2　評価上の株主の判定及び会社規模の判定の明細書（続）

会社名　株式会社　Ｔ・Ａ・Ｏ

（取引相場のない株式（出資）の評価明細書）

（令和六年一月一日以降用）

3．会社の規模（Ｌの割合）の判定

項目	金額	項目	人数
直前期末の総資産価額（帳簿価額）	❶ 245,348 千円	直前期末以前1年間における従業員数	62.6950 人
直前期末以前1年間の取引金額	❷ 702,000 千円		〔従業員数の内訳〕 （継続勤務従業員数）＋（継続勤務従業員以外の従業員の労働時間の合計時間数） （ 60 人）＋ $\frac{4,851 時間}{1,800 時間}$

㋑　直前期末以前1年間における従業員数に応ずる区分	70人以上の会社は、大会社（㋺及び㋩は不要） 70人未満の会社は、㋺及び㋩により判定

㋺　直前期末の総資産価額（帳簿価額）及び直前期末以前1年間における従業員数に応ずる区分　／　㋩　直前期末以前1年間の取引金額に応ずる区分

総資産価額（帳簿価額）			従業員数	取引金額			会社規模とLの割合（中会社）の区分
卸売業	小売・サービス業	卸売業、小売・サービス業以外		卸売業	小売・サービス業	卸売業、小売・サービス業以外	
20億円以上	15億円以上	15億円以上	35人超	30億円以上	20億円以上	15億円以上	大会社
4億円以上 20億円未満	5億円以上 15億円未満	5億円以上 15億円未満	(35人超)	7億円以上 30億円未満	5億円以上 20億円未満	(4億円以上 5億円未満)	0.90	中
2億円以上 4億円未満	2億5,000万円以上 5億円未満	2億5,000万円以上 5億円未満	20人超 35人以下	3億5,000万円以上 7億円未満	2億5,000万円以上 5億円未満	2億円以上 4億円未満	0.75	会
7,000万円以上 2億円未満	4,000万円以上 2億5,000万円未満	(5,000万円以上 5,000万円未満)	5人超 20人以下	2億円以上 3億5,000万円未満	6,000万円以上 2億5,000万円未満	8,000万円以上 2億円未満	0.60	社
7,000万円未満	4,000万円未満	5,000万円未満	5人以下	2億円未満	6,000万円未満	8,000万円未満	小会社	

・「会社規模とLの割合（中会社）」の区分は、㋺欄の区分（「総資産価額（帳簿価額）」と「従業員数」とのいずれか下位の区分）と㋩欄（「取引金額」）の区分とのいずれか上位の区分により判定します。

判定	大会社	(中会社)			小会社	
		L の 割 合				
		(0.90)	0.75	0.60		

4．増（減）資の状況その他評価上の参考事項

直前期分の配当金の支払確定日　　令和 6年 5月25日

第14章　株式の評価

◆原則的評価方式の記入例－３－

第3表　一般の評価会社の株式及び株式に関する権利の価額の計算明細書

会社名　株式会社　Ｔ・Ａ・Ｏ

（令和六年一月一日以降用）

（取引相場のない株式（出資）の評価明細書）

1. 原則的評価方式による価額		1株当たりの価額の計算の基となる金額	類似業種比準価額（第4表の㉖、㉗又は㉘の金額）		1株当たりの純資産価額（第5表の⑪の金額）		1株当たりの純資産価額の80％相当額（第5表の⑫の記載がある場合のその金額）	
			① 54,400 円		② 104,085 円		③ 円	
	1株当たりの価額の計算	区分	1　株　当　た　り　の　価　額　の　算　定　方　法				1　株　当　た　り　の　価　額	
		大会社の株式の価額	次のうちいずれか低い方の金額（②の記載がないときは①の金額） イ　①の金額 ロ　②の金額				④ 円	
		中会社の株式の価額	$\left(\begin{array}{c}①と②とのいずれか\\低い方の金額\end{array}\right) × \dfrac{Lの割合}{0.90} + \left(\begin{array}{c}②の金額（③の金額が\\あるときは③の金額）\end{array}\right) × \left(1-\dfrac{Lの割合}{0.90}\right)$				⑤ 59,368 円	
		小会社の株式の価額	次のうちいずれか低い方の金額 イ　②の金額（③の金額があるときは③の金額） ロ　（①の金額×　　）＋（イの金額×　　）				⑥ 円	
	株式の価額の修正	課税時期において配当期待権の発生している場合	株式の価額 （④、⑤又は⑥ の金額）		1株当たりの配当金額 円　　銭		修正後の株式の価額 ⑦ 円	
		課税時期において株式の割当てを受ける権利、株主となる権利又は株式無償交付期待権の発生している場合	株式の価額 （④、⑤又は⑦ の金額）	$\left(+\dfrac{割当株式1株当\\たりの払込金額}{} × \dfrac{1株当たりの\\割当株式数}{}\right) ÷ \left(1株+\dfrac{1株当たりの\\割当株式数又\\は交付株式数}{}\right)$			修正後の株式の価額 ⑧ 円	
2. 配当還元方式による価額	1株当たりの資本金等の額、発行済株式数等	直前期末の資本金等の額	直前期末の発行済株式数	直前期末の自己株式数	1株当たりの資本金等の額を50円とした場合の発行済株式数（⑨÷50円）	1株当たりの資本金等の額（⑨÷（⑩－⑪））		
		⑨ 千円	⑩ 株	⑪ 株	⑫ 株	⑬ 円		
	直前期末以前2年間の配当金額	事業年度	⑭ 年配当金額	⑮ 左のうち非経常的な配当金額	⑯ 差引経常的な年配当金額（⑭－⑮）	年平均配当金額		
		直前期	千円	千円	千円	⑰（イ＋ロ）÷2 千円		
		直前々期	千円	千円	千円			
	1株（50円）当たりの年配当金額	年平均配当金額（⑰の金額）	÷ ⑫の株式数	=	⑱ 円　　銭	この金額が2円50銭未満の場合は2円50銭とします。		
	配当還元価額	$\dfrac{⑱の金額}{10\%} × \dfrac{⑬の金額}{50円} =$	⑲ 円		⑳ 円	⑲の金額が、原則的評価方式により計算した価額を超える場合には、原則的評価方式により計算した価額とします。		
3. 株式に関する権利の価額（1.及び2.に共通）	配当期待権	1株当たりの予想配当金額 （　円　銭）	源泉徴収されるべき所得税相当額 （　円　銭）	㉑ 円　銭	4. 株式及び株式に関する権利の価額（1.及び2.に共通）			
	株式の割当てを受ける権利（割当株式1株当たりの価額）	⑧（配当還元方式の場合は⑳）の金額	割当株式1株当たりの払込金額	㉒ 円	株式の評価額		59,368 円	
	株主となる権利（割当株式1株当たりの価額）	⑧（配当還元方式の場合は⑳）の金額 （課税時期後にその株主となる権利につき払い込むべき金額があるときは、その金額を控除した金額）		㉓ 円	株式に関する権利の評価額		円 （円　　銭）	
	株式無償交付期待権（交付される株式1株当たりの価額）	⑧（配当還元方式の場合は⑳）の金額		㉔ 円				

347

◆原則的評価方式の記入例 － 4 －

第4表　類似業種比準価額等の計算明細書

会社名　株式会社　T・A・O

〈取引相場のない株式（出資）の評価明細書〉

令和六年一月一日以降用

1. 1株当たりの資本金等の額等の計算

	直前期末の資本金等の額 ①	直前期末の発行済株式数 ②	直前期末の自己株式数 ③	1株当たりの資本金等の額 ④（①÷（②-③））	1株当たりの資本金等の額を50円とした場合の発行済株式数 ⑤（①÷50円）
	100,000 千円	2,000 株	0 株	50,000 円	2,000,000 株

2. 比準要素等の金額の計算

1株(50円)当たりの年配当金額

直前期末以前2(3)年間の年平均配当金額

事業年度	⑥年配当金額	⑦左のうち非経常的な配当金額	⑧差引経常的な年配当金額（⑥-⑦）		
❸ 直前期	5,000 千円	千円	5,000 千円	⑨（⑧+⑧）÷2	4,000 千円
直前々期	3,000 千円	千円	3,000 千円	⑩（⑧+⑧）÷2	4,000 千円
直前々期の前期	5,000 千円	千円	5,000 千円		

比準要素数1の会社・比準要素数0の会社の判定要素の金額
⑨/⑤　2円0銭
⑩/⑤　2円0銭

1株(50円)当たりの年配当金額（⑫の金額）　2円0銭

1株(50円)当たりの年利益金額

直前期末以前2(3)年間の利益金額

事業年度	⑪法人税の課税所得金額	⑫非経常的な利益金額	⑬受取配当等の益金不算入額	⑭左の所得税額	⑮損金算入した繰越欠損金の控除額	⑯差引利益金額（⑪-⑫+⑬-⑭+⑮）		
❹ ❺ ❻ ❻′ 直前期	10,000 千円	881 千円	50 千円	20 千円	千円	9,149 千円	ⓒ又は（ⓒ+ⓒ）÷2	4 円
直前々期	12,000 千円	0 千円	50 千円	20 千円	千円	12,030 千円	ⓓ又は（ⓒ+ⓒ）÷2	5 円
直前々期の前期	9,000 千円	342 千円	50 千円	20 千円	千円	8,688 千円		

比準要素数1の会社・比準要素数0の会社の判定要素の金額
ⓒ/⑤　4円
ⓓ/⑤　5円

1株(50円)当たりの年利益金額〔ⓒ/⑤又は（ⓒ+ⓒ）÷2÷⑤の金額〕　円

1株(50円)当たりの純資産価額

直前期末（直前々期末）の純資産価額

事業年度	⑰資本金等の額	⑱利益積立金額	⑲純資産価額（⑰+⑱）		
❼ ❽ 直前期	100,000 千円	67,405 千円	167,405 千円	ⓔ/⑤	83 円
直前々期	100,000 千円	57,500 千円	157,500 千円	ⓕ/⑤	78 円

比準要素数1の会社・比準要素数0の会社の判定要素の金額
ⓔ/⑤　83円
ⓕ/⑤　78円

1株(50円)当たりの純資産価額（ⓔの金額）　83円

3. 1株(50円)当たりの類似業種比準価額の計算

❾

類似業種と業種目番号（No. 79）　小売業

類似業種の株価		区分	1株(50円)当たりの年配当金額	1株(50円)当たりの年利益金額	1株(50円)当たりの純資産価額	1株(50円)当たりの比準価額
課税時期の属する月 4	㋐ 495 円	評価会社	⑩ 2円0銭	ⓒ 4円	ⓓ 83円	㉒×㉓×0.7
課税時期の属する月の前月 3	㋑ 505 円	類似業種 B	❿ 6円80銭	C 43円	D 310円	※中会社は0.6 小会社は0.5 とします。
課税時期の属する月の前々月 2	㋒ 490 円	要素別比準割合	B/⑥ 0.29	C/ⓒ 0.09	D/ⓓ 0.26	
前年平均株価	㋓ 456 円	比準割合	（B/⑥+C/ⓒ+D/ⓓ）÷3 = 0.21			56円70銭
課税時期の属する月以前2年間の平均株価	㋔ 450 円					
A（㋐㋑㋒及び㋓㋔のうち最も低いもの）	450 円					

類似業種と業種目番号（No. 80）　各種商品小売業

類似業種の株価		区分	1株(50円)当たりの年配当金額	1株(50円)当たりの年利益金額	1株(50円)当たりの純資産価額	1株(50円)当たりの比準価額
課税時期の属する月 4	㋐ 305 円	評価会社	⑩ 2円0銭	ⓒ 4円	ⓓ 83円	㉒×㉓×0.7
課税時期の属する月の前月 3	㋑ 297 円	類似業種 B	❿ 3円50銭	C 26円	D 288円	※中会社は0.6 小会社は0.5 とします。
課税時期の属する月の前々月 2	㋒ 295 円	要素別比準割合	B/⑥ 0.57	C/ⓒ 0.15	D/ⓓ 0.28	
前年平均株価	㋓ 280 円	比準割合	（B/⑥+C/ⓒ+D/ⓓ）÷3 = 0.33			54円40銭
課税時期の属する月以前2年間の平均株価	㋔ 275 円					
A（㋐㋑㋒及び㋓㋔のうち最も低いもの）	275 円					

比準価額の計算

1株当たりの比準価額	比準価額（㉒と㉕とのいずれか低い方の金額）　×　④の金額／50円		54,400 円

比準価額の修正	直前期末の翌日から課税時期までの間に配当金交付の効力が発生した場合	比準価額（㉖の金額）　－　1株当たりの配当金額　円　銭	修正比準価額 ㉗ 円
	直前期末の翌日から課税時期までの間に株式の割当て等の効力が発生した場合	比準価額（㉖（㉗があるときは㉗）の金額）＋割当株式1株当たりの払込金額　円　銭×　1株当たりの割当株式数　株）÷（1株＋　1株当たりの割当株式数又は交付株式数　株）	修正比準価額 ㉘ 円

348

第14章 株式の評価

◆原則的評価方式の記入例－5－

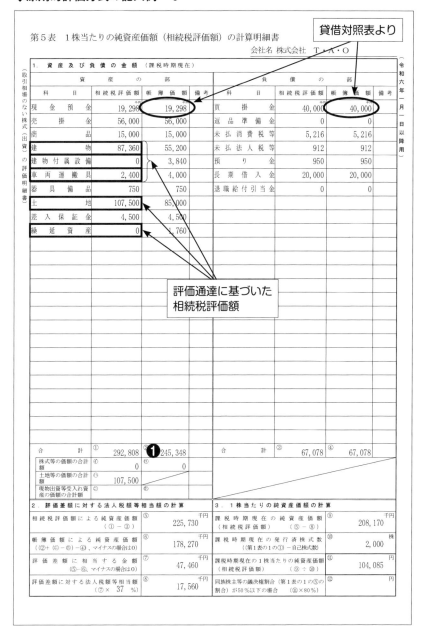

◆法人税申告書別表一

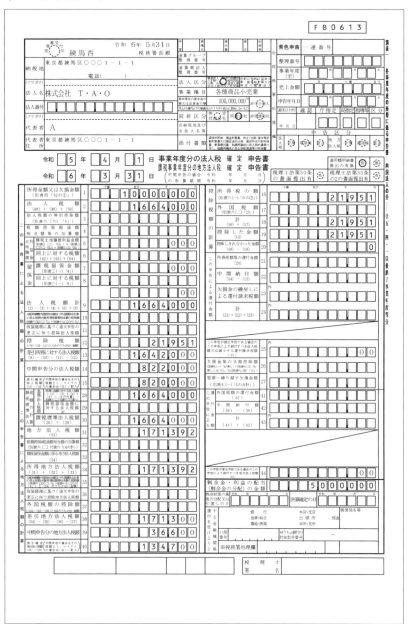

第14章　株式の評価

◆法人税申告書別表四

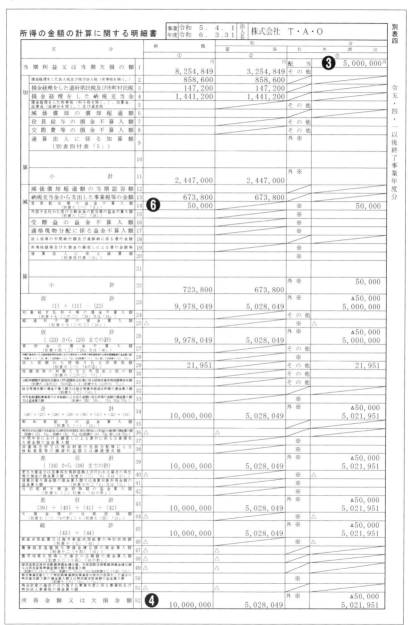

◆法人税申告書別表五(一)

利益積立金額及び資本金等の額の計算に関する明細書

事業年度 令和 5.4.1 〜 令和 6.3.31 　法人名 株式会社 T・A・O

別表五(一)

令五・四・一以後終了事業年度分

Ⅰ 利益積立金額の計算に関する明細書

区分		期首現在利益積立金額 ①	当期の増減 減 ②	増 ③	差引翌期首現在利益積立金額 ①-②+③ ④
利益準備金	1	2,000,000		500,000	2,500,000
積立金	2				
	3				
	4				
	5				
	6				
	7				
	8				
	9				
	10				
	11				
	12				
	13				
	14				
	15				
	16				
	17				
	18				
	19				
	20				
	21				
	22				
未収還付法人税額	23				
未収還付道府県民税額	24				
繰越損益金（損は△）	25	61,813,693	61,813,693	64,568,542	64,568,542
納税充当金	26	2,785,500	2,785,500	1,441,200	1,441,200
未納法人税及び未納地方法人税（附帯税を除く。）	27	△ 1,717,300	△ 2,575,900	中間△ 858,600 / 確定△ 954,700	△ 954,700
未払通算税効果額（附帯税の額に係る部分の金額を除く。）	28			中間 / 確定	
未納道府県民税（均等割額を含む。）	29	△ 394,400	△ 541,600	中間△ 147,200 / 確定△ 149,200	△ 149,200
未納市町村民税（均等割額を含む。）	30	△	△	中間△ / 確定△	△
差引合計額	31	64,487,493	61,481,693	64,400,042	❽ 67,405,842

Ⅱ 資本金等の額の計算に関する明細書

区分		期首現在資本金等の額 ①	当期の増減 減 ②	増 ③	差引翌期首現在資本金等の額 ①-②+③ ④
資本金又は出資金	32	100,000,000			100,000,000
資本準備金	33				
	34				
	35				
差引合計額	36	100,000,000			❼ 100,000,000

第14章　株式の評価

◆法人税申告書別表六㈠

所得税額の控除に関する明細書		事業年度	令和 5. 4. 1 令和 6. 3.31	法人名	株式会社　Ｔ・Ａ・Ｏ		別表六㈠

区　　分			収 入 金 額 ①	①について課される 所 得 税 額 ②	②のうち控除を受ける 所 得 税 額 ③
公社債及び預貯金の利子、合同運用信託、公社債投資信託及び公社債等運用投資信託（特定公社債等運用投資信託を除く。）の収益の分配並びに特定公社債等運用投資信託の受益権の受益権に係る剰余金の配当		1	10,000	1,531	1,531
剰余金の配当（特定公社債等運用投資信託の受益権及び特定目的信託の社債的受益権に係るものを除く。）、利益の配当、剰余金の分配及び金銭の分配（みなし配当等を除く。）	❻	2	100,000	20,420	20,420
集団投資信託（合同運用信託、公社債投資信託及び公社債等運用投資信託（特定公社債等運用投資信託を除く。）を除く。）の収益の分配		3	内	内	内
割 引 債 の 償 還 差 益		4			
そ　　の　　他		5		内	内
計		6	110,000	21,951	21,951

剰余金の配当（特定公社債等運用投資信託の受益権及び特定目的信託の社債的受益権に係るものを除く。）、利益の配当、剰余金の分配及び金銭の分配（みなし配当等を除く。）、集団投資信託（合同運用信託、公社債投資信託及び公社債等運用投資信託（特定公社債等運用投資信託を除く。）を除く。）の収益の分配又は割引債の償還差益に係る控除を受ける所得税額の計算

	銘　　　　柄	収 入 金 額 7	所 得 税 額 8	配 当 等 の 計 算 期 間 9	⑼のうち元本 所 有 期 間 10	所有期間割合 ⑽／⑼（小数点以下3位未満切上げ） 11	控除を受ける 所 得 税 額 (8)×(11) 12
個別法による場合	㈱Ｔ・Ａ・Office	100,000	20,420	12	12	1.000	20,420

	銘　　　　柄	収 入 金 額 13	所 得 税 額 14	配 当 等 の 計 算 期 末 の 所 有 元 本 数 等 15	配 当 等 の 計 算 期 首 の 所 有 元 本 数 等 16	(15)−(16) 2 又は12 （マイナスの 場合は 0） 17	所有元本割合 ⑽＋⑰／⑮（小数点以下3位未満切捨て）（1を超える場合は1） 18	控除を受ける 所 得 税 額 (14)×(18) 19
銘柄別簡便法による場合		内	内					内

その他に係る控除を受ける所得税額の明細

支払者の氏名又は法人名	支払者の住所又は所在地	支払を受けた年月日			収 入 金 額 20	控除を受ける 所 得 税 額 21	参　　考
			・	・	内	内	
			・	・			
			・	・			
			・	・			
	計						

◆決算書（貸借対照表）

貸借対照表

株式会社　Ｔ・Ａ・Ｏ

令和 6年 3月31日 現在　　　　　　　　　　単位：円

資　産　の　部			負　債　の　部		
科　　目	金　　額		科　　目	金　　額	
【流　動　資　産】	【　89,298,042】		【流　動　負　債】	【　50,279,500】	
現 金 及 び 預 金	19,298,042		買　　掛　　金	40,000,000	
売　　掛　　金	56,000,000		返 品 準 備 金	3,200,000	
商　　　　品	15,000,000		未 払 消 費 税 等	5,216,700	
貸 倒 引 当 金	▲1,000,000		未 払 法 人 税 等	912,800	
【固　定　資　産】	【　153,290,000】		預　　り　　金	950,000	
(有 形 固 定 資 産)	(148,790,000)		【固　定　負　債】	【　27,000,000】	
建　　　　物	55,200,000		長 期 借 入 金	20,000,000	
建 物 附 属 設 備	3,840,000		退 職 給 付 引 当 金	7,000,000	
車 両 運 搬 具	4,000,000		負　債　合　計	77,279,500	
器 具 備 品	750,000				
土　　　　地	85,000,000				
(投資その他の資産)	(4,500,000)		純　資　産　の　部		
差 入 保 証 金	4,500,000		【株　主　資　本】	【　167,068,542】	
【繰　延　資　産】	【　1,760,000】		資　　本　　金	100,000,000	
繰 延 資 産	1,760,000		(利 益 剰 余 金)	(67,068,542)	
			利 益 準 備 金	2,500,000	
			その他利益剰余金	64,568,542	
			繰 越 利 益 剰 余 金	64,568,542	
			純 資 産 合 計	167,068,542	
資　産　合　計	244,348,042		負債・純資産合計	244,348,042	

貸引＋1,000,000
❶ 245,348,042

354

第14章　株式の評価

◆決算書（損益計算書）

損益計算書

株式会社　Ｔ・Ａ・Ｏ

自　令和 5年 4月 1日

至　令和 6年 3月31日　　　　　　　　　単位：円

科　　　　　目		金	額
【売　　上　　高】			
売　　　上　　　高			❷ 702,000,000
【売　上　原　価】			
期　首　棚　卸　高		12,000,000	
仕　　入　　高		538,939,500	
＊＊合　計＊＊		550,939,500	
期　末　棚　卸　高		▲15,000,000	535,939,500
	売 上 総 利 益 金 額		166,060,500
【販売費及び一般管理費】			153,658,300
	営 業 利 益 金 額		12,402,200
【営　業　外　収　益】			
受　　取　　利　　息		10,000	
受　取　配　当　金		100,000	110,000
【営　業　外　費　用】			
繰　延　資　産　償　却			570,000
	経 常 利 益 金 額		11,942,200
【特　別　損　失】			
固　定　資　産　売　却　損			❺ 881,700
	税引前当期純利益金額		11,060,500
	法人税、住民税及び事業税		2,805,651
	当 期 純 利 益 金 額		8,254,849

355

第 15 章

みなし財産の評価

　相続税法は、民法で規定する本来の財産ではないが、実質的には相続、遺贈または贈与により取得した財産と同様の経済的効果を持つものを、みなし財産として相続税法の本法で具体的に規定しています。

　本章では、相続税法が規定するみなし相続、遺贈または贈与財産について解説するとともに、これらを理解するために必要な生命保険契約、年金保険契約などの基礎知識について解説します。

1　みなし財産の種類　358

2　生命保険契約の基礎知識　359

3　年金保険契約の基礎知識　362

4　みなし相続・遺贈財産　365

5　みなし贈与財産　372

6　みなし贈与・遺贈財産　374

1 みなし財産の種類

1．みなし財産

　相続税法は、民法で規定する本来の相続財産または贈与財産ではないが、実質的には相続または遺贈もしくは贈与により取得した財産と同様の経済的効果を持つものを、みなし財産として相続税または贈与税の課税財産としています。

　みなし相続財産およびみなし遺贈財産については相続税を課税し、みなし贈与財産については贈与税を課税します。

　みなし財産は、下記2のとおりです。みなし財産の内容を理解するためには、生命保険契約や年金保険契約などの知識が必要となります。そのため、②および③で生命保険契約および年金保険契約の基礎知識について解説します。

2．相続または遺贈により取得したとみなす財産 （相法3）

　① 　生命保険金等（相法3①一）

　② 　退職手当金等（相法3①二）

　③ 　生命保険契約に関する権利（相法3①三）

　④ 　定期金に関する権利（相法3①四）

　⑤ 　保証期間付定期金に関する権利（相法3①五）

　⑥ 　契約に基づかない定期金に関する権利（相法3①六）

3．贈与により取得したとみなす財産

　① 　受取人以外の者が保険料を負担した生命保険金等（相法5）

　② 　定期金給付契約に関する権利（相法6）

第15章　みなし財産の評価

4．贈与または遺贈により取得したとみなす財産

① 低額譲受けによる利益（相法7）

② 債務免除等による利益（相法8）

③ その他の経済的利益の享受（相法9）

② 生命保険契約の基礎知識

1．生命保険契約の概要

　生命保険契約とは、保険契約者と保険者である生命保険会社とで契約を締結し、被保険者が死亡した場合に、生命保険会社が保険金受取人に対して一定の保険金を支払うことを約束して、保険契約者がこれに対して一定の保険料を支払うことを約束する契約をいいます。

2．生命保険契約の基礎用語

基礎用語	用語の意義
保険契約者	保険契約者は、保険金、被保険者、保険金受取人その他の事項を定めて生命保険会社と契約をします。これにより、保険契約者は生命保険会社に対して保険料を支払う義務が生じます。保険料の支払いには、一時払い、年払い、月払いなどの方法があります。そして、保険契約者は、保険契約を解約して保険会社から解約返戻金の支給を受ける権利を得ます。
被保険者	被保険者とは、生命保険契約の保険事故（人の死亡）の対象となる者で、被保険者の死亡が保険金の支払いの原因になります。
保険金受取人	保険事故の発生（被保険者の死亡）により、生命保険会社から死亡保険金の支給を受ける者をいいます。
死亡保険金	死亡保険金は、一時金での支払いが多いですが、年金での支払いを選択できる契約もあります。

359

3. 主な保険契約の種類

基礎用語	用語の意義
終身保険	契約日から被保険者が死亡するまでの期間を保険期間とする契約です。保険料は高額となりますが、必ず保険金の支払いを受けることができます。
定期保険	契約日から被保険者が一定年齢に達するまでの期間を保険期間とする契約です。たとえば、65歳の定期保険は、被保険者が65歳以下で死亡した場合には死亡保険金が支払われますが、その後に死亡した場合には保険金が支払われません。終身保険に比べて保険料は低くなります。掛捨て保険ともいわれます。
養老保険	契約日から一定期間、たとえば10年間を保険期間とする生命保険契約ですが、保険期間の満了時に、保険会社が保険期間中に保険料を運用して得た利益を含めた保険満期金の支払いを約束する契約です。生命保険と投資とを組み合わせた契約のため契約者が被保険者、死亡保険金の受取人は遺族、保険満期金の受取人は契約者という契約が多くみられます。

4. 保険契約者以外の者が保険料を負担した場合

　保険料は、本来、保険契約者が負担すべきものです。しかし、契約者以外の者が保険料を負担する場合があります。そのため、保険契約者の名義にかかわらず、保険料の実質的な負担者が誰であるかにより下記5（2）の課税関係により課税します。

5. 保険事故が発生した場合の課税関係

（1）納税義務者と課税関係

　保険事故が発生した場合には、保険金受取人を納税義務者として、生命保険金に対して課税します。また、税務は実質的に保険料を負担した者が誰であるかにより下記（2）の課税関係により課税します。

第15章　みなし財産の評価

（2）保険事故が発生した場合の課税関係

被保険者	保険料負担者	保険金受取人 （納税義務者）	取得原因	課税税目
被相続人	被相続人	相続人※	相　　続	相続税
		相続人以外	遺　　贈	相続税
	被相続人・相続人以外	相続人	贈　　与	贈与税
	相続人	相続人	一時所得	所得税

※　相続放棄者および相続権喪失者は、相続人以外として遺贈になります。

※　各保険料負担者の保険金＝保険金の総額×$\dfrac{各者負担保険料}{保険料総額}$

６．保険事故が発生していない場合の課税関係

（1）納税義務者と課税財産

　保険契約者が負担すべき保険料を保険契約者以外の者が実質的に負担した場合には、保険契約者を納税義務者として、解約返戻金等を受ける権利に対して課税します。税務は、実質的に保険料を負担した者が誰であるかにより、下記（2）の課税関係により課税します。

（2）保険事故が発生していない場合の課税関係

被保険者	保険料負担者	保険契約者 （納税義務者）	取得原因	課税税目
被相続人以外	被相続人	相続人※	相　　続	相続税
		相続人以外	遺　　贈	相続税
		被相続人	本来財産	相続税

※　相続放棄者および相続権喪失者は、相続人以外として遺贈になります。

361

③ 年金保険契約の基礎知識

1．年金保険契約の概要

　公的年金（厚生年金、国民年金など）以外の年金保険契約とは、保険契約者と保険者である年金保険会社で契約を締結し、被保険者が一定年齢になった場合に、年金保険会社が年金受取人に対して、一定期間にわたり年金（定期金）を支給することを約束して、保険契約者がこれに対して一定の保険料を支払うことを約束する契約をいいます。

2．年金保険契約の基礎用語

基礎用語	用語の意義
保険契約者	保険契約者は、年金額、被保険者、保険金受取人その他の事項を定めて年金保険会社と契約をします。これにより、保険契約者は年金保険会社に保険料を支払う義務が生じます。保険料の支払いには、一時払い、年払い、月払いなどの方法があります。そして、保険契約者は、保険契約を解約して保険会社から解約返戻金の支給を受ける権利を得ます。
被保険者	被保険者とは、年金保険契約の保険事故（人が一定の年齢になること）の対象となる者で、被保険者が一定年齢に達することが保険金の支払いの原因になります。
年金受取人	年金保険会社から、保険事故の発生（被保険者が一定年齢に達すること）により年金保険金の支給を受ける者をいいます。老後の生活の保障のため、契約者本人が、被保険者であり年金受取人である契約が多くみられます。

3．主な保険契約の種類

　以下は、被保険者が保険契約者および年金受取人である契約を前提とします。

第15章　みなし財産の評価

基礎用語	用語の意義
終身年金	保険事故の発生から保険金受取人が死亡するまでの期間にわたり年金を支給する契約です。
保証期間なしの定期年金	保険事故の発生から一定期間にわたり、かつ、年金受取人の生存中に年金を支給する契約です。
保証期間付定期年金	保険事故の発生から一定期間にわたり年金を支給し、その期間中に年金受取人が死亡した場合には、遺族その他の継続受取人に対して年金または一時金を支給する契約です。
保証期間付終身年金	保険事故の発生から保証期間中は、保険金受取人に、保険金受取人の死亡後は継続受取人に年金を支給し、保証期間終了後は、保険金受取人が生存している期間は年金を支給する契約です。

4．保険事故が発生した場合の課税関係

（1）納税義務者と課税財産

　保険事故（被保険者が一定年齢に達すること）が発生した場合には、保険金受取人を納税義務者として、取得した年金受給権に対して課税します。また、税務は実質的に保険料を負担した者が誰であるかにより、下記（2）の課税関係により課税します。

（2）保険事故が発生した場合の課税関係

被保険者	保険料負担者	保険金受取人（納税義務者）	取得原因	課税税目
被相続人	被相続人	相続人※	相　続	相続税
		相続人以外	遺　贈	相続税
	被相続人・相続人以外	相続人	贈　与	贈与税
	相続人	相続人	雑所得	所得税

※　相続放棄者および相続権喪失者は、相続人以外として遺贈になります。

※　各者の負担分の受給権＝保険金の総額× $\dfrac{各者の負担した保険料}{保険料総額}$

363

5．保険事故が発生していない場合の課税関係

（1）納税義務者と課税財産

　保険契約者が負担すべき保険料を、保険契約者以外の者が実質的に負担した場合には、保険契約者を納税義務者として、解約返戻金等を受ける権利に対して課税します。また、税務は実質的に保険料を負担した者が誰であるかにより、下記（2）の課税関係により課税します。

（2）保険事故が発生していない場合の課税関係

被保険者	保険料負担者	保険契約者 （納税義務者）	取得原因	課税税目
被相続人以外	被相続人	相続人※	相　続	相続税
		相続人以外	遺　贈	相続税
		被相続人	本来財産	相続税

※　相続放棄者および相続権喪失者は、相続人以外として遺贈になります。

6．保険事故発生後の継続受給権の課税関係

（1）納税義務者と課税財産

　保証期間付年金契約の保険事故発生により受給者となった者が、保証期間中に死亡した場合には、継続受取人を納税義務者として継続年金受給権に対して課税します。

第15章　みなし財産の評価

（2）事故発生後の継続受給権の課税関係

被保険者	保険料負担者	保険契約者 （納税義務者）	取得原因	課税税目
保険事故発生済 の継続受給権者	被相続人	相続人※	相　　続	相続税
		相続人以外	遺　　贈	相続税

※　相続放棄者および相続権喪失者は、相続人以外として遺贈になります。

④　みなし相続・遺贈財産

１．生命保険金等 （相法3①一）

第7章④4を参照してください。

２．退職手当金等 （相法3①二）

第7章④5を参照してください。

３．生命保険契約に関する権利 （相法3①三）

（1）発生事由等

　相続開始時に、まだ保険事故が発生していない生命保険契約で、被相続人が保険料の全部または一部を負担し、かつ、被相続人以外の者が契約者である場合が該当します。

（2）課税関係

　保険契約者が相続人（相続放棄者・喪失者を除く）の場合には相続により、相続人以外の場合には遺贈により、生命保険契約に関する権利を取得したものとみなします。

365

（3）生命保険契約に関する権利の価額

解約返戻金の額＋前納保険料＋剰余金の分配額等－源泉所得税等

※　解約返戻金額等のない生命保険契約等（掛捨て保険）については、この規定の適用はありません。

（4）みなし財産の価額

$$（3）\times \frac{被相続人負担の保険料}{払込保険料の全額}$$

（5）被相続人が契約者の場合

被相続人が契約者の場合は、（3）の価額は、被相続人の本来財産となります。

４．給付事由が未発生の定期金に関する権利（相法3①四）

（1）発生事由等

相続開始の時において、まだ定期金給付事由が発生していない生命保険契約以外の定期金給付契約で、被相続人が保険料の全部または一部を負担し、かつ、被相続人以外の者がその契約者である場合が該当します。

（2）課税関係

保険契約者が相続人（相続放棄者・喪失者を除く）の場合には相続により、相続人以外の場合には遺贈により、定期金に関する権利を取得したものとみなします。

第15章　みなし財産の評価

（3）給付事由が発生していない定期金に関する権利の価額

（相法25）

定　義	定期金給付契約（生命保険契約を除く）でその契約に関する権利を取得した時において定期金給付事由が発生していないものをいいます。		
評価額	解約返戻金を支払う旨のない契約	保険料が一時払い	（支払保険料総額）×（経過期間[※1]に応ずる予定利率による複利終価率[※2]）×0.9
		上記以外	（保険料の年平均額[※3]）×（経過期間に応ずる予定利率による複利年金終価率[※4]）×0.9
	上記以外		解約返戻金の額
留意点	※1　経過期間とは払込開始時から権利取得時の期間（1年未満切上）をいいます。 ※2　複利終価率は、評基通200-4で規定しています。 ※3　保険料の年平均額は、評基通200-5で規定しています。 ※4　複利年金終価率は、複利の計算で年金終価を算出するための割合として財務省令で定めるものをいいます。		

（4）みなし財産の価額

$$（3）\times \frac{被相続人負担の保険料}{払込保険料の全額}$$

（5）被相続人が契約者の場合

被相続人が契約者の場合は、（3）の価額は、被相続人の本来財産となります。

5．保証期間付定期金に関する権利（相法3①五）

（1）発生事由等

定期金給付契約で定期金受取人に対し、その生存中または一定期間

367

にわたり定期金を給付し、かつ、その者が死亡したときはその死亡後、遺族その他の者に対して定期金または一時金を給付するものが対象となります。この契約に基づいて、定期金受取人であった被相続人の死亡後に、相続人等がその定期金受取人または一時金受取人となった場合が該当します。

（2）課税関係

定期金受取人または一時金受取人が相続人（相続放棄者・喪失者を除く）の場合には相続により、相続人以外の場合には遺贈により、保証期間付定期金に関する権利または一時金を取得したものとみなします。

（3）保証期間付定期金に関する権利の評価額 <small>（相法24⑤）</small>

保証期間付定期金に関する権利評価額は、有期定期金の評価額または終身定期金の評価額のうちいずれか多い金額です。ただし、一時金の評価額は、その給付金額です。

※ 有期定期金の評価額、終身定期金の評価額は、定期金給付事由の発生している定期金に関する権利に該当し、その評価方法は、相続税法第24条に規定されています。評価方法については、下記7を参照してください。

（4）みなし財産の価額

$$（3） \times \frac{被相続人負担の保険料}{払込保険料の全額}$$

6．契約に基づかない定期金に関する権利 <small>（相法3①六）</small>

（1）発生事由等

被相続人の死亡により相続人その他の者が定期金（一時金を含む）に関する権利で契約に基づくもの以外のものを取得した場合が該当します。

第15章　みなし財産の評価

　契約に基づかない定期金とは、就業規則や労働基準法等に基づいて支給される被相続人が受給者である退職年金の継続受給権をいいます。

※　契約に基づかない定期金に関する権利には、退職年金の継続受給権以外に、船員保険法の遺族年金、厚生年金保険法の遺族年金等があります。ただし、これらの遺族年金等は、それぞれの法律に非課税規定が設けられていますので、相続税は課税されません（相基通3-46）。

（2）課税関係

　契約に基づかない定期金に関する権利の取得者が相続人（相続放棄者・喪失者を除く）の場合には相続により、相続人以外の場合には遺贈により、その定期金に関する権利を取得したものとみなします。

（3）定期金に関する権利の価額 （相法24⑤）

　契約に基づかない定期金に関する権利の価額は、給付事由が発生している定期金に関する権利の評価（相法24①〜④）を準用しますので、下記7を参照してください。以下は、退職年金の継続受給権に限定した表です。参考にしてください。

定　義	被相続人の死亡により相続人その他の者が定期金（一時金を含む）に関する権利で契約に基づくもの以外のものをいいます。具体的には、被相続人が受給者である退職年金の継続受給権等をいい、恩給法扶助料に関する権利は除かれます。	
評価額	定期金の場合	評価額は、①②③のうちいずれか多い金額 ①　解約返戻金の金額 ②　定期金に代えて受け取れる一時金の額 ③（給付を受ける定期金の1年平均額）×（残存期間の予定利率による複利年金現価率※1）
	一時金の場合	一時金の額
留意点	※1　残存期間は、権利取得時の定期金給付残存年数（1年未満切上）をいいます。	

※　契約に基づかない定期金に関する権利は、被相続人の退職を原因としているため負担按分の概念はありません。

※　退職手当金等（相法3①二）に該当するものは除かれます。

369

７．給付事由が発生している定期金に関する権利の評価

(相法24)

（１）給付事由が発生している定期金

　給付事由が発生している定期金に関する権利は、以下の権利をいいます。

- ①　有期定期金に関する権利
- ②　無期定期金に関する権利
- ③　終身定期金に関する権利

（２）定期金に関する権利の評価方法

　給付事由が発生している定期金に関する権利の評価方法は、以下のとおりです。

①　有期定期金に関する権利の評価額 （相法24①一）

定　義	一定期間（たとえば10年間）にわたり年金（定期金）の支給をする年金契約等をいいます。
評価額	評価額は、①②③のうちいずれか多い金額 ①　解約返戻金の金額 ②　定期金の代わりに受けることができる一時金の金額 ③　定期金の残存期間に給付を受けるべき定期金の1年当たりの平均額に、その契約に係る予定利率[1]による複利年金現価率[2]を乗じて得た金額
留意点	※１　予定利率とは、保険会社が保険契約時に契約者に約束した運用利率をいいます。保険会社に問い合わせて調べます。 ※２　予定利率による複利年金現価率は、国税庁が公表しています。

第15章　みなし財産の評価

② 無期定期金に関する権利の評価額（相法24①二）

定　義	無期限に年金（定期金）の支給をする年金契約等をいいます。
評価額	評価額は、①②③のうちいずれか多い金額 ①　解約返戻金の金額 ②　定期金の代わりに受けることができる一時金の金額 ③　給付を受ける定期金の1年平均額を、その契約に係る予定利率で除して得た金額
留意点	無期限に支給する年金契約は、現実的にはあまりないと思われます。

③ 終身定期金に関する権利の評価額（相法24①三）

定　義	受給者の生存期間中にわたって年金（定期金）の支給をする年金契約等をいいます。
評価額	評価額は、①②③のうちいずれか多い金額 ①　解約返戻金の金額 ②　定期金の代わりに受けることができる一時金の金額 ③　受給者の余命年数[※1]に応じ、給付を受ける定期金の1年平均額に、その契約に係る予定利率による複利年金現価率[※2]を乗じて得た金額
留意点	※1　余命年数は、厚生労働省が公表している完全生命表で調べます。 ※2　予定利率による複利年金現価率は、国税庁が公表しています。

（3）一定期間中、生存中のみ給付する定期金に関する権利
（相法24③）

　給付事由が発生している定期金給付契約に関する権利で、その権利者に対し、一定期間、かつ、その目的とされた者の生存中、定期金を給付する契約に基づくものの価額は、有期定期金と終身定期金のいずれか少ない金額によります。

5 みなし贈与財産

1．受取人以外の者が保険料を負担した生命保険金等

(相法5)

（1）発生事由

　生命保険契約の保険事故（死亡によらないものを除く）または損害保険契約の保険事故（死亡によるものに限る）が発生し、保険金受取人が生命保険金等を取得した場合において、保険料の全部または一部が保険金受取人以外の者によって負担されたものが該当します。

（2）課税関係

　保険事故発生時に、保険金受取人が、生命保険金等のうちその保険料負担者が負担した保険料に対応する金額を、その保険料負担者から贈与により取得したものとみなします。

（3）返還金等の取得がある場合

　上記（1）（2）は、生命保険契約または損害保険契約（傷害を保険事故とする一定のものに限る）について、返還金等の取得があった場合について準用します。

（4）みなし財産の価額

$$\text{保険金等の額} \times \frac{\text{受取人以外の者負担の保険料}}{\text{払込保険料の全額}}$$

（5）保険料負担者の被相続人が負担した保険料

　保険料負担者の被相続人が負担した保険料は、その者が負担した保険料とみなします。ただし、上記の保険金受取人または返還金等の取得者が、その被相続人から生命保険契約に関する権利（相法3①三）を相続または遺贈により取得した場合には、その被相続人の負担した保険料は除かれます。

372

第15章　みなし財産の評価

（6）相続税の課税がある場合

　上記（1）の保険金受取人が取得した生命保険金等に相続税が課税される場合には、この規定は適用しません。

2．給付事由が発生している定期金に関する権利（相法6①）

（1）発生事由等

　定期金給付契約（生命保険契約を除く）の定期金給付事由が発生した場合において、その保険料の全部または一部が定期金受取人以外の者によって負担されたものが該当します。

（2）課税関係

　給付事由発生時に、定期金受取人が、定期金に関する権利の価額のうちその保険料負担者が負担した保険料に対応する金額を、その保険料負担者から贈与により取得したものとみなします。

（3）返還金等の取得がある場合

　上記（1）（2）は、定期金給付契約について返還金等の取得があった場合について準用します。

（4）保証期間付定期金に関する権利に該当する場合

　保証期間付定期金に関する権利に該当する場合において、保険料の全部または一部が定期金または一時金受取人および被相続人以外の第三者によって負担されたものであるときは、相続の開始があった時において、定期金または一時金受取人が、その取得した定期金に関する権利のうち、その第三者が負担した保険料に対応する金額をその第三者から贈与により取得したものとみなします。

373

（5）給付事由の発生している定期金に関する権利の評価

上記④7給付事由が発生している定期金に関する権利の評価を参照してください。

（6）みなし財産の価額

$$（5）\times \frac{受取人以外の者負担の保険料}{払込保険料の全額}$$

（7）保険料負担者の被相続人が負担した保険料

保険料負担者の被相続人が負担した保険料は、その者が負担した保険料とみなします。ただし、上記の保険金受取人または返還金等の取得者が、その被相続人から給付事由が未発生の定期金に関する権利（相法3①四）を相続または遺贈により取得した場合には、その被相続人の負担した保険料は除かれます。

6 みなし贈与・遺贈財産

１．低額譲渡を受けた場合 （相法7）

（1）発生事由等

時価よりも著しく低い価額の対価で財産の譲渡を受けた場合が、該当します。

（2）課税関係

その財産の譲渡時に、その財産の譲渡を受けた者が、その対価と譲渡時のその財産の時価との差額に相当する金額を、その財産を譲渡した者から贈与（その財産の譲渡が遺言によりなされた場合には、遺贈）により取得したものとみなします。

（3）適用除外

　その財産の譲渡が、その譲渡を受けた者が資力を喪失して債務を弁済することが困難である場合において、その者の扶養義務者からその債務の弁済に充てるためにされたときは、その債務を弁済することが困難である部分の金額にはこの規定の適用はありません。

2．債務免除等による利益 (相法8)

（1）発生事由等

　対価を支払わないで、または著しく低い価額の対価で債務の免除、引受けまたは第三者のためにする債務の弁済（債務の免除等）による利益を受けた場合が該当します。

（2）課税関係

　その債務の免除等を受けた者が、その債務の免除等に係る債務の金額に相当する金額（対価の支払いがあった場合には、その価額を控除した金額）を、その債務の免除等をした者から、贈与（その債務の免除等が遺言によりなされた場合には、遺贈）により取得したものとみなします。

（3）適用除外

　その債務の免除等が次の①または②に該当する場合は、その債務を弁済することが困難である部分の金額にはこの規定の適用はありません。
　　①　債務者が資力を喪失して債務を弁済することが困難である場合において、その債務の全部または一部の免除を受けたとき。
　　②　債務者が資力を喪失して債務を弁済することが困難である場合において、その債務者の扶養義務者によってその債務の全部または一部の引受けまたは弁済がなされたとき。

3．その他の経済的利益の享受 （相法9）

（1）発生事由等

その他の場合で、対価を支払わないで、または著しく低い価額の対価で利益を受けた場合が該当します。

（2）課税関係

その利益を受けた時に、その利益を受けた者が、その時のその利益の価額に相当する金額（対価の支払いがあった場合には、その価額を控除した金額）をその利益を受けさせた者から贈与（その行為が遺言によりなされた場合には、遺贈）により取得したものとみなします。

（3）適用除外

上記（1）の利益を受けたことが、その利益を受ける者が資力を喪失して債務を弁済することが困難である場合において、その者の扶養義務者からその債務の弁済に充てるためにされたときは、その債務を弁済することが困難である部分の金額にはこの規定の適用はありません。

【付録】
冊子

相続手続の流れと必要書類

　著者が税理士として相続税の申告の依頼を受ける場合には、必ず、共同相続人全員の方にお会いして、ご挨拶をします。

　そして、相続税の申告業務の依頼を受けた後に、相続人の方たちに相続税の概要について説明をします。その時に使用するのが、この「相続手続の流れと必要書類」という冊子です。相続税の概要と手続が記載されており、必要書類依頼書等がついています。

　参考までに、本書の付録として、掲載します。

相続手続の流れと必要書類

被相続人　故　　　　　　　　様

令和　　年　　月　　日　相続開始

浅 見 会 計 事 務 所

付　録

～目　次～

第 1 章　相続後の手続の期限と概要

第 2 章　相続税申告までの流れ

第 3 章　被相続人について

第 4 章　相続財産の概況確認

第 5 章　相続手続に必要な書類の依頼書

　　（1）　戸籍・住民票　　　　関連書類の依頼書　　（相続手続書類－1）

　　（2）　土地・家屋　　　　　関連書類の依頼書　　（相続手続書類－2）

　　（3）　金融財産等　　　　　関連書類の依頼書　　（相続手続書類－3）

　　（4）　同族会社株式　　　　関連書類の依頼書　　（相続手続書類－4）

　　（5）　みなし財産　　　　　関連書類の依頼書　　（相続手続書類－5）

　　（6）　その他財産　　　　　関連書類の依頼書　　（相続手続書類－6）

　　（7）　債務・葬式費用　　　関連書類の依頼書　　（相続手続書類－7）

　　（8）　その他必要書類　　　関連書類の依頼書　　（相続手続書類－8）

第1章　相続後の手続の概要と期限

〔1〕　相続の用語の説明

　　亡くなられた方を被相続人といい、亡くなられた日を相続開始日といいます。民法に規定する法定相続人を相続人といいます。配偶者は必ず相続人になります。子供がいれば配偶者と子供が相続人になります。子供がいない場合には、配偶者と被相続人の父母が相続人になります。子供、父母がいない場合には、配偶者と被相続人の兄弟姉妹が相続人になります。

〔2〕　相続の放棄等の届出

　　相続人が、相続の放棄等をする場合には、相続開始日から3か月後の応当日（同じ数の日）までに、家庭裁判所に届け出なければなりません。

〔3〕　所得税の準確定申告

　　被相続人の亡くなられた年分の1月1日から相続開始日までの所得税等の申告を準確定申告といいます。相続開始日から4か月後の応当日までに、税務署に申告し、所得税等を納付しなければなりません。

〔4〕　相続税の申告

　　相続開始日から10か月後の応当日までに、被相続人の住所地の所轄税務署に相続税の申告をし、相続税を納付しなければなりません。

〔5〕　遺産分割協議

　　相続税優遇規定である配偶者の税額軽減（2分の1または1億6,000万円まで非課税）や小規模宅地等の特例（居住用宅地等の2割課税）などは、分割財産でないと適用を受けられません。そのため、相続税の申告期限よりも前に、遺産分割を完了させることが望ましいです。

〔6〕　相続財産の名義書変更手続

　　遺産分割協議の成立後に、被相続人の相続財産を相続人名義に変更する手続をします。

付　録

第2章　相続税申告までの流れ

〔1〕　財産目録の作成

　　被相続人が所有されていた不動産、現預金、有価証券、家財その他の財産および被相続人の借入金、未払税金、未払医療費その他の債務を調査します。その後、これらの財産および債務の相続開始時の評価額を、相続税の財産評価基本通達に従って評価し、被相続人の財産目録を作成します。

〔2〕　相続税額の試算と納税計画の検討

　　上記〔1〕の財産目録をもとにして相続税額の概算額を試算し、相続税をいつまでにどのように納付するかという納税計画を検討いたします。

　　被相続人の現預金や金融資産等で相続税額が支払える場合には問題ありません。そうでない場合には、延納制度による分割納付、銀行等からの借入、あるいは相続した不動産の売却などによる納税資金の確保を検討する必要があります。延納の場合には、申告期限までの申請と担保提供が必要です。

　　また、遺産分割の仕方によって相続税額が変化することもありますので、その点も考慮して最良の方法を検討します。

〔3〕　遺産分割協議書の作成

　　〔1〕の財産目録と〔2〕の納税計画を踏まえて、相続人全員により分割方法を協議します。協議が調ったら、遺産分割協議書を作成します。

〔4〕　相続税の申告と納付

　　遺産分割協議に基づき、相続税の申告書を作成し、相続開始日から10か月後の応当日までに被相続人の住所地の所轄税務署に申告納付します。

〔5〕　相続財産の名義変更手続

　　相続人の方には、遺産分割協議に基づき、取得した相続財産の名義変更の手続をしていただきます。金融資産の名義変更は、銀行や証券会社に連絡をして書類の入手を行います。不動産の名義変更手続は、通常は、司法書士に依頼して行います。

第3章　被相続人について

〔1〕　被相続人について

> (1) 被相続人の氏名
>
> (2) 住所
>
> (3) 生年月日（年齢）
>
> (4) 職業

〔2〕　親族等について

> (1) 配偶者の氏名・住所・生年月日（年齢）・職業
>
> (2) 子の氏名・住所・生年月日（年齢）・職業
>
> ・父母の氏名・住所・生年月日（年齢）・職業
>
> ・兄弟姉妹の氏名・住所・生年月日（年齢）・職業

付　録

〔3〕　同居の親族の氏名と続柄

〔4〕　相続時の状況その他

（1）　病歴・入院歴等

（2）　持病などの有無

（3）　亡くなる前の様子

（4）　死亡原因（病名）

（5）　病院の名称と所在地

〔5〕 葬 儀

(1) 葬儀（有・無）

(2) 葬儀の方式

(3) 葬儀の日時

(4) 斎場の名称と所在

〔6〕 遺言その他

(1) 遺言の有無（有・無）

(2) 遺言の方式　公正証書・自筆証書・その他（　　　　　　）

(3) 生前に望まれたことなど

〔7〕 被相続人の職歴等

(1) 出生地等

(2) 学歴等

(3) 職歴等

(4) 婚姻等

(5) その他

付　録

〔8〕　被相続人の人柄や趣味、交友関係など

(1) 人柄

(2) 趣味

(3) 交友関係

(4) その他

〔9〕　預貯金・金融資産の管理者・管理状況

〔10〕　その他

第4章　相続財産の概況確認

被相続人の相続時の財産・債務の概況を確認します。

〔1〕　ご自宅の土地・建物の所有の有無と物件の概要（有・無）

> (1)　戸建住宅（有・無）
>
> 　　① 所在地
>
> 　　② 階　数　　　　階
>
> 　　③ 地　積　　　　㎡
>
> (2)　マンション（有・無）
>
> 　　① 所在地
>
> 　　② 部屋番号

〔2〕　賃貸用不動産の有無と物件の概要（有・無）

> (1) 物件数
>
> 　① 土地（　　　　箇所）
>
> 　② 建物（　　　　軒）
>
> (2) 物件の概要

付　録

〔3〕　その他不動産の有無と物件の概要（有・無）

(1) 物件数
① 土地（　　　箇所）

② 建物（　　　軒）

(2) 物件の概要

〔4〕　取引のある金融機関の名称と支店名

〔5〕　有価証券の有無と取引のある証券会社名と支店名（有・無）

〔6〕　相続開始前の預金の引き出しの有無（有・無）

(1)　引き出した金融機関の名称と支店名

(2)　引出者の氏名

(3)　引出日と引出金額

〔7〕　被相続人が株主である非上場会社の有無と法人名（有・無）

※　非上場会社名と所有株式数

〔8〕　ゴルフ会員権の有無と銘柄など（有・無）

※　会員権の銘柄と口数など

〔9〕　リゾート会員権の有無と銘柄など（有・無）

※　会員権の銘柄と口数など

付　録

〔10〕　生命保険金の有無と加入保険会社名など（有・無）

※　加入保険会社名と保険の種類など

〔11〕　退職金等の支払いの有無と支払者名（有・無）

※　支払者名と金額など

〔12〕　被相続人から親族等に対する贈与の有無（有・無）

※　受贈者名・受贈日・受贈財産の種類および金額

〔13〕　相続時精算課税の選択者の有無（有・無）

※　選択者の氏名および受贈財産の履歴など

〔14〕　被相続人が管理していた親族名義の財産の有無（有・無）

※　親族名義の通帳、有価証券、証券会社の口座、保険契約など

〔15〕　債務（借入金、カード未払金、未払税金、未払医療費など）

〔16〕　葬式費用の負担者とおよその金額

付　録

〔17〕　その他の財産の有無とその内容

・貸金庫の有無と金融機関名および支店名（有・無）

・貸付金の有無と貸付者の氏名など（有・無）

・車両・バイクなどの有無と概要（有・無）

・長期火災保険・JA 建物更生共済などの有無と概要（有・無）

・宝石・貴金属類などの有無と概要（有・無）

・書画骨董類などの有無と概要（有・無）

・その他の財産

第5章　相続手続に必要な書類の依頼書

（1）　戸籍・住民票　関連書類の依頼書

（相続手続書類-1）

　以下の書類のうち、「依頼」欄の　◎印のついているものの取得をお願いいたします。
取得後は、「確認」欄に✓マークをつけてご確認ください。

1．被相続人

　相続人を確定するため、出生から死亡までの連続する戸籍謄本等（戸籍事項証明書、除籍事項証明書、改製原戸籍謄本等）が必要です。相続開始日から10日経過後に、各3部ほど取得して下さい。従前は、戸籍謄本等は、戸籍所在地の市区町村役場ごとに取得しなければなりませんでしたが、令和6年3月1日からは、戸籍証明書等の広域交付制度が開始されましたので、最寄りの市区町村役場の窓口で全国の戸籍証明書が取得できるようになりました。

書　類　名	取　得　先	依頼	確認	摘　要
最期の戸籍謄本等	最寄りの市町村役場	◎		被相続人の出生
途中の戸籍謄本等	最寄りの市町村役場	◎		から死亡まで連
改製原戸籍謄本等	最寄りの市町村役場	◎		続する戸籍謄本
出生時の戸籍謄本等	最寄りの市町村役場	◎		
住民票の除票又は戸籍の附表	市区町村役場など	◎		
死亡診断書	相続開始時の病院等	◎		

2．相続人

　各相続人につき、下記書類がそれぞれ必要となります。相続開始日から10日経過後に各2部ほど取得してください。有効期限が3月以内の法的手続きもありますので、まとめて取得しすぎないでください。

書　類　名	取得先	依頼	確認	摘要
現在の戸籍謄本	本籍地の戸籍課	◎		
現在の住民票	市区町村役場	◎		本籍地・マイナンバー記載
印鑑証明書	市区町村役場	◎		
個人番号の確認書類	マイナンバーカード等	◎		

付　録

（２）　土地・家屋　関連書類の依頼書　　　　　　　　　（相続手続書類-２）

　土地・家屋の評価をするためには、以下の書類が必要になります。このうち、登記事項証明書等のように法務局などで取得できる書類もありますが、所有者のみが保有する書類や所有者自身で申請して取得しなければならないものがあります。

　そのため、以下の書類のうち、「依頼」欄の　◎（最重要）○（重要）△（通常）の印のついているものの取得をお願いいたします。取得後は、「確認」欄に✓マークをつけてください。

書　類　名	取　得　先	依頼	確認	摘　要
固定資産税納付書・課税明細	ご自宅	◎		
名寄帳（固定資産台帳）	所在地の市区町村役場	○		
固定資産評価証明書	所在地の市区町村役場	△		※
登記事項証明書	法務局出張所	△		※
住宅地図	マルチコピー	△		※
公図	法務局出張所	△		※
路線価図	国税庁ホームページ	△		※
都市計画図	所在地の市区町村役場	△		※
道路図面	所在地の市区町村役場	△		※
測量図	ご自宅（法務局出張所）	○		
家屋の建築計画概要書	所在地の市区町村役場	○		※
建物平面図・設計図	ご自宅（法務局出張所）	◎		
賃貸物件の賃貸借契約書	ご自宅	◎		
無償返還に関する届出書等	ご自宅・税務署	◎		
建築中家屋の請負契約書	ご自宅	◎		
その他（　　　　　　　）				
その他（　　　　　　　）				
その他（　　　　　　　）				

　　※　ご自宅で保管しているものがなければ、代理取得をします。

（3）　金融資産等　関連書類の依頼書　　　　　　　（相続手続書類-3）

　金融機関の預貯金の評価、証券会社の有価証券の評価に必要な書類と手続は、以下のとおりです。

　下記2の書類のうち、「依頼」欄の　◎（最重要）○（重要）△（通常）の印のついているものの取得をお願いいたします。取得後は、「確認」欄に✓マークをつけてください。

1．金融機関に預け入れた金融商品等の評価と手続
（1）銀行等の手続

　金融機関が、預入者の死亡を知った時から、預貯金口座等、特定口座等は凍結されますので、金融機関へ相続開始のご連絡をされる際には、その旨ご留意ください。

　なお、凍結された口座を解除するためには、遺産分割協議を経て、名義変更などの相続手続をする必要があります。

　ただし、共同相続人全員によるが同意をして金融機関の手続をした場合には、分割協議前でも凍結された口座等を解除することができます。

（2）残高証明書と評価明細書の依頼

　金融機関ごとに相続手続の書類が用意され、それぞれの金融機関ごとに手続をすることになります。手続には、「戸籍証明書等の取得依頼書」に記載した書類一式が必要となります。

　また、有料になりますが、各金融機関の支店ごとに、相続開始日の残高証明書と評価明細書の発行を依頼する必要があります。残高証明書には借入金の残高も記載されています。

2．金融資産等の評価に必要な書類（名義預金も含む）

書　類　名	取　得　先	依頼	確認	摘　要
銀行等の残高証明書（既経過利息）	各金融機関	◎		
銀行等の定期預金等の既経過利息計算書	各金融機関	◎		
証券会社等の残高証明書	各金融機関	◎		
証券会社等の評価明細書等	各金融機関	◎		
通帳あるいは取引履歴10年分	ご自宅	◎		

　※　原本をお預かりして、コピー後にお返しさせていただきます。
　　　紛失等をしている場合は、金融機関で再発行の手続をする必要があります。

付　録

（4）　同族会社株式　関連書類の依頼書　　　　　　　　（相続手続書類-4）

　上場会社等以外の証券取引所の相場のない同族株式の評価に必要な書類は、以下のとおりです。

　以下の書類のうち、「依頼」欄の　◎（最重要）○（重要）△（通常）の印のついているものの取得をお願いいたします。取得後は、「確認」欄に✓マークをつけてください。

　1．同族会社等の株式評価に必要な資料
　（1）決算書類等
　　　同族会社等の株式を評価するためには、相続開始前3期分の同族会社等の以下の法人税申告書、決算書等の書類等が必要となります。

書　類　名	取　得　先	依頼	確認	摘　要
定款の写し	同族会社等	◎		
相続開始時の株主名簿の写し	同族会社等	◎		
登記事項全部証明書	法務局出張所等	△		※
法人税申告書・地方税申告書等（直近3年分）	同族会社等	◎		
決算報告書・付属明細書	同族会社等	◎		

※　保管しているものがない場合には、代理取得をします。
　（2）財産評価資料
　　　同族会社等の株式を評価するためには、同族会社等の所有する土地・家屋、有価証券、その他の財産を、相続開始時の時価で評価する必要があります。土地・家屋は、相続税評価額が時価になりますので「土地・家屋の評価に必要な書類依頼書」の書類が必要となります。評価に必要な資料は、以下のとおりです。

書　類　名	取　得　先	依頼	確認	摘　要
不動産資料（評価必要書類-1）	評価必要書類-1 参照	◎		
保有株式等の明細書	同族会社等	◎		
生命保険等の保険証書等	同族会社等	◎		
その他所有資産の明細書等	同族会社等	◎		

（5）　みなし財産　関連書類の依頼書

（相続手続書類-5）

　みなし財産とは、民法上に規定する本来の相続財産または贈与財産ではありませんが、実質的には、相続または遺贈もしくは贈与により取得した財産と同様の経済的効果を持つものをいいます。みなし財産は、相続税または贈与税の課税財産とされます。

　みなし財産には、主に、生命保険金等、退職手当金等、生命保険契約に関する権利などがあります。保険契約は、被相続人が保険料を負担していた契約が課税対象となります。

　みなし財産の評価に必要な書類は、以下のとおりです。以下の書類のうち、「依頼」欄の◎（最重要）○（重要）△（通常）の印のついているものの取得をお願いいたします。取得後は、「確認」欄に✓マークをつけてください。

　1．生命保険金等の評価に必要な資料（保険事故が発生し、被相続人が保険料を負担していた生命保険契約、損害保険契約）

書　類　名	取　得　先	依頼	確認	摘　要
保険金の支払い明細書	ご自宅、保険会社	◎		
生命保険契約の保険証券	ご自宅、保険会社	◎		
損害保険契約の保険証券	ご自宅、保険会社	◎		

　2．退職手当金等の評価に必要な資料

書　類　名	取　得　先	依頼	確認	摘　要
退職手当金等受給者別支払調書	勤務先	◎		
退職手当金支払計算書	勤務先	◎		

　3．生命保険契約に関する権利の評価に必要な資料（被保険者が被相続人以外で、被相続人が保険料を負担していた生命保険契約）

書　類　名	取　得　先	依頼	確認	摘　要
解約返戻金評価証明書	保険会社	◎		
生命保険契約の保険証券	ご自宅、保険会社	◎		
損害保険契約の保険証書	ご自宅、保険会社	◎		

付　録

（6）　その他財産　関連書類の依頼書

（相続手続書類-6）

　　その他の財産の評価に必要な書類は、以下のとおりです。以下の書類のうち、「依頼」欄の◎（最重要）○（重要）△（通常）の印のついているものの取得をお願いいたします。取得後は、「確認」欄に✓マークをつけてください。

書　類　名	取　得　先	依頼	確認	摘　要
貸金庫の中身のメモか写真、確認日	相続人様作成	◎		
貴金属のメモか写真	相続人様作成	◎		
書画骨董のメモか写真	相続人様作成	◎		
貸付金の金銭消費貸借契約書写など	ご自宅等	◎		
未収入金・未収給与の明細	ご自宅等	◎		
車両の車検証の写し	ご自宅等	◎		
還付金の通知の写し	ご自宅等	◎		
ゴルフ会員権の会員証の写し	ご自宅等	◎		
リゾート会員権の会員証の写し	ご自宅等	◎		
長期火災保険の保険証券の写し	ご自宅等	◎		
同上の解約返戻金計算書の写し	損害保険会社等	◎		
ＪＡ建物共済の保険証券の写し	ご自宅等	◎		
同上の解約返戻金計算書の写し	ＪＡの契約支店等	◎		

397

（7） 債務・葬式費用　関連書類の依頼書

（相続手続書類-7）

　債務・葬式費用の評価に必要な書類は、以下のとおりです。以下の書類のうち、「依頼」欄の◎（最重要）〇（重要）△（通常）の印のついているものの取得をお願いいたします。取得後は、「確認」欄に✓マークをつけてください。

1．債務の評価に必要な書類

書　類　名	取　得　先	依頼	確認	摘　要
相続開始日の借入金残高証明	取引金融機関	◎		
同上の未払利息の計算書等	取引金融機関	◎		
金銭消費貸借契約書等	ご自宅	◎		
未払金やローンの明細書等	ご自宅	◎		
未払医療費の請求書・領収書等	ご自宅・医療機関	◎		
未払租税公課の納付書等	ご自宅	◎		

2．葬式費用の評価に必要な書類（初七日以降の法事は葬式費用に該当しません）

書　類　名	取　得　先	依頼	確認	摘　要
葬儀社からの請求書・領収書等	支払先等	◎		
斎場からの請求書・領収書等	支払先等	◎		
生花代等の請求書・領収書等	支払先等	◎		
火葬費用等の請求書・領収書等	支払先等	◎		
通夜・告別式での食事代等	支払先等	◎		
お布施・戒名料のメモ、領収書	支払った者	◎		
お手伝いの方への心づけのメモ	支払った者	◎		
納骨時のお布施のメモ、領収書	支払った者	◎		
納骨費用	支払先等	◎		

　※　仏壇購入費用、位牌作成費用、墓地購入費用、香典返しの費用、四十九日法要の会食代等は、控除できません。

　※　領収書のないものは、支払先等の名称、日時、金額のメモでかまいません。

付　録

（8）　その他必要書類　関連書類の依頼書 (相続手続書類-8)

　その他、以下のような資料が必要となる場合があります。以下の書類のうち、「依頼」欄の◎（最重要）○（重要）△（通常）の印のついているものの取得をお願いいたします。取得後は、「確認」欄に✓マークをつけてください。

書類名	取得先	依頼	確認	摘要
相続時精算課税選択届出書の写し	ご自宅等	◎		※
贈与契約書等の写し	ご自宅等	◎		※
贈与税申告書の写し	ご自宅等	◎		※
被相続人の親族等の相続税申告書の写し	ご自宅等	◎		※
被相続人の３年分の所得税等申告書の写し	ご自宅等	◎		
被相続人の３年分の消費税等申告書の写し	ご自宅等	◎		

※　該当するものがある場合には、必要となります。

399

用語索引

欧文・数字

1 画地 284
3 年以内の遺産分割 161

い

遺言 30
　特別な方式による― 31
　―の効力・撤回等 32
　―の方式 30
遺言書の検認 33
遺産に係る基礎控除 148
遺産分割 42
遺産分割協議 42, 120
遺産分割協議書 44
遺贈の放棄 32
遺族年金 231
一般贈与 74
一般贈与財産 70
一般の評価会社 323
遺留分 47
隠ぺい仮装行為 161

え

延納による納付 133

か

会員権等 233
外国税額控除 167
家屋 271
加算対象とならない贈与財産 144
加算対象となる贈与財産 144
貸付事業用宅地等 315
課税済みの財産 238
株式の種類 318
株式評価明細書 333
換価分割 44

き

基準地価 290
基礎控除 69
教育資金の一括贈与 83
共同申告書 133
共有 258
共有物 259
居住制限納税義務者 55, 130
居住無制限納税義務者 54, 128

居住用区分所有財産 274
金銭一時納付の方法 59, 133

く

区分所有建物 259
区分所有補正率 276

け

携帯電話 233
結婚・子育て資金の一括贈与 85
決算書（損益計算書） 355
決算書（貸借対照表） 354
血族 17
気配相場 318
現金 246
現金在り高 246
建築基準法 269
限定承認 16
現物分割 43
権利部 263

こ

広域交付制度 211
後期高齢者医療保険 227
口座移管手続 225
公示価格 289
公図 260
公正証書遺言 37
公的医療保険制度 226
公的年金制度 229
国民健康保険 226
個人が所有する財産 237
戸籍 206
固定資産税評価額 274, 290

さ

財産の帰属者 240
財産評価 236
財産評価基本通達 236
財産目録 119
債務及び葬式費用の明細書 181
債務控除 140
残高証明書 250
残高証明書等の依頼 224

し

死因贈与 77

用語索引

敷地権 ······ 260
自然血族 ······ 17
実子 ······ 151
実勢価格 ······ 289
自筆証書遺言 ······ 34
自筆証書遺言書保管制度 ······ 35
死亡一時金 ······ 232
尺貫法 ······ 270
車両等 ······ 233
住宅資金非課税限度額 ······ 82
住宅取得等資金 ······ 81
住民票 ······ 208
受贈者単位課税 ······ 68
準確定申告 ······ 115
純資産価額 ······ 330
障害者控除 ······ 163
小規模宅地等の減額特例 ······ 312
上場株式 ······ 318
所有権 ······ 258
所有権移転 ······ 221
所有権移転登記 ······ 220
所有権の登記 ······ 258
親族の範囲 ······ 17

せ

生前贈与加算 ······ 143
生前贈与加算制度 ······ 68
生命保険金等 ······ 135
生命保険契約 ······ 359
全部事項証明書 ······ 265
　建物の— ······ 265
　土地の— ······ 263

そ

葬式費用 ······ 111, 141
相次相続控除 ······ 164
相続開始 ······ 110
相続権 ······ 11
　第1順位の— ······ 11
　第2順位の— ······ 12
　第3順位の— ······ 13
　配偶者の— ······ 11
相続時精算課税 ······ 90
　—の課税価格 ······ 92
　—の基礎控除 ······ 93
　—の特別控除額 ······ 93
相続時精算課税選択届出書 ······ 91
相続時精算課税の選択 ······ 91
相続税 ······ 51, 126
　—の課税対象 ······ 126
　—の申告 ······ 132
　—の申告と納付 ······ 121
　—の税額計算 ······ 126
　—の税率と速算表 ······ 154

　—の総額 ······ 173
相続税額計算 ······ 170
相続税申告書 ······ 172, 186
相続税申告までの流れ ······ 113
相続税法 ······ 10
相続税路線価 ······ 290
相続登記 ······ 220
相続人 ······ 211
相続人の範囲 ······ 149
相続の開始と被相続人 ······ 175
相続の放棄 ······ 16
贈与 ······ 50
贈与税 ······ 51, 53, 127
　—の課税財産 ······ 61
　—の申告および納付 ······ 57
　—の納税義務者 ······ 53
　—の配偶者控除 ······ 80
贈与税額控除 ······ 158
測量図 ······ 267

た

第11表の付表 ······ 180
代襲相続 ······ 11, 26
代償分割 ······ 43
退職手当金 ······ 137
宅地 ······ 286
単純承認 ······ 15
たんす預金 ······ 247
単独所有 ······ 258

ち

地積 ······ 286
地番 ······ 261
地目区分 ······ 284
超過累進税率 ······ 72
直系血族 ······ 17

て

停止条件付贈与 ······ 77
店頭管理銘柄 ······ 319

と

登記事項証明書 ······ 263
登記簿謄本等 ······ 263
同族株主等の判定要素 ······ 320
登録銘柄 ······ 319
登録免許税 ······ 221
特定遺贈 ······ 31
特定居住用宅地等 ······ 314
特定事業用宅地等 ······ 313
特定受贈者 ······ 82
特定同族会社事業用宅地等 ······ 313
特定納税義務者 ······ 130
特定の評価会社 ······ 323

401

特別養子縁組 ･････････････････････ 19
特例贈与 ･･････････････････････････ 74
特例贈与財産 ･････････････････････ 70
都市計画法 ･･････････････････････ 269
土地の時価 ･･････････････････････ 289
土地の評価 ･･････････････････････ 284
取引相場のない株式 ･･･････ 319, 332

ね

年金保険契約 ･･･････････････････ 362

の

納骨 ･･････････････････････････ 110
納税義務者 ･･････････････････････ 127
納税計画 ･･･････････････････････ 119
納税地 ･･････････････････････････ 57
納付税額 ･･･････････････････････ 174

は

配偶者控除額 ･････････････････････ 69
配偶者の軽減税額 ･･･････････････ 160
配当還元方式 ･････････････ 320, 322
倍率方式 ･･･････････････････････ 292

ひ

非課税財産 ･････････････････ 138, 239
非居住制限納税義務者 ･･･････ 55, 130
非居住無制限納税義務者 ･･･････ 54, 129
秘密証書遺言 ････････････････････ 40
評価単位の例示 ･･････････････････ 286
評価通達 ･･･････････････････････ 236
表題部 ･････････････････････････ 263

ふ

負担付贈与 ･･････････････････････ 78
物納による納付 ･･････････････････ 133
不動産鑑定評価額 ･･･････････････ 289
扶養義務者 ･･････････････････････ 63
　相続税法上の― ･････････････････ 63
　民法上の― ･････････････････････ 63
扶養義務者の範囲 ････････････････ 63
プロバイダーの契約等 ･･･････････ 233
分筆・合筆 ･･････････････････････ 261

ほ

包括遺贈 ･･･････････････････････ 31
放棄 ･･･････････････････････････ 150
傍系血族 ･････････････････････････ 18
法人税申告書 ･･･････････････････ 350
法定血族 ･････････････････････ 17, 18
法定相続情報証明制度 ･･････････ 215
法定相続人 ･････････････････ 11, 148
法定相続分 ･･････････････････････ 13

ま

埋葬料支給申請書 ･･･････････････ 229

み

未支給年金 ･････････････････････ 231
未申告財産 ･････････････････････ 160
未成年者控除 ･･･････････････････ 162
みなし財産 ･････････････････････ 358
みなし相続・遺贈財産 ･･････････ 365
みなし相続財産 ･････････････････ 135
みなし贈与・遺贈財産 ･･････････ 374
みなし贈与財産 ･････････････････ 372
未分割財産 ･････････････････････ 161
民法 ･･･････････････････････････ 10
民法上の相続人 ･････････････････ 148

め

名義財産 ･････････････････ 240, 243
名義不動産 ･････････････････････ 245
名義不動産とならない場合 ･･･････ 245
名義変更手続 ･･･････････････････ 223
名義保険契約等 ･････････････････ 244
名義有価証券等 ･････････････････ 244
名義預金 ･･･････････････････････ 243

よ

養子 ･････････････････････････ 27, 152
預貯金 ･････････････････････････ 223
預貯金口座の凍結 ･･･････････････ 250
預貯金等の通帳等 ･･･････････････ 252
預貯金の凍結の解除 ････････････ 250
預貯金の評価 ･･･････････････････ 248

る

類似業種比準価額 ･･･････････････ 327

れ

暦年課税制度 ･･･････････････････ 68
暦年課税と相続時精算課税の比較表 ･･････ 104
暦年課税分 ･････････････････････ 158
暦年贈与税額 ･･･････････････････ 75

ろ

路線価評価額（権利関係のある宅地等）･･･ 305
路線価評価額（自用地）･･････････ 300
路線価方式 ･････････････････････ 294

著者プロフィール

浅見　透（あさみ　とおる）

　昭和57年３月に明治大学経営学部を卒業。公認会計士辻会計事務所（現
辻・本郷税理士法人）にて勤務。平成元年12月に税理士試験合格。平成
４年２月に開業し、現在、税理士、公認会計士14名を含む40人のスタッ
フによる浅見会計事務所の所長。

　東京税理士会練馬西支部の役員を歴任し、現在は監事。

　平成17年４月に明治大学会計専門職大学院兼任講師、平成30年４月に
明治大学経営学部客員教授、現在は明治大学経営学部兼任講師として法
人税の講義を担当。

　著書に、『はじめての法人税』（日本法令、令和５年）がある。

はじめての相続税・贈与税　　　　令和7年5月1日　初版発行

検印省略

〒101-0032
東京都千代田区岩本町1丁目2番19号
https://www.horei.co.jp/

著　者	浅　　見　　　　透
発行者	青　　木　　鉱　　太
編集者	岩　　倉　　春　　光
印刷所	東　光　整　版　印　刷
製本所	国　　　　宝　　　　社

（営　業）TEL　03-6858-6967　Eメール　syuppan@horei.co.jp
（通　販）TEL　03-6858-6966　Eメール　book.order@horei.co.jp
（編　集）FAX　03-6858-6957　Eメール　tankoubon@horei.co.jp

（オンラインショップ）https://www.horei.co.jp/iec/
（お詫びと訂正）https://www.horei.co.jp/book/owabi.shtml
（書籍の追加情報）https://www.horei.co.jp/book/osirasebook.shtml

※万一、本書の内容に誤記等が判明した場合には、上記「お詫びと訂正」に最新情報を掲載しております。ホームページに掲載されていない内容につきましては、FAXまたはEメールで編集までお問合せください。

- 乱丁、落丁本は直接弊社出版部へお送りくださればお取替えいたします。
- [JCOPY]〈出版者著作権管理機構 委託出版物〉
本書の無断複製は著作権法上での例外を除き禁じられています。複製される場合は、そのつど事前に、出版者著作権管理機構（電話03-5244-5088、FAX 03-5244-5089、e-mail: info@jcopy.or.jp）の許諾を得てください。また、本書を代行業者等の第三者に依頼してスキャンやデジタル化することは、たとえ個人や家庭内での利用であっても一切認められておりません。

　　　　　Ⓒ T. Asami 2025. Printed in JAPAN
　　　　　　　ISBN 978-4-539-73092-8